U0626656

中国天然气战略储备研究

周志斌 等 著

科学出版社

北 京

内 容 简 介

本书研究与中国天然气战略储备相关的重大问题，包括天然气战略储备理论、战略储备现状、战略储备布局与运行、资源开发与利用、相关政策与法规。采用系统综合集成的理论工具与方法，采取从理论到实证研究，从宏观到中观再到微观的研究思路，全面阐释中国天然气战略储备从理论与实务再到政策法规的发展全景。

本书适合于石油、天然气、煤炭、电力等能源系统的管理者和从业者阅读，也可供相关专业及领域的高校师生、研究者参考。

图书在版编目(CIP)数据

中国天然气战略储备研究 / 周志斌等著. —北京:科学出版社, 2014.12
　ISBN 978-7-03-042801-1

　Ⅰ.①中⋯　Ⅱ.①周⋯　Ⅲ.①天然气储存–研究–中国　Ⅳ.①F426.22

中国版本图书馆 CIP 数据核字 (2014) 第 300160 号

责任编辑：张　展 / 责任校对：韩卫军
责任印制：余少力 / 封面设计：杨　洋　张　弦

科 学 出 版 社 出版

北京东黄城根北街16号
邮政编码：100717
http://www.sciencep.com

四川煤田地质制图印刷厂印刷

科学出版社发行　各地新华书店经销

*

2015 年 7 月第 一 版　　开本：720×1000 B5
2015 年 7 月第一次印刷　　印张：17
字数：370 千字
定价：80.00 元

本书编委会

主　编　周志斌

成　员　姜子昂　何春蕾　周国栋　周怡沛　胡俊坤
　　　　熊伟军　柴　燕　杨涛林　贺志明　李仲志
　　　　刘　军　张建国　魏　勐　邹晓琴　段言志
　　　　曾志强　王　栾　冯兰川　张　鹏　汪大蓢
　　　　陈静隽　彭　婉　杨　毅　周　东　李　菡
　　　　李铭俊　李邓周　周　茜　伍　文　周
　　　　郭　　　　　　　贾　谧　罗婷婷　蒋
　　　　付斌羽　　　　　　　　　任妹艳　李映
　　　　卢栎羽　　　　　　　　　　　　　余

前　言

天然气是一种优质、高效、清洁的低碳能源。加快天然气产业发展，提高天然气在一次能源消费中的比例，对调整我国能源结构、提高人民生活水平、促进节能减排、应对气候变化、促进国家能源改革具有重要的战略意义。

发展天然气储备已成为各国应对天然气消费波动、增强能源安全供应的重要手段，这也是天然气市场健康发展的前提。我国天然气供气安全问题应受到高度关注，原因有以下几点：一是我国已形成五大产气区、八大区域性市场和四大天然气进口战略通道格局，气源供给多元化与利用高速增长，天然气资源与市场的分离，储气库调峰能力不足、选址困难与调峰责任不明等诸多问题的相互叠加，加剧了气源地与消费地之间战略储备矛盾，极大突显了我国天然气战略储备问题。二是对外依存度逐年提高，峰谷差不断拉大，管网调峰能力已达极限，气田超强度开采，储气库建设滞后，上游供气企业过度承担调峰责任，本土安全保障能力差。同时，国际安全形势严峻，天然气进口面临较大的地缘政治风险，这将给我国能源安全带来新的挑战。三是全国性天然气管网构架基本形成，但由于自然灾害或人为因素导致任何一条或多条跨国管道供气中断，必将造成特大供应安全事件。特别是在冬季，一旦中亚、中缅、中俄等跨国天然气管道因政治、经济矛盾及自然灾害等造成一条或多条管道供气中断，或者新疆及西安以西的长输管道出现故障，尽管储气库（包括 LNG 储罐）具有一定的调峰及战略储备能力，但仅仅依靠几个储气库调峰枢纽建设是远远不够的，势必导致我国北方供暖大面积长时间中断。四是国内突发事件频现，地震、洪灾等自然灾害频发，这些都严重威胁着天然气管道运行安全，随着城市的急剧扩张，施工第三方破坏造成管道泄漏和爆炸事件频发。此外,若发生恐怖袭击等事件,后果也将十分严重。

本书以资源全球化发展视角,在总结国外天然气储备建设经验与启示基础上,对上述问题提出以下思路:一是建立中国天然气战略储备是一项复杂的巨系统工程,应树立国内储备和国外储备两种开放性的战略思维,积极借鉴国外天然气储备和储气库建设经验,加强战略储备综合论证,提前进行资源性储备,规划布局我国区域性战略储备中心。二是国家应建立战略储备政策法规和监管体系,用经济手段强制采掘企业把高丰度气田用做战略储备或调峰储气库,用价格杠杆实现天然气储备市场化运作,与东部 LNG 储备调峰构成战略储备网络。通过建立完备的法律法规,用市场法则、价格杠杆、社会力量等途径有力推动中国天然气战略储备建设,保障天然气供应安全。

本书建设性地提出要加强天然气战略储备综合论证,提前进行资源性储备,规划布局高丰度大型气田成为我国区域性战略储备中心。我国高丰度气田十分稀缺,可供选择的高丰度气田有新疆克拉 2 气田、四川普光气田和高石梯气田等,其合理布局可解决中亚管道气、中缅管道气战略储备与调峰需要。同时,应确立我国天然气储气库功能定位,积极建设调峰应急枢纽,加强天然气储气库运营管理。

本书强烈建议强化储备制度和政策法规制度建设:一是实行"国家天然气储备办公室—国家天然气储备管理中心—储气公司"的天然气储备三级管理模式,对天然气储备设施实行统一规划、分级管理。二是市场经济是规则经济,规则的建立需要法律的规范和政府部门的科学监管。可参考国外相对应的法律,加速天然气储备相关立法,如《中国天然气储备法》《天然气基础设施建设与运营管理条例》《中国天然气市场监管条例》《中国天然气储备应急预案》。三是我国有能力用经济手段解决气田战略储备与调峰问题,关键是建立起健全的财税支持体系,制定储气费率方案,完善天然气战略储备成本补偿制度，建立天然气调峰价格机制。

本书提出要以市场化手段配置储备资源，提高大型气田战略储备及储气库商业化运营管理水平：一是根据《国务院关于鼓励和引导民间投资健康发展的若干意见》［国发〔2010〕13 号］和十八届三中全会精神，建立适合我国天然气储备的"混合所有制"管理模式，即国家、天然气生产与销售企业、天然气管道输送企业、城市燃气公司、独立第三方等混合所有制投资运营模式。二是加强储气库商业化运营，提高运营效率，促进储气库费率市场化，建立战略成本管理机制，加强储气库收益管理。三是利用现代金融工具，加快天然气战略储备市场化改革，逐步实现输销分离。建立我国天然气输送服务市场，积极发挥储气库的商业和金融功能。

本书相关研究得到国家自然科学基金重点项目"天然气资源的经济安全重大问题对策研究"（项目批准号：71133007/G0301）的资助。本书的编撰工作由教授级高级会计师周志斌带领的科研团队精诚合作完成，全书由周志斌统稿。

本书站在全球视角下考虑中国天然气战略储备的理论与实践问题，具有较强的理论性，全书体系完整、内容翔实、方法科学、实用性强，具有重要的决策参考价值，可为国家有关政府部门制定相关政策提供政策依据，也可为天然气生产供应和储运企业、天然气销售和消费企业以及广大天然气用户对"天然气战略储备与调峰"相关问题的认识提供理论和政策指导。

目　　录

第一章 天然气战备储备相关理论与国际经验借鉴

第一节 天然气战略储备内涵与功能定位

一、天然气战略储备的内涵与类型

(一)天然气战略储备内涵

天然气储备是指通过勘探开发实证的天然气资源或引进的天然气储存起来待用的状态，也是一个包括储备建设方式、储备规模、储备运营管理机制、储备政策、储备资金筹资模式等内容的复杂系统工程。天然气储备对于应对天然气供应中断、适应市场供需和价格波动、降低进口风险和保障国家安全具有重要意义。

天然气战略储备是为了保障国家、社会与企业的天然气供应安全，应对由于供应国家或地区罢工、政治局势动荡等造成的停产，以及长时间洪水、地震、风暴、战争造成的输送环节中断，或液化天然气(liquefied natural gas，LNG)国际贸易大量中断等情况而有计划地建立较大数量的天然气储备。国家储备多属于战略储备，通常根据国家立法，由国家承担或在国家政策支持下由国家和企业共同承担。

(二)天然气储备类型

根据研究结果和天然气储备管理的实际，天然气储备可以根据不同的标准分为多种类型(表1-1)。根据储备主体，天然气储备可以分为国家储备和企业储备。根据储备目的，可以分为国家安全、商业储备和调峰储备等。根据储备方式可以分为储气库储备、气田储备和 LNG 储备等。

国外天然气储备领域的发展经验表明，储备应以地下储气库储备为主，以气田储备（包括储量储备和产能储备）和 LNG 储备为辅。商业储备仍以地下储气库储备为主，LNG 储备为辅。参照国外石油及天然气储备体系，结合国内实际，我国天然气储备体系主要分为战略储备和应急调峰储备。

表 1-1　天然气储备分类表

序号	分类标准	类型	主要特点
1	主体	国家储备	政府出资、公益性、国家经济安全性，政府管理、统一动用
		企业储备	企业出资、利益性，企业管理和调用
2	目的	国家安全	强制性、公共性、广泛性、区域性，储备周期长、偶然使用
		商业储备	非强制性、经济性、针对性
		应急调峰储备	周期视功能决定，多经常调用，周期也可长
3	方式	储气库储备	气态能源、使用对象广泛
		气田储备	储量储备和产能储备
		LNG 储备	可直接使用、使用对象宽

1. 国家储备

国家储备多指战略储备，主要指由政府出资并控制，用于应对特大型突发性事件的储备。国家内乱、政治动荡、气源或上游输气系统故障，甚至上游设施停产检修等都有可能造成较长时间供气中断。国家储备可应对战争、禁运、严重灾害等情况造成的天然气供应短缺，或天然气供应大规模中断。国家储备具有公共性、政策性、可动用性和非盈利性等特点。在紧急情况下，各种储备形式都必须接受政府的宏观调控，以满足国家需要。

国家安全储备是指从国家经济安全、国防安全出发而进行的天然气战略储备。西方发达国家也对天然气储备界定为防止供应中断而建立的应急实物储备，主要用于应对战争、禁运、严重灾害等情况下，天然气供应突然大规模中断造成的供应短缺，这部分储备属于战略储备的范畴。

2. 企业储备

企业储备是指企业根据其发展战略需要而储存备用的天然气资源。企业可以根据性质分为国有企业、集体所有制企业和私有企业。其中，国有企业是主要参与战略储备的主体。意大利、西班牙、日本等政府规定天然气进口商有义务为每年进口的天然气准备相当于上年进口量10%的天然气作为战略储备。

3. 商业储备

商业储备是指企业从自身利益出发，为满足生产性周转和季节性调峰需要而采取"低吸高抛"储存气源的一种储备方式。商业储备具有反应灵活、运作高效、贴近市场的特点，但也具有企业利益至上、忽视用户利益的缺陷。天然气期货以及以资源形式储存、短时间内不能动用的天然气资源都应在天然气商业储备考虑范围。

4. 应急调峰储备

应急调峰储备是指为应对政治、经济和自然灾害、重大事故等突发事件而进行的天然气储备。天然气应急调峰储备是针对影响时间较长的，由于管网、大型设备故障导致无法向用户及时输送天然气的情况而储存的天然气。

应急调峰储备包括一般调峰储备和一般事故应急储备两个方面：①一般调峰储备是为应对可预见的天然气用量变化而建立的储备，低谷期注入，高峰期释放。包括季节调峰（月调峰）储备和日、时调峰储备。季节调峰储备通常由供气方承担，日、时调峰储备主要由配气方（城市燃气公司）和用户承担。②一般事故应急储备是为应对一般性突发事故造成的局部供应量减少或中断而建立的储备，一般可以由调峰储备解决。

5. 气田储备

气田储备是从国家战略的高度，为应对由于战争、禁运等原因造成进口天然气突然中断或大规模减少，或由于国内重大自然灾害和灾难性事故造成的大范围供应减少或中断而进行的储量储备或产能储备。这属于整个国民经济社会可持续发展和能源安全的范畴。从作用上讲，这种控制性产能或富余产能实际上是天然气战略储备，相应的气田也就是战略储备气田。气田产能储备是最可靠的战略储备方式，但它的技术经济要求比较高。首先要是非伴生气田，且天然气可采储量要足够大；其次是气藏地质条件好，开发投资小；第三是气田的天然气集输基础设施完善或靠近主要消费区域或市场。储量储备指为应对长期进口中断和长远能源安全而建立的天然气储量资源储备。

二、天然气战略储备的功能地位

根据国外以及我国储气库发挥的现实作用，天然气战略储备功能定位为：主要发挥战略保障、重大应急、大区域调峰及平抑气价等作用。

(一)战略及应急储备，保障天然气供应安全

战略保障主要是应对影响时间长，由于供应国家或地区罢工、政治局势动荡等造成的停产，以及长时间洪水、地震、风暴、战争造成的输送环节中断、LNG 国际贸易中断等。在天然气生产出口国集团交替实行"减产保价"和"增产抑价"的政策时，战略储备能够使进口国的经济和政治稳定，不至于受到天然气供应巨大波动的影响。

(二)发挥应急调峰作用，协调区域供求关系

应急调峰主要用于满足冬季采暖等季节性高峰、极端气候用气需求，缓解因各类用户对天然气需求量的不同和负荷变化而带来的

供气极不均衡，其特点在时间上表现为季节(夏、冬季)显著不均衡。在极端寒冷冬季取暖季节，由于取暖用燃气装置、热电中心等用气负荷急速增大，造成耗气季节性极不均衡。

(三)发挥金融和商业功能，获取市场定价权

天然气储备商业和金融功能主要有：①价格差套利，包括利用天然气现货与期货价格之间的价格差和不同区域市场之间的天然气价格差套利；②价格套期保值和投机；③买卖储气库容量；④租借储气库容量；⑤与天然气金融产品(如天然气期货、期权合约和互换交易)挂钩；⑥避免气量失衡罚款；⑦平衡输气量；⑧建立储气库容量二级市场(转让储气库容量)；⑨储气库费率市场化。

第二节　天然气战略储备相关理论

一、天然气战略储备相关基础理论

(一)能源危机管理理论

能源危机是指国家或地区所需能源稳定、持续态势受到政治、经济、战争、恐怖主义、自然灾害等各种因素的影响、威胁和破坏的一种状态。能源危机管理则是应对各种危机情境所进行的规划决策、动态调整、化解处理危机等活动过程，其目的在于消除或降低能源危机所带来的威胁和损失，并从能源危机中寻求发展机遇，同时也是政府组织企业在内的相关社会力量共同应对能源危机的动态管理过程。

天然气战略储备不仅要维护一定区域内社会经济发展对天然气的需求，更要为整个国家能源供应安全提供资源保障。在能源危机管理理论的指导下，要建立起以整个天然气供应管理链为基础的天然气战略储备体系，降低或消除因天然气危机给区域经济社会带来

的威胁，保障能源供应安全。

（二）天然气市场供需理论

供给与需求是推动市场经济运行的基本力量，具有对立统一辩证关系。供给要求由需求来实现，需求又要求由供给来满足，供需双方都要求对方与自己相适应。由于供需双方各自形成和影响因素不完全相同，而且又经常发生变化，所以供给与需求双方在客观上总是存在着既相适应又不相适应的情况，交替地出现平衡和不平衡，供给与需求问题的实质是生产保障（储备）与消费问题。

尽管我国天然气市场比较特殊，受国家管制因素较多，但是我国天然气市场在一定程度上仍然遵循着市场经济的基本规律，即供需平衡规律。随着能源市场化进程加快，天然气战略储备体系的构建需要遵循全球范围内的天然气市场供需平衡规律，并以此为理论指导。

（三）战略管理理论

战略管理不同于一般管理，它是立足于长远目标的高度，实施保证全面发展的全过程管理。它具有全局性、长远性、方向性和协调性四个特点。战略管理内容主要有两点：一是运作要着眼长远、宏观，做出审时度势的科学筹划，审慎制定发展战略；二是要对发展战略的实施过程进行全程调控。战略管理过程包括战略分析、战略制定和战略实施三个环节。战略管理过程的三个环节是相互联系、循环反复、不断完善的一个良性循环过程。

天然气战略储备也是一项战略管理工程。在天然气战略储备管理体系中，各级组织必须在认识上取得一致，培育支持新战略的新文化，将战略储备目标和评价方法在整个组织中传播、沟通和推广，并制定与长期的战略相一致的、弹性的具体战略储备目标计划和确保战略实现的保障措施。战略储备管理问题可以分为国家层面的、行业层面的和企业层面的。其管理分析研究方法有许多，如著名的用于分析行业竞争结构的"五力"模型、用于分析组织或行业环境问题的 SWOT 分析等。

二、天然气供应安全保障系统动力学

（一）天然气生产供应链特征

天然气是一种特殊的能源，它不像煤、石油等能源宜于储存和输送，其生产和消费几乎同时进行。天然气供应链包括生产、输配和销售三大部分。其中：上游生产环节包括勘探开发、净化或液化，中游输送环节包括管道或车船输送等，下游配气用气环节包括城市天然气分配系统以及使用天然气大规模用户群等。同其他行业相比，天然气供应链有五个方面的显著特点。

1. 勘探环节风险性高和周期性较长

天然气勘探具有风险性与不确定性。某地下有无天然气资源是确定事件。天然气勘探的"不确定性"实际上是人们对地下资源认识的局限性。这种"不确定性"体现为理论、方法和技术手段上的局限，以及由此产生的信息采集、分析、决策中的不足与失误。与其他能源勘探环节的周期相比，天然气勘探周期相对较长，一般达6～8年。由于工作对象高度分散、技术经济不确定性、建设周期性较长，在一定程度上增加了天然气勘探开发的风险性和不确定性。

给定单元（气田、井）的产量在不进行增产作业的条件下随连续生产时间而递减。生产成本的自然递增性不仅源于经济学的基本规律——边际收益递减规律，也源于天然气采掘业的特殊规律。

天然气生产、输配等环节前期投入高。天然气供应链如同一根将气井井口、加工处理厂、高压输气管道、储气设施、低压输送管网和终端用户连接在一起的链条，链条上的每节链环都依靠其他各个环节而存在。天然气供应链的建设需要大量的前期基础设施投资，如气田、管道和配气网络、储气系统建设都需要巨大的投入，建设周期也比较长。

2. 天然气产、输、销环节物理主体的一体性

任何供应链一般都具有一体性，即必须与其他相关产业共生、共存。天然气供应链产、输、销环节具有物理主体一体性。天然气供应链的"一体性"要求各环节均衡协调发展，而勘探、开发、生产、输配环节的较长周期会增加这种不协调性；产地和市场的变化将导致各环节设备（施）利用率降低甚至投资沉淀，勘探、开发、生产、输配环节设备（施）很难长期维持理论上的较高利用率。由于天然气不宜储存，加上前期投入大，这就要求天然气的上游开发、中游管输和下游利用必须有机结合，各环节不能脱节，有一个环节不落实，整个系统就不能正常运行，并造成巨大浪费。

3. 天然气供应链中下游领域的自然垄断性

天然气供应链中下游的自然垄断性是由技术性壁垒、法律壁垒和天然气输配管道这三个因素共同决定的。天然气供应链中下游的自然垄断是在当前输配技术条件下的自然垄断。在下游的配气市场，民用市场是可以完全垄断的，但一些用户尤其是工业用户市场则不能够完全垄断。因为工业用户相对更注重能源的经济性，它们可自行选择并容易转换使用其他可替代能源。在同一地区，重复建设天然气管道是没有必要的，具有相对的自然垄断特征。天然气输配管道的单一性本身就在很大程度上决定了天然气供应链中下游的垄断性。因此，天然气销售渠道不同于一般商品，渠道选择性差。

4. 天然气市场具有区别于一般能源市场的特殊性

天然气市场区别于一般能源市场的特殊性主要表现在三个方面：一是天然气是稀缺的不可再生的自然资源，也是一种重要的战略能源；二是天然气短期供给与需求都缺乏弹性；三是管道网络建设影响天然气市场区划。管道天然气市场依赖于管道建设，往往被分割的管道划

分成区域性市场。当主干输气管道形成全国性网络，天然气市场相应形成全国性市场。但管道建设与政府的规制政策密切相关，只有拥有发达的全国性网络的国家才有可能建立全国竞争性市场。

5. 市场化条件下，政府仍必须对全产业链合理监管

天然气产业的上述特点决定了与其他能源产业相比，天然气供应链的发展不仅仅要依据市场价值规律，还需要政府的介入，参与天然气基础设施建设，对行业的垄断利润进行调整，鼓励和促进天然气消费。

对天然气市场，更需要通过市场结构的优化来达到价格调整的目的。国家将逐步建立对天然气矿权和资源的使用、市场运行、行业技术标准、安全生产、公众健康与环境保护、重要公共设施和重大项目、基础数据信息的科学监管体制。

（二）供应安全保障系统动力学模式

天然气供应安全问题本质上已成为国家能源安全可持续发展的重大问题之一。分析供应安全保障系统发展过程可以看出，其持续发展的深层问题在于基础建设的持续投入和系统基础条件的提高。供应安全基础条件优良并得以持续投入的系统才可能在天然气需求快速增长中持续发展，反之可能使天然气供应安全保障系统走向崩溃。因此，应用复杂系统动力学理论，从增强供应安全保障能力和效益贡献角度，配置供应安全资源体系（图 1-1）十分必要。

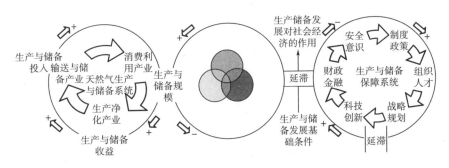

图 1-1　天然气供应安全保障系统动力学模式图

　　保障天然气供应安全应因地制宜，从各自的环境情况出发制定
预防供应安全风险的措施，或者降低"不利事件"发生的概率，或
者降低事件发生所产生的市场负效应，用最小的经济代价及其影响
换取最大的天然气供应安全保障度。天然气供应安全建设必须具有
进行供应安全基础建设和战略储备的长远战略眼光，充分重视天然
气供应基础建设和战略储备规划，保持对供应安全基础建设的持续
充分投入，注重基础消费和储备，力争实现以充分的基础建设来推
动天然气生产发展的有利局面。对即将实现的天然气市场发展，首
先要提出战略性规划和预测，提前进行资源基础储备。注意在天然
气发展的最好时期实施供应安全战略性调整和资源储备，防止当系
统发展进入了停滞或衰落期才对天然气供应安全基础建设实施调整，
造成企业、用户、社会的巨大经济损失。

三、天然气供应安全集约化发展模式

（一）产业集约化发展模式架构与特征

　　天然气产业集约化发展模式是指由油气田企业、用户企业和地
方政府共同组织实施，在大区域范围内探索现代天然气产业集约化
科学管理体系，强化基础设施建设，增强战略储备能力，突出天然
气高效利用，以提高天然气在一次能源中的占比为主线，以促进区
域经济社会发展为主要目标。它是一个极其复杂的综合性问题，也
是天然气产业发展的核心价值提升问题（图1-2）。

　　天然气具有经济性、方便性、清洁性、替代性、安全性等基本
属性，并且还具有天然气资源稀缺性、管网自然垄断性、市场竞争
性等市场特征，特别是天然气产业具有特殊的技术经济性，如产、
输、利用环节在物理主体上的一体性。这决定了其集约化发展模式
具有六个显著特征：政治性与经济性、战略性与集成性、市场性与
储备性、网络性与动态性、规范性与标准性和共建性与协调性等。

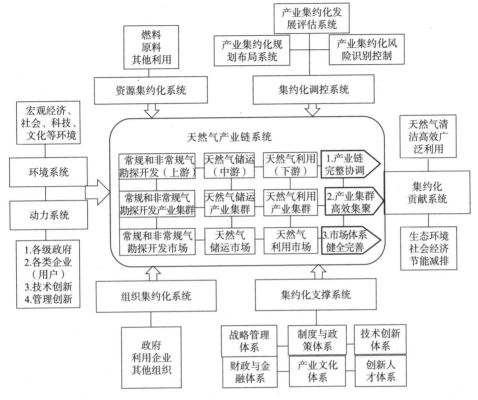

图 1-2　天然气产业集约化发展模式结构图

(二)供应安全集约化发展模式

天然气供应安全保障系统集约化管理主要包括三个价值链
(图 1-3)。首先，供应安全集约化保障系统把天然气供应多元化保障
系统-网络化输送保障系统-天然气市场节约化保障系统作为物流价
值链。其次，围绕这条物流价值链开展信息、预警与应急管理一体
化保障系统等管理价值链活动。最后，实现物流价值链和管理价值
链增值的责任主体是企业、用户和政府，即三者分别应承担的社会
化责任系统，或企业、用户和政府责任社会化保障系统。这个复杂
的系统模型通过七个子系统之间物质、信息和能量的交换最后达到
整个体系动态平衡状态。

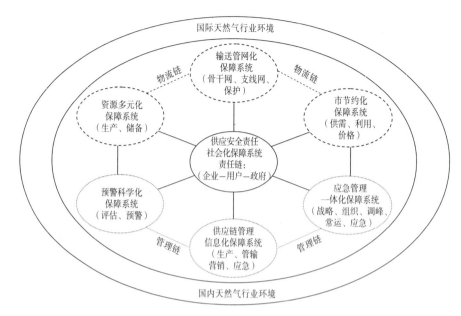

图 1-3　天然气供应安全框架模式基本架构图

1. 物流链：天然气产、输、销保障系统

(1)天然气资源多元化保障系统。天然气资源多元化保障系统是指为了保障天然气供应，从不同渠道，用不同的方式来获得天然气，从而保证在突发性事故面前仍然能持续供应天然气。天然气资源多元化保障系统包括资源国内供应基地的多元化、进口气源(进口气、LNG 等)的多元化，储气供应的多元化及其相应的提供生产与储备。因此，天然气资源配置应集约化管理，建立和完善天然气资源保障机制，大力调整和优化能源结构，充分利用国内外两种资源(或两种供应基地)、两个市场，搞好能源供应和储备多元化，提高天然气资源供应的安全性。

(2)天然气输送网络化保障系统。天然气输送网络化保障系统是指通过连接各气源的骨干管道，与相关支、干线管道连接，形成纵横交错的供气网状管道输送系统以及相应的管网管理信息系统。它是天然气供应安全保障系统中的核心纽带，是应对突发事件，实现天然气灵活调配、保障供气安全的必备手段。

（3）天然气市场节约化保障系统。天然气供应安全始于市场，满足市场需求，是检验供应安全与否的最终标准。天然气市场节约化保障系统是指根据区域天然气市场供应特点，从计划管理、合同管理、用户管理、市场开发管理、日产运行管理等方面，保障区域用户安全高效利用天然气。天然气市场节约化保障系统目标是科学引导消费、保护环境，实现天然气能源与经济、环境和社会协调发展，从外部环境角度体现天然气供应安全保障系统功能。

2. 管理链：天然气供应链信息、应急与预警集约化保障系统

天然气供应链管理信息化保障系统由天然气生产运行管理信息系统、营销管理信息系统和连接二者之间的 SCADA 系统，以及其信息传输的通道系统等构成。

（1）天然气供应安全预警科学化保障系统。天然气供应安全预警科学化保障系统包括天然气供应安全风险评估系统和天然气供应安全预警机制。天然气供应安全风险评估系统核心是建立一套保障天然气安全的全面、系统和完善的评估体系。天然气供应安全预警机制就是科学地做好天然气及相关能源政策、价格、发展趋势的跟踪和研究，预测未来天然气供应可能发展的趋势，将趋势值与各种状态的边界值及其预警信号区间进行比较和计算分析，及时发出各种信号，对未来可能发生的供应安全问题做出警示。

（2）天然气供应安全应急管理一体化保障系统。天然气供应安全应急管理一体化保障系统的建设是一项系统工程，是系统化、专业化、信息化、社会化、法制化的综合集成。供应安全应急管理体系包括：天然气应急及抢险组织机构，不同级别的天然气应急预案，天然气紧急状态的法律体系，天然气供应安全应急评价机制及事故预警系统，天然气应急资源保障机制和应急调度管理信息系统等。

3. 责任链：天然气供应安全企业、用户与政府责任社会化保障系统

天然气供应安全已成为国家能源战略安全的重要组成部分，保障天然气供应安全已不再是企业单方面的社会责任，而是全社会共同的责任，必须由企业、用户、政府三方面紧密配合，共同承担。

四、天然气战略储备运行过程模型

根据天然气生产供应链和供应安全集约化发展模式，天然气战略储备的整体运行与石油储备基本类似，由天然气战略供应基地、战略储备基地、利用产业集群三个关键物流环节组成，其运行模式如图 1-4 所示。

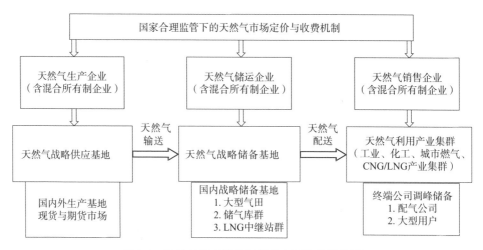

图 1-4 天然气战略储备运行的空间物流结构图

战略供应基地即来自本国气田或国外气田等天然气资源，通过天然气管道输送至战略储备气田，并以大型气田（就地储备）、大型地下储气库等方式进行储存。在出现紧急状况时，经管道方式将动用战略储备的天然气输送至消费地、消费区，以满足天然气市场消费需求。

由天然气储备三大空间物流结构决定的空间和时间配置过程控制了天然气战略储备，保证天然气供应安全程度及应对危机事件的能力。从运行过程上来看，获得天然气、输送天然气、储存天然气和调运天然气构成了天然气战略储备运行的四个关键物流过程，最终保障天然气消费的战略安全性。每一环节和过程运行是否顺畅，环节过程之间的衔接是否流畅直接决定了天然气战略储备保障能力，控制着天然气供应安全保障程度。此外，它也决定了天然气战略储备基地建设的经济性、布局合理性等内容，也决定了天然气战略储备基地选址合理与否。

在我国天然气产业管理体制成熟后，国家天然气战略储备可随之市场化，可以从国家与公司为运营主体转换为以企业为运营主体，在合理监管下，运用市场手段调节战略储备资源配置。在天然气生产与销售环节及上、下游储气库之间进行协商，通过天然气储备和调峰量来保障天然气安全供应。天然气终端用户、销售商和管道公司也可以开发和参与地下储气设施建设。

第三节　国外天然气储备经验与启示

国外天然气储备历经近百年发展，积累了丰富的储备管理、市场化运作、储备技术开发等经验，这些是我国天然气战略储备与储气库建设的有益借鉴。

一、主要经验

（一）储备方式以地下储气库以及气田储备为主

储气库建设目的主要用于调峰。国外大部分国家在天然气行业发展的初期就开始储备建设，主要原因是由于消费量的扩大，生产区与消费区距离长，带来了峰谷差加大、平稳供气压力激增，必须通过在消费区建设调峰储备才能进一步加速天然气行业的发展。

美国地下储气库主要分为三种类型：枯竭油气田、含水层、盐穴。其中枯竭油气田储气库占 79%，主要位丁美国的东部、中部和西部；含水层储气库占 11%，主要集中在中部偏东地区；盐穴储气库占 10%，多位于美国南部。

法国的天然气供应几乎完全依赖进口，天然气进口量占总消费量高达 97%。进口的天然气包括管道天然气和 LNG。因此，用作战略储备、调峰的天然气地下储气库对法国而言非常重要。但法国没有可转变成储气库的枯竭油气藏。于是，法国成功地建造了含水层储气库来满足季节性变化的需求，建造盐穴储气库适应高峰供气。法国十分重视 LNG 储备，是欧洲 LNG 接受能力第二大的国家。

意大利天然气储备体系由十个枯竭油气田储气库组成。自 20 世纪 70 年代开始，意大利就将枯竭油气田改造为地下储气库。近几年也在研究将正处于开发成熟期的天然气气田转为储气库的可能性。

英国和荷兰都是欧洲主要天然气生产和消费国，在应对天然气季节性调峰方面都建立了地下储气库和 LNG 储备设施，并将国家主干气田作为应对大规模供应中断的战略储备基地。英国天然气储备以枯竭油气田储气库、盐穴储气库为主。Rough 是英国最大的天然气储存设施，是在原来部分枯竭的海上气田的基础上改建的。从未来储气库发展规划上看，英国将继续以发展地下储气库作为主要调峰手段。至于战略储备方面，英国政府认为，大陆架气田就是英国的战略储备，通过积极引进国外资源来减少北海和爱尔兰海天然气供应，保证其长期开发能力。荷兰天然气资源丰富，是欧洲第二大天然气生产国，为保证本国和欧洲有关国家天然气供应，荷兰已经建立了包括枯竭油气田、盐穴储气库和 LNG 等储备基地。由于格罗宁根（Groningen）大气田极大的储量规模，荷兰政府早在 20 世纪 70~80 年代就将其作为战略储备基地，并通过实施"小区块政策"鼓励小区块和海上区块的油气生产，以延长格罗宁根大气田的寿命。

日本政府除商业库存外，1998 年还设立了"日本天然气储备公司"，专门从事国家天然气储备基地的建设和管理工作。并由该公司负责建设石川县七尾、长崎县福岛、爱媛县波方、冈山县仓敷和茨城县神栖天然气储备基地施工建设。

（二）天然气战略储备与对外依存度密切关联

天然气储备的提出与有关国家天然气消费的对外依存度紧密相联。意大利和法国分别在 20 世纪 50 年代和 70 年代就提出了天然气储备问题，就是由于他们当时对国外天然气进口高度依存。根据已公布资料和推算，包括储备在内的法国天然气储备天数已经达到 110 天的消费量，意大利单是储备就已经达到 58 天的消费量。日本也提出了天然气储备的国家规划，天然气储备由国家和民间企业分别承担，天然气储备由民间企业唱主角，承担储备 50 天的需求量，国家承担 30 天需求量。

近年来，主要天然气生产国如美国、俄罗斯也开始重视天然气储备问题。美国有关部门提出要根据石油战略储备的模式来建立天然气储备。俄罗斯虽然是在近年才正在提出"战略气田"的概念，但部分储气库早有战略储备的职能。2007 年 12 月 7 日的《Argus 苏联地区能源周刊》报道了俄罗斯所谓"战略性"气田的部分信息。该周刊指出，俄罗斯能源部和 Gazprom 公司共同遴选了 32 个"战略性"气田的清单，政府已经于当年底批准了这份清单。

（三）天然气储备运营管理多采用公司化运营模式

国外天然气储备的运营管理主要是公司业务。日本国家天然气储备也是通过设立"储备公司"来具体运作的。大部分国家由于储备与调峰储备的界线还不是十分明确，储备资金的筹措也由相关公司负责。

1. 美国的天然气储备运营

美国储气库的所有权和经营者有三类：州际管道公司、地方配气公司和州内管道公司、独立的储气库服务商。2014年初，美国本土48个州内402座储气库由123个天然气公司运营，其中25个是州际管道公司，同时另外还有18个是由联邦能源监管委员会（Federal Energy Regulatory Commission，FERC）监管的独立公司或者地区配气公司，工作气量达到 $1332.61 \times 10^8 \, m^3$。经营储气库的所有者和经营者不一定拥有所储存的天然气，实际上储气库中储存的工作气大多都是托运人、地方配气公司或者是终端用户的天然气。

2. 俄罗斯的天然气储备运营

苏联解体后，俄罗斯统一供气系统及配套的地下气库全部划归Gazprom公司，成了Gazprom的资产。原有全部地下气库的投资则是在苏联时代由国家直接划拨的。现在，Gazprom按地区原则设立了13个天然气输送子公司。有关的地下气库原则附属于相应的天然气输送子公司，资金完全由Gazprom筹措。

俄罗斯天然气工业公司是国家储气库设施的管理运营主体。该公司发展储气库的主体目标是确保国内用户的用气安全，同时确保对欧洲的正常出口。俄罗斯地下储气库有效气量的结构由以下三类储备组成：一是用于调节天然气消费季节不平衡性的天然气储备；二是在异常寒冷和统一供气系统发生事故的情况下用于补偿天然气销售量激增的备用天然气；三是长期储备的天然气。在国家处于不可抗力、天然气出口中断和采气能力投产期延迟达一年之久的情况下，确保安全供气是长期储备的重要任务。截至2014年年初，俄罗斯共有地下储气库23个，工作气量达到 $691 \times 10^8 \, m^3$。

3. 法国的天然气储备运营

法国的天然气对外依存度高，因此用于战略储备和调峰的地下储气库对法国非常重要。法国天然气储备由公司来经营，储备资金也由相关公司筹措，其储备体系的主要载体是法国天然气公司，其储备业务由公司的勘探生产、国内长输和储存部门管理和经营，国外天然气开发业务的天然气储备主要由公司国际长输管道与输送部门负责。

法国地下储气库的管理主要归法国天然气公司，16 个地下储气库中的 13 个由法国天然气公司管理与经营，其他 3 个归道达尔等公司管理。与此同时，法国天然气公司还经营着在 Fos-sur-Mer 和 Montoir-de-Bretagne 的 2 个 LNG 接收终端。

4. 英国的天然气储备运营

英国大部分天然气储存设施由 BG 储气公司控制。Ofgem（英国天然气与电力市场办公室）是负责天然气产业规划的机构，Ofgem 积极推动储存设施的市场化改革，需要天然气储存能力的公司都可通过拍卖方式获取库存能力。截至 2014 年年初，英国共有地下储气库 8 个，工作气量达到 $50 \times 10^8 m^3$。

5. 意大利的天然气储备运营

意大利的天然气储备体系与英国和法国类似。截至 2014 年年初，意大利共有 11 个储气库，工作气量达到 $11.6 \times 10^8 m^3$，其中 8 个由 ENIS. p. A. 公司经营，2 个由 EdisonGasS. p. A. 公司经营。意大利政府工业部负责全国天然气系统的安全、经济和长期规划，保证供应安全，协调天然气系统的正常运行。

6. 日本的天然气储备运营

日本是世界上唯一对天然气储备立法的国家。日本天然气储备由国家与企业共同承担，国家储备保障 30 天的使用量，企业储备够企业使用 50 天的使用量。日本政府设立了"日本天然气储备公司"，专门从事国家天然气储备基地建设和管理工作。在天然气储备管理方面，则成立了日本石油天然气金属矿产资源机构，管理国家石油和液化石油气储备基地的建设和运作，按政府指令释放储备的石油和液化石油气。截至 2014 年年初，日本共有地下储气库 5 个，工作

气量达到 $11.6 \times 10^8 \, m^3$。

(四)重视天然气储备的法规体系建设

美国政府部门在储气库建设方面主要关注经济评价、环境保护、市场需求等,同时政府部门严格控制储气库费率。储气库建设健康、安全、环保监管由联邦环境监管局负责执行。主要依据《天然气法》《能源政策法》《清洁空气法案》《清洁水法案》《濒危物种法案》《联邦水污染控制修正法案》《职业健康安全法案》和《污染控制法案》等监督储气库建设。储气服务收费是联邦监管委员会(FERC)的监管职责。FERC 通过"636 号指令"为美国天然气输送服务制定了具体的运费收费方法。

英国和意大利在储气库建设方面还颁布有专门的法规。英国根据建设盐穴储气库的需求,专门出台了针对此方面的一整套法规:①《土地利用计划和危险物质许可》,主要涉及对储存地点安全性进行评价;②《主要事故危害规章(1999)》,目标是预防天然气储存事故,限制此类事故对人和环境的危害;③《井场和操作规范(1995)》和《管线安全规范(1996)》。

荷兰政府实施"小气田政策"。荷兰格罗宁根气田是一个世界级的大气田,探明天然气可采储量为 $2.4 \times 10^{12} \, m^3$,1964 年开始生产天然气,最高年产量达 $900 \times 10^8 \, m^3$。气田已经开发四十多年,还能保持比较高的产量,主要原因是荷兰政府实施"小气田政策"。其操作方法是为了发挥格罗宁根气田调峰作用和储备职能,优先开发根罗宁根周围很多小气田,政府控制 Gasunie 公司给予产自这些小气田天然气进入管网优先权,以保证生产者随时卖出生产的天然气。在财政税收措施上,由于格罗宁根大气田天然气成本较低,荷兰政府对来自该气田天然气征收了专门汇款税(外国投资者对格罗宁根大气田投资收益如汇出荷兰应缴纳特别税收)。为持续鼓励其他气田勘探开发活动,荷兰政府还实施降低矿权使用费等一系列财政措施。这些措施有效稳定了格罗宁根气田压力,保证整个国家天然气供应的长期安全。

意大利早在 20 世纪 70 年代就颁布了有关法令，将枯竭气田或开发中气田改造为储气库如 1974 年，政府颁布了《关于天然气气田的储存》的 170 号法律；1975 年，工业部颁布了《关于天然气气田储存许可的基本立法》法令。这些法令有效地保护了国内资源开发，为建立充足储备应对供应危机起到了积极作用。同时，根据欧盟内部天然气市场共同规划，进入 21 世纪还颁布了"关于实施欧盟 98/30/EC 指令"的 164 号法令。制定标准以保证所有用户在同一条件下都能使用储气设施，确定储气费率标准，为"第三方"使用天然气储存设施，提高天然气储存设施效率，从而保障国内天然气供应安全奠定了基础。

日本和荷兰在天然气储备财政税收政策支持方面较为突出。日本是世界上唯一颁布有《天然气储备法》的国家，1998 年日本政府又设立了日本天然气储备公司，专门从事国家天然气储备基地的建设和管理工作。日本天然气储备资金由国家财政支付，承担 30 天需求量，相反民间企业要求承担储备 50 天的需求量。

二、主 要 启 示

（一）坚持储气库仍是调峰储备的主要手段

实践证明，地下储气库是安全稳定供气的最重要手段，它是天然气工业可持续发展的重要保障之一。因此，大部分国家在天然气行业发展初期就开始建设地下储气库，尤其是在首条天然气干线投运后，由于消费量扩大，生产区与消费区分离，各类用户对天然气需求量不同和负荷变化使平稳供气压力剧增，必须通过在消费区建设地下储气库，才能进一步加速天然气行业发展。

由于我国天然气资源与市场的分离，决定了与长输管网配套的地下储气库建设刻不容缓，加之我国地下储气库现有的调峰规模和能力不能满足市场需求，因此必须加快地下储气库的研究和建设。随着管道建设的进一步发展、天然气供气格局的变化以及供气市场竞争的加剧，能够保障供气安全并提供全面有效调峰服务的供应商将在竞争中处于有利地位。因此，在管道业务和市场发展的同时，需要考虑天然气储存对整个市场供气的影响，以协调管道、储存、市场的和谐发展。

各国依据各自的地质条件建设地下储气库，类型不尽相同。我国从南到北已在 24 个省、市、自治区和海域发现了可资利用的石油和天然气，这些含油气构造为改建地下储气库提供了一定的地质基础。因此，地下储气库建设应以最为经济的气藏型为主，而在缺少油气藏构造的地区，应选择适合建库的含水层构造及盐层，建设含水层及盐穴储气库。

(二)坚持储气库规模建设与资源状况、市场需求及依存度关联

不同国家调峰工作气量与本国天然气资源分布、管网完善程度、用户消费结构类型、天然气进口依存度等密切相关，一般为 15％～20％。相比较而言，对外依存度较小的美国、荷兰储气库工作气量占年用气总量比例都在 15％左右，俄罗斯含 $300 \times 10^8 \, m^3$ 储备，比例较高。资源相对较少的法国、意大利、德国，由于天然气主要依靠进口，尤其重视储气库作用，其比例都在 20％以上(表 1-2)。因此，我国应坚持储气库规模建设与资源状况、市场需求及依存度关联，抓好天然气储备规划与布局。

表 1-2　主要国家天然气贸易及储备情况表

国家	法国	日本	意大利	美国	英国	荷兰	俄罗斯
＊天然气产量/$10^8 m^3$	3	31.5	71	6876	365	687	6048
＊天然气消费量/$10^8 m^3$	451	1195	688	7243	737	404	4354
＊管道气进口量/$10^8 m^3$	480			815		136	
＊管道气出口量/$10^8 m^3$	32			444	162.5	503.5	2070.5
＊LNG 进口量/$10^8 m^3$	81.6	1164	55.9		92.8		

续表

国家	法国	日本	意大利	美国	英国	荷兰	俄罗斯
＊LNG 出口量/$10^8 m^3$				20			
储气库有效工作气量/$10^8 m^3$	129	≈12	163	1333	50	53	691
LNG 储存能力/$10^8 m^3$	3	88			18	3.8	
对外依存度 A＝净进口量/消费量/%	99.3	97.4	98	5	46		
B＝储气库工作气量/消费量	28.6%	1%	23.7%	18.4%	6.8%	13.1%	15.9%
储备天数 $C≈B×365$	104	4	87	67	25	48	58
主要储备类型	储气库	LNG储备	储气库	储气库	气田/储气库	气田/储气库	储气库

　　　　资料来源：＊根据 BP2014 统计资料；其他数据 IGU，GSE 等。

（三）建立适合我国天然气市场的储气库运营管理模式

从国外天然气储备运营管理调研来看，不同国家天然气储备要求不同，其储备管理模式也不同。世界上储气库建设和运行管理上一般采用四种方式：一是由天然气供应商承建和管理；二是由城市燃气分销商建设和管理；三是由独立的第三方以赢利为目的建设和管理；四是由多方合资建设。国外天然气储备主要方式是前两种，第三种是作为对前两种的补充，我国采用的是第一种形式。为了保证天然气工业快速平稳可持续发展，我国天然气储备运营管理模式建立可参考国外天然气储备运营管理模式和我国石油储备的管理模式，并结合我国实际情况来实施。

（四）加强科技攻关，为储气库建设奠定坚实的技术基础

我国地下储气库技术虽然取得了一定成绩，但尚存在明显不足，应着重以下方面的技术开发研究：①建库设计和施工技术的研究，积极寻求与国外有经验的公司合作，提升我国的技术水平；②在枯竭油气藏改建地下储气库方面，我国东部地质条件复杂，改建地下储气库的难度较大，应针对复杂断块油气藏的地质条件在注排机理、渗流机理、建库方式、建库周期、井网部署、方案设计和施工技术等方面进行认真的摸索和研究；③在盐穴储气库建设方面，应在地

址选区、区块评价、溶腔设计、造腔控制、稳定性分析、注采方案设计、钻完井工艺等多方面进行深入的研究；④在含水层建库方面，中小型盆地储盖组合具有复杂性，水层储气库建设将面临很大的技术难题，应针对其具体情况下力量深入研究。与此同时，应密切跟踪国外最新技术变化，如 SCADA 系统和现代测量技术，数值模拟研究、利用惰性气体作为垫底气、地下储气库建设方案优选的研究等，不拘泥于走渐进式发展的路子，争取实现跨越式发展。

（五）重视天然气政策法规制定，为储备建设奠定法制基础

国外天然气储备十分重视政策法规建设，除广泛适用相关法规外，还有专门的天然气储备政策法规。与此相反，我国涉及石油天然气的法规建设还相当不完善，天然气储备法规基本还是空白。考虑到我国天然气发展现实，必须加速天然气储备相关立法，可参考国外相对应法律规定制定我国天然气储备相关法规。天然气储备法应包括以下内容：明确天然气储备的主体、储备的目标；规定天然气储备的实施步骤、储备的组织和管理机构；规定天然气储备的管理办法；规定没有达到储备义务或虚报储备量的惩罚措施；明确国家对天然气储备的鼓励和支持政策，包括储备设施建设的财政支持、优惠贷款政策和税收减免政策；规定天然气供应紧急情况下天然气储备的管理办法，包括天然气储备的监管措施及天然气储备的动用和销售方式。

第二章　天然气战略储备需求与
面临重大挑战

第一节　能源革命与天然气战略储备

党的"十八大"提出的能源生产和消费革命，其提出的背景不是起源于国外提出的新能源革命，不是页岩气革命，重点是国内关注能源制约，关注国家合作面临新的挑战。中央财经领导小组第六次、第七次会议上明确提出，要推动能源体制革命，还原能源商品属性，构建有效竞争的市场结构和市场体系。会议就推动能源生产和消费革命提出五点要求，要求抑制不合理能源消费，推动能源供给革命，建立多元供应体系，立足国内多元供应保安全。习近平总书记将能源生产和消费革命一起提升至国家长期战略的高度，显示中央决心很大，其背后有着能源战略储备与推动中国经济发展模式转变的深切内涵。

一、能源革命内涵及对能源战略储备的要求

（一）推动能源消费革命，抑制不合理能源消费

坚决控制能源消费总量，有效落实节能优先方针，把节能贯穿于经济社会发展全过程和各领域，坚定调整产业结构，高度重视城镇化节能，树立勤俭节约的消费观，加快形成能源节约型社会。减量革命是首要任务，包括消费观念转变和节能两大方面，增量革命需要进行传统能源改造、加快新能源发展以及国际合作。效率革命

即同样的能源有更大效率，从能源网络和价格机制两方面实现。

消费观念转变需要政府、企业和社会三方面共同努力，发展技术节能既要抓耗能大户，也要重视量大面广的产品。传统能源改造主要是指煤炭的清洁利用，减少碳排放，新能源发展需要集中式和分布式共同发展。先进电网是现代能源网络的核心，要建设先进特高压输电线路和智能电网，价格机制即能源回归商品属性，由市场决定价格，竞争提高效率。

供需互动将成为我国能源消费的新型模式。能源革命要求彻底改变传统能源工业模式，变千方百计保供应为控制能源需求总量，变以供应侧为主导为供给侧和需求侧高度融合、协调配合。供需互动需要从政府层面和用户层面分别组织实施。其中，用户层面的措施主要包括大力支持分布式能源发展，让需求侧积极参与能源市场和供需平衡，根据市场信号响应上游变化和限制，自主决策能源消费（包括节能）、生产、储存和买卖交易。

（二）推动能源供给革命，建立多元化供应体系

立足国内多元供应保安全，大力推进煤炭清洁高效利用，着力发展非煤能源，形成煤、油、气、核、新能源、可再生能源多轮驱动的能源供应体系，同步加强能源输配网络和储备设施建设。政府应大力发展可再生能源和清洁能源，2015 年非化石能源占一次能源的比例将从 2010 年的 8.3% 提高到 11.4%，能耗强度比 2010 年降低 16%，二氧化碳排放强度下降 17%，2020 年可再生能源的比例将达到 15%。

根据国务院办公厅 2014 年 6 月发布的《能源发展战略行动计划（2014~2020）》（国办发〔2014〕31 号），中国将推行绿色低碳发展战略，着力优化能源结构，把发展清洁低碳能源作为调整能源结构的主攻方向。坚持发展非化石能源与化石能源高效清洁利用并举，逐步降低煤炭消费比例，提高天然气消费比例，大幅增加风电、太阳能、地热能等可再生能源和核电消费比例，形成与我国国情相适应、科学合理的能源消费结构，大幅减少能源消费排放，促进生态

文明建设。2020 年非化石能源占一次能源消费的比例达到 15%，天然气比例达到 10% 以上，煤炭消费比例控制在 62% 以内。

多能互补将是我国能源供给方式的重要特征。未来数十年，能源种类多样化发展将改变新中国成立 60 多年来煤炭、石油、水电等常规能源长期占 90% 以上的生产和消费格局，清洁能源将获得更大发展。同时，各类能源间的互补、替代、耦合和协调将日益深化，主要体现在：①能源生产和供应方式将从集中式大规模生产为主的模式逐步向"集中式供应与分散式就地利用相结合"发展，规模因地制宜。分布式能源以天然气和可再生能源为主。②清洁能源对煤炭、石油等高污染能源的逐步替代。间歇性可再生能源的持续规模化发展，要求传统能源的协调配合，不断提高能源系统的灵活性和接纳能力。③能源载体方面，除了天然气有较大部分可用于原料和终端消费外，其他清洁能源势必以电能为主要能源载体加以生产和利用，一次能源转换成电能的比例将稳步提高。④能源生产技术革命主要体现在清洁能源技术领域，也包括日益多样化的能源生产技术集成和耦合，如风水互补、水光互补等。常规能源转换和利用技术将渐进式改进。⑤传统能源行业分割和壁垒将逐步消除，综合性能源集团成为能源企业的重要发展趋势。

（三）推动能源技术革命，带动天然气产业升级

立足我国国情，紧跟国际能源技术革命新趋势，以绿色低碳为方向，分类推动技术创新、产业创新、商业模式创新，并同其他领域高新技术紧密结合把能源技术及其关联产业培育成带动我国产业升级的新增长点。科技是能源革命的"推进器"。各地各部门要积极培养优秀能源科技人才，加强能源基础学科建设和前瞻性、关键、核心技术的研究，及时普及先进适用技术，提升能源装备的自主研发制造水平，为能源生产和消费革命提供强大的科技力量。当前，要结合制定 2030 年能源生产和消费革命战略，研究谋划"十三五"能源规划。

能源科技创新能力的长远提升关键在于建立和完善市场激励机制，形成市场主体自我循环和持续发展能力。这包括：完善和强调知识产权和专利技术保护力度；建立起以法律法规、行业标准、市场监管等一系列创新成果保护和市场化环境，保障科研投入的回报，形成科技创新的良好氛围；通过税收及优惠政策，鼓励先进技术产业发展，抑制落后产能和高耗能行业。

（四）推动能源体制革命，打通能源发展快车道

坚定不移地推进改革，还原能源商品属性，构建有效竞争的市场结构和市场体系，形成主要由市场决定能源价格的机制，转变政府对能源的监管方式，建立起健全的能源法治体系。我国愿与各国一道加大投入，完善政策，鼓励研究开发，推动各国能源创新改革与共同发展。

市场主导、宏观调控是能源革命的重要保障。能源市场化和政府能源管理改革是能源革命的关键，最大限度地发挥市场配置资源的基础性作用，不断改革不适应生产力发展的生产关系，共同推动能源生产和消费革命：①能源市场化是经济全球化发展的必然要求。我国将逐步发展成全球第一大进口能源消费国，是各资源出口国的重要目标市场，必然在今后的全球资源配置中发挥更重要作用。随着我国综合国力和国家战略能力的不断提升，更多地利用国际市场、开展国际化经营成为必然，传统的替代进口等产业发展思路需要扬弃。②能源市场化改革是我国市场经济体制建设的重要内容。要改革基于传统能源特点建立起来的现有能源管理体制，逐步向完善的市场经济体系过渡，更多地依靠市场机制而不是行政措施，更有效地为经济社会发展提供安全稳定、价格合理、清洁高效的能源产品。③能源市场是实现供需互动、提高能源系统效率和安全性的重要基础和前提。经济杠杆是最大的驱动力，能最大限度地调动需求侧积极性，参与能源市场和供需平衡，提高能源系统效率和供给安全。将来，我国能源市场化改革最重要的领域是具有网络经济特性的电力和天然气市场化改革，要充分放开竞争领域，强化网络运营的政府监管。

（五）加强国际合作，实现开放条件下能源安全

在主要立足国内的前提条件下，在能源生产和消费革命所涉及的各个方面加强国际合作，有效利用国际资源。我国将会以更加开放的姿态，在提高能效、节能环保、能源管理、政策法规等领域加强国际对话交流，参与完善国际能源市场监测和应急机制，深化在信息互换、人员培训、协调行动等方面的国际合作。主要从以下四个方面努力。第一，多方面协作而非闭门造车能够帮助我国最有效地应对能源挑战。我国在未来或将成为最大的能源进口国。因此，持续实施开放、包容和鼓励竞争的政策，鼓励全球创新流入的同时，推进国内创新发展，将有助于我国更好、更快地实现能源革命。第二，油气技术的研发日趋国际化，跨行业、跨国界的协作有利于产品质量的提高。政府资助的研发项目工作固然重要，但保证其研发效率和成果，需要市场竞争的保障。而有效的市场机制可以保障创新者之间的竞争，无论来自公共部门还是私营部门，都可以成为能源革命和发展的强大动力。第三，知识产权保护是技术创新从概念酝酿到商业化应用过程的核心。只有基于对知识产权的信心，企业才会在我国投资研发能力，并实现科学发明向商业产品的快速转化。第四，能源产业的监管工作需要一个全面、系统的架构。如果没有这样的整体架构，针对能源系统某个部分的政策可能会对其他部分能源体系产生意想不到的影响。

总之，中国能源革命包括减量革命、增量革命和效率革命三大路径，核心是平衡经济发展、能源消费与生态环境三者的关系。能源革命路线图就是要做加法、减法和乘法。减量革命是首要任务，包括消费观念转变和节能两大方面；增量革命需要进行传统能源改造、加快（新）能源生产与战略储备发展，以及国际合作；效率革命即同样的能源产出更大效率，从能源网络和价格机制两方面实现。

二、天然气能源革命对能源战略储备的推动

（一）天然气能源革命的内涵与特征

1. 天然气能源革命的内涵

天然气能源革命就是为了适应国家推动能源革命的迫切要求，加强国际全方位合作，推进天然气全产业链市场化发展，大力创新驱动发展非常规天然气资源，加强天然气资源战略储备，抑制不合理的天然气能源消费，保障天然气能源供应安全，满足经济社会对清洁能源不断增长的需求，建立现代天然气能源产业体系的过程。

2. 天然气能源革命的特征

非常规技术创新主导天然气技术革命。非常规天然气资源（页岩气、致密气、煤层气、可燃冰等）分布广、资源潜力大，但其开发成本高，投资风险巨大，这有赖于非常规天然气开发与利用技术的突破，以及技术战略的储备。同时，天然气能源革命将依靠现代信息技术和智能技术，建立起一种全新的天然气能源管理和决策支持系统。

天然气市场变革引领天然气体制革命。主要体现在：政府逐渐放松管制，逐步实现天然气资源市场化配置，加快天然气价格市场化，实施天然气调峰价格市场化和合理收取储备费，有序实施天然气全产业链混合所有制，天然气现货与期货交易大区域市场形成，天然气国际贸易以人民币结算，天然气清洁发展机制（clean development mechanism，CDM）与碳交易建立，以市场化机制推动天然气产业链节能减排等。

天然气能源政治外交彰显出国家战略。已建成的"四大战略通道"体现了国家走去战略的成就，中俄天然气管道建设更是彰显国家能源战略。近年国家领导外交访问活动，密切与我国油气资源战

略与储备相关。国际气候大会专题讨论气候与能源政治、商讨区域能源经济合作问题，引导能源革命朝着高效化、低碳化、清洁化和智能化方向发展。

天然气能源利用成为绿色经济发展抓手。天然气作为清洁低碳能源和原料，培育天然气利用产业集群，如城市燃气快速发展，天然气精细化工培育，天然气替代油（煤）工程深化建设，天然气分布式能源利用推广等，将成为区域社会经济发展的支柱产业，成为地方政府积极争取的低碳产业项目。

(二)天然气能源革命的总体思路与目标

高举中国特色社会主义伟大旗帜，紧密结合世情、国情、业情，树立全球视野和国家能源安全战略思维，全面落实党中央、国务院各项决策部署，积极参与全球能源治理，推进天然气产业链市场化改革与监管，着力推动天然气科技进步与多元化合作，加强非常规天然气勘探开发以及海外天然气资源开发利用，加强天然气战略储备，优化天然气能源生产与消费结构，提高能源利用效率，加快构建低碳、高效、可持续的现代天然气能源产业体系，为实现中国梦提供安全可靠的绿色能源保障。

推动天然气能源革命，努力实现三个目标：一是用全球开放的眼光和国家战略构建天然气能源安全和战略储备体系，从注重天然气资源开发利用，转变到开发与保护并重，实现天然气资源开发利用与经济、市场、社会、生态环境协调发展。二是利用国内、国际两个市场，扩大清洁能源信息交流，加强天然气能源科学管理，从过度依赖常规天然气开发，转变到强化非常规天然气开发，优化能源开发结构，使之成为中国能源一大绿色支柱。三是降低天然气生产、储运、消费的外部性影响，从依靠高耗能支撑天然气产业快速发展，转变到更多依靠科技创新和体制创新，提高天然气产业发展质量和效益，特别是要降低产输生态环境成本，从敞口式消费天然气能源，转变到以市场化方式形成节约天然气资源的经济发展模式。

（三）天然气能源革命的途径

1. 实施"非常规资源保供"战略工程，建立多元网络供应保障体系

全方位加强勘探，发展非常规天然气，增强我国天然气供应和储备能力。坚持立足国内，持续加强以常规天然气为重点的能源生产供应体系建设。加快与社会资本、民营资本的合资合作，把非常规天然气业务作为成长性、战略性和价值性工程，统筹产业链上中下游各个环节，保持合理储采比，实现产量持续稳定增长。努力统筹国内、国际两种资源，突出重点勘探开发区，推动天然气发展国际国内一体化。加快我国页岩气和煤层气产业基地建设的产业化示范区建设，促进页岩气、煤层气生产和利用规模化。

实施深海天然气战略，将海洋天然气业务培育成为新的经济增长点。积极开发海洋天然气资源，将海洋作为我国重要战略接替区和天然气产业新的经济增长点，按照由近及远、远近结合、自主开发与对外合作并举的原则，抓住和利用重大战略机遇期，以合作开发为主，加强渤海、东海、南海等海域天然气勘探开发，加大深海技术和装备研究力度，超前研究深海空间站和深海远程补给基地等前沿技术，着力研究解决深海天然气勘探开发中的节能与减排和突发事故应对问题，实现海上天然气业务的重大突破，尽快形成规模有效生产能力。

加强天然气输配网络和储备设施建设，促进天然气基础设施持续完善。借助国家能源外交有利条件，加强战略谋划，有序推进天然气战略通道、国内天然气骨干管网等战略工程建设。加快建设连接周边国家和地区的战略性管网，形成以中国为中心的内外互联、南北互通、海陆互补的亚洲天然气管网，将海外生产和贸易获取的资源转化为进口顺畅的能源保障。根据天然气资源和市场情况，科学控制天然气管道建设力度和节奏，配套完善天然气骨干管网、储气库和 LNG 接收站，努力增加非常规气供应量，加强战略储备和储

气库建设，形成资源多元、调度灵活、运行高效的市场供应体系，提高天然气管网安全战略预警能力、基础设施防护能力和天然气供应突发事件应急反应能力，确保通道安全平稳运行。

2. 实施"天然气能源替代"战略工程，打造清洁高效能源消费主角

培育天然气产业集群，提高清洁能源利用效率。大力发展城市燃气业务，增大天然气汽车利用比重，有序推广天然气分布式能源利用。创建绿色工业园区，推动建材、电子和 IT 等高新技术产业发展成为利用天然气产业集群。加快推进天然气替代油（煤）工程，合理规划与布局 LNG 和压缩天然气（compressed natural gas，CNG）。优选布局精细化工系列产品，打造天然气精细化工产业经济带。积极开发以天然气为燃料的机械制造业，提高产品质量和附加价值。选择培育以天然气为燃料的建材产业，规划与布局建材高端产品。

推行节能新机制，强化节能减排，大力发展循环经济。通过天然气产业链要素生产结构节能、技术节能、建筑节能、交通节能、矿区节能，实施循环经济、能源管理（合同能源管理、能源需求侧管理）方面开展工作，全面推进节能降耗，提高天然气能源开发、储运与利用各环节的节能减排效率。

3. 实施"天然气技术突破"战略工程，建立国际领先核心技术体系

高度重视全产业链技术革命，完善科技创新体系。从天然气全产业链技术革命来进行思考，完善科技创新体系，狠抓研发、攻关、试验、转化、推广这五个关键环节，积极开展国际合作，强化创新驱动发展，全面推进天然气产业技术创新。依靠技术进步降低天然气资源的开采投资成本，在加强常规天然气勘探开发的同时，积极开展致密气、页岩气、煤层气等非常规气关键技术攻关与逐个突破，加快研发形成一批具有国际竞争力的核心技术，实现优势领域持续领先、赶超领域跨越式提升、

超前储备领域占领制高点。注重创新与实际生产、成果与经济市场的有效结合。加快天然气产业技术人才开发与培养，积极探索建立新的收入分配激励机制，充分发挥专业技术人才作用。

显著提高天然气产业链各环节的技术水平。在勘探开发领域：实现常规和非常规天然气（包括致密天然气、页岩天然气和煤层气）的勘探开发瓶颈技术系列突破，特别是在深井、超深井、特殊工艺井等方面的配套钻完井技术及钻完井提速配套技术，大力攻关研究3500～4500m 埋深页岩气勘探开发关键技术及配套技术系列；完善深井、长水平段压裂技术和体积压裂改造技术集成等。在天然气储运领域，管道建设突出定向钻、盾构、顶管和穿跨越技术攻关，加强集输管道优化、完整性管理研究等。在超前技术领域：在天然气水合物、无线地震勘探等前沿领域开展基础和储备技术研究与应用，引领国际能源行业技术发展趋势，加快海相、海洋、深层等赶超领域技术的提升。同时，积极创建天然气全产业链的节能减排创新体系，有效开发利用节能减排技术。

加强信息化建设，利用大数据系统推动科技创新。天然气能源革命将以互联网技术、新的能源技术、智能化制造技术的广泛应用为基础，促进天然气全产业链发展。利用大数据系统加强天然气信息交流和信息互换工作，建全和规范天然气产业统计管理体系，建立系统、准确、完备、共享的天然气产业信息系统。建立专业、高效的天然气产业信息监管体系，发挥好天然气价格、税收信息等手段对天然气经济的杠杆作用等，提高天然气产业管理和决策支持水平。

4. 实施"天然气市场变革"战略工程，推动能源市场资源优化配置

坚持市场化导向改革，促进天然气产业链市场变革。在勘探开发市场变革方面，通过有序开放上游市场，如页岩气、煤层气、煤制气勘探开发，鼓励非常规天然气开发模式和应用模式创新，放开出厂价格，最终实现由供需双方协商确定。在储运市场变革方面，

随着市场发展，引入第三方竞争机制是天然气领域改革大势所趋，逐步实现天然气输销分离，但不能搞一刀切。例如，由于川渝地区产输销一体化形成具有历史性、紧密性和不可分割性，有力地促进天然气产业发展，当前可选择具备独立经营的支线管道进行管道独立或混合所有制运营试点。以推出调峰费和储气库费为重点，分步骤完善输配气费率体系。在终端消费市场变革方面，积极推进天然气市场化改革，实施阶梯气价制度和天然气能量计价，探索市场谈判形成价格机制。

积极探索全产业链混合所有制，促进产业经济增长。一是积极建立混合所有制的非常规天然气开发公司。坚持效益优先、主体多元、合作发展的原则，有计划地引入社会资本，积极发展混合所有制，为天然气勘探开发产业发展注入新的生机与活力。二是投融资组建混合所有制的支线或局域管网公司。按《国家关于鼓励和引导民间投资健康发展的若干意见》（国发〔2010〕13号）要求，合资组建混合所有制的天然气管道公司，统筹区域内短途输气管道建设、管理和运营，并尝试用市场化的模式进行天然气输配管理和运营。三是建立混合所有制的销售合资公司。注册合资合作公司也通过组建分公司，开发城镇燃气市场或工业园区市场。同时，探索全产业链混合所有制企业员工持股制度，形成资本所有者和劳动者利益共同体。

依法治理产业，改革与调整天然气产业链政策。天然气勘探开发政策方面，取消外资企业开采天然气税收优惠政策，对内资和外资企业实行同等的税收待遇。启动及扩大对非常规天然气财税政策支持。加大对低品位资源开发的政策支持力度，国家在税费方面实行差别化征收政策，免征特别收益金和资源税，对边际气田等实行所得税优惠政策。

在储运政策方面，应区分天然气产业自然垄断性业务和竞争性业务，合理有序地实施网运分开，进一步放宽市场准入，拓宽民间投资的领域和范围，实现管网基础设施投资、建设和运营向第三方公平开放。建立科学合理的输配气费率体系和定价机制，推动出台天然气调峰费和储气库费，减免管道气和 LNG 进口环节增值税。减免天然气进口环节增值税是降低进口天然气成本，缩小进口气与国产气之间的价格差距，对跨国管道进口的天然气给予进口环节增值税合理返还政策。

天然气价格与金融政策方面，应根据市场竞争定价，按照热值计价。引导各类金融机构增加对天然气资源综合利用项目的信贷支持，建立完善的非常规天然气资源综合利用的融资体制和信用担保体系，加快推进天然气现货与期货交易等。上海市政府于 2015 年 1 月 5 日批复同意设立上海石油天然气交易中心，先期开展石油天然气现货交易。加大财税政策支持，拓展境外项目资本市场直接融资渠道。建立完善的法律法规，为利用境外资源创造条件，提升天然气产业国际竞争能力。

5. 实施"天然气开放合作"战略工程，持续提升国际话语权影响力

加大能源外交力度，推动与重点资源国的科技和大经贸合作。积极推进多元化国际合作，促进海外天然气大基地建设，全面开放合作共赢，可持续分享全球天然气产业链资源。巩固深化俄罗斯、中亚，扩大中东，拓展非洲，加强美洲，稳定亚太，提高天然气供应安全可靠性。完善西北、东北、西南和海上四大天然气战略进口通道建设，进一步加强国内天然气管网和 LNG 接收站建设，提高战略储备应急能力。加强与国际大石油公司高端战略联盟、科技合作和技术交流，利用各种创新资源推动天然气科技进步。探索天然气大经贸合作新模式，坚定地"走出去"积极争取定价权。

主动参与全球能源治理，推动建立国际天然气市场新秩序。注重国际天然气市场话语权和影响力的提升。深化与国际能源署（International Energy Agency，IEA）、石油输出国组织（Organization of Petroleum Exporting Countries，OPEC）等国际机构的交流与合作，推进建立亚洲天然气交易中心。成立国际能源形势跟踪和分析研究专

家组。设立中国天然气经济信息统计分析中心，定期发布世界天然气展望报告，加强与消费国之间的信息交流，建立海外天然气投资风险预警系统，提高应对境外风险的能力，增加透明度，提升话语权。

加大对海外资源开发的金融政策支持力度，增强企业竞争力。完善海外天然气资源开发协调机制，提升统筹协调和应对风险的能力。按照有利于发挥各自优势、避免内部竞争的原则，协调海外投资行为，构建以央企为主体、多种所有制企业协同发展的走出去新格局。推进海外业务规模优质发展。大力推动银企合作，增强海外投资的资金保障能力。积极推动天然气交易货币多元化进程，加快推进天然气贸易人民币结算。参与国际天然气价格运作，构建公司全球贸易网络，增强国际天然气市场话语权和影响力。积极开展国际天然气贸易，进出口和转口贸易相结合，在全球范围内优化资源配置，保障国内市场供应。

三、国家相关政策与法规对油气储备的规制

（一）《油气管网设施公平开放监管办法》

国家能源局于 2014 年 2 月 13 日发布《油气管网设施公平开放监管办法》（国能监管［2014］84 号）。该办法第三条指出，油气管网设施应包括储油与储气设施。例如："第三条，本办法所指油气管网设施包括符合相应技术条件和规范，并按照国家及地方有关规定履行审批、核准或者备案手续的原油、成品油、天然气管道干线和支线（含省内承担输送功能的油气管网），以及与管道配套的相关设施（包括：码头、装卸设施、LNG 接收站、天然气液化设施和压缩设施、储油与储气设施等）。城镇燃气设施执行相关法律法规规定"。此办法旨在打破油气管网的高度垄断经营状态，油气管网设施开放的范围为油气管道干线和支线（含省内承担输送功能的油气管网），以及与管道配套的相关设施；在有剩余能力的情况下，油气管网设

施运营企业应向第三方市场主题平等开放管网设施，按签订合同的先后次序向新增用户公平、无歧视地提供输送、储存、气化、液化和压缩服务等。但是在国内气荒时有发生，管网建设不完善、管网设施剩余能力有限的前提下，管网设施运营企业开放与否存在主观和客观的操作障碍。

（二）《天然气基础设施建设与运营管理办法》

国家发展和改革委员会于 2014 年 2 月 28 日发布《天然气基础设施建设与运营管理办法》（发展改革委令第 8 号）。该办法明确规定，天然气销售企业应当建立天然气储备。例如："第二十五条　天然气销售企业应当建立天然气储备，到 2020 年拥有不低于其年合同销售量 10％的工作气量，以满足所供应市场的季节（月）调峰以及发生天然气供应中断等应急状况时的用气要求。"同时，国家鼓励、支持各类资本参与投资建设纳入统一规划的天然气基础设施。国家能源局和县级以上地方人民政府天然气主管部门应当加强对天然气销售企业、天然气基础设施运营企业和天然气用户履行办法规定义务情况的监督管理。此外，该办法特地强调了：国家鼓励、支持天然气基础设施相互连接；天然气基础设施运营企业不得利用对基础设施的控制排挤其他天然气经营企业，并应与用户签订天然气基础设施服务合同；承担天然气储备义务的企业可以单独或者共同建设储气设施储备天然气，也可以委托代为储备。

（三）《关于加快推进储气设施建设的指导意见》

国家发展和改革委员会于 2014 年 4 月 5 日发布《关于加快推进储气设施建设的指导意见》（发改运行〔2014〕603 号）。旨在鼓励各种所有制经济参与储气设施投资建设和运营。承担天然气调峰和应急储备义务的天然气销售企业和城镇天然气经营企业等，可以单独或者共同建设储气设施储备天然气，也可以委托代为储备。同时，要求各地加大对储气设施投资企业融资支出力度，支持符合条件的天然气销售企业和城镇天然气经营企业发行企业债券融资、拓宽融资渠道，增加直接融资规模。创新债券融资品种，支持储气设施建设项目发行项目收益债券。支持地方政府投融资平台公司通过发行企业债券筹集资金建设储气设施，且不受年度发债规模指标限制。该办法还要求各级价格主管部门，利用好价格调节手段，引导储备气设施建设。例如，通过推行非居民用户季节性差价、可中断气价等政策，鼓励用气峰谷差大的地方率先实施，引导用户削峰填谷。此外，将加大储气设施建设用地支持力度，对储气设施建设用地优先予以支持；优化项目核准程序；继续执行现有支持大型储气库建设的有关政策，进一步加大支持力度，实施扩大适用范围；天然气销售企业在同等条件下要优先增加配建有储气设施地区的资源安排，增供气量要与当地储气设施规模挂钩。

（四）《关于建立保障天然气稳定供应长效机制若干意见的通知》

国务院办公厅于 2014 年 4 月 14 日发布《关于建立保障天然气稳定供应长效机制若干意见的通知》（国办发〔2014〕16 号）。该通知提出，国家支持各类市场主体依法平等参与储气设施投资、建设和运营，研究制定鼓励储气设施建设的政策措施。符合条件的企业可以发行项目收益债券筹集资金用于储气设施建设。对独立经营的储气设施，按补偿成本、合理收益的原则确定储气价格。另外，对储气设施建设用地优先予以支持。

第二节　天然气战略储备需求预测

一、天然气调峰需求预测

（一）天然气市场需求量呈快速增长趋势

随着国内天然气基础设施的不断完善以及经济的持续发展，预计 2015 年全国天然气需求量将达到 $2100×10^8\,m^3$，2020 年达 $3600×10^8\,m^3$（表 2-1）。

表 2-1　天然气需求预测表

单位：$10^8\,m^3$

方案	2015 年	2020 年
低方案	1900	3000
中方案	2000	3200
高方案	2100	3600
采用方案	2100	3600

注：低方案表示经济放缓；中方案表示经济趋势照常（按照新常态增长，GDP 增长速度 7%~8%，无政策变化）；高方案参照《能源发展战略行动计划(2014—2020)》，2020 年需求达到 $3600×10^8\,m^3$。

天然气消费结构逐渐多元化，城市燃气比例增加。2000 年以前，化工和工业燃料是天然气消费的主体，1996 年占 82%。近年来城市燃气、天然气发电比例上升，形成城市燃气、工业燃料、天然气化工、天然气发电相对均衡的消费结构（图 2-1）。

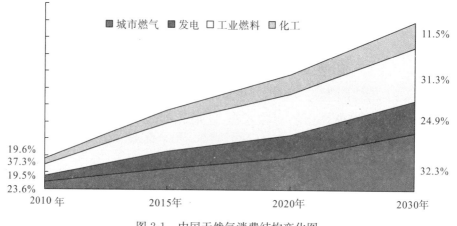

图 2-1　中国天然气消费结构变化图

（二）天然气季节应急调峰需求量大

随着国民经济的快速发展，我国天然气市场更加广阔，需求量呈快速增长趋势，天然气在一次能源消费中的比例也将增加。我国北方地区的环渤海、东北、西北和中西部地区，季节温差变化大，冬季采暖期间用气波动性大，季节性调峰需求高。如北京市 2013 年冬夏季峰谷差已经达到 10：1。

　　长三角、西南和中南大部分地区虽然没有集中采暖，但随着居民收入的增加，冬季用壁挂炉采暖家庭增加，这些地区将出现冬夏双峰。东南沿海地区，气候温暖、季节性波动小，但发电所占的比例较高，拟合出的曲线为夏季高峰，因此东南沿海与其他地区均不相同，调峰需求在夏季。

　　同时，根据我国用气波动情况和四大行业的用气特点（城市燃气、工业、发电、化工），回归各地区四大行业的用气月不均匀系数。再根据测算的用气结构和月不均匀系数，拟合出未来各地区的用气不均匀系数，由此确定分地区调峰需求比例（图 2-2）。根据各地区销售量和调峰需求比例，确定我国调峰比例为 15% 左右，预测 2015 年调峰应急需求为 $315 \times 10^8 \mathrm{m}^3$，2020 年 $540 \times 10^8 \mathrm{m}^3$，2030 年 $900 \times 10^8 \mathrm{m}^3$（表 2-2）。

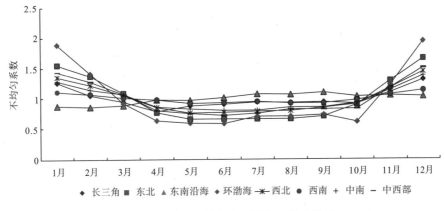

图 2-2　八大地区的用气不均匀系数曲线图

表 2-2　我国天然气调峰应急需求预测表

时间	天然气消费量/$10^8\mathrm{m}^3$	调峰比例/%	调峰应急需求/$10^8\mathrm{m}^3$
2015 年	2100	15	315
2020 年	3600	15	540
2030 年	6000	15	900

根据各地区的不均匀系数曲线计算出调峰比例和调峰量（表 2-3）。预计 2015 年储气库调峰工作气量为 $199\times10^8\,\text{m}^3$，2020 年为 $340\times10^8\,\text{m}^3$。

表 2-3　分地区调峰比例及调峰量测算表

区域	2011 年		2012 年		2013 年		2014 年		2015 年		2020 年	
	调峰比例/%	调峰量/10^8m^3	调峰比例/%	调峰量/10^8m^3	调峰比例/%	调峰量/10^8m^3	调峰比例/%	调峰量/10^8m^3	调峰比例/%	调峰量/10^8m^3	调峰比例/%	调峰量/10^8m^3
西北	10	11	10	12	11	15	11	18	11	21	12	30
中西部	11	10	11	12	12	15	13	19	13	22	15	44
环渤海	23	39	22	44	22	49	21	59	21	73	21	125
东北	13	7	14	9	14	12	15	17	17	26	17	46
西南	4	6	4	7	4	8	4	10	4	11	4	17
中南	9	8	9	10	9	12	9	17	9	21	9	35
长三角	7	10	6	10	6	13	6	17	6	19	7	34
东南沿海	4	1	4	2	4	3	4	6	4	8	3	10
合计	11.17	92	10.71	106	10.64	127	10.34	163	10.62	201	10.97	341

二、战略储备需求预测与规划布局

（一）战略储备需求预测

随着我国天然气进口依存度的不断提高，进口量不断增长，供气中断的风险越来越大，因此应适当考虑战略储备需求。根据我国建库地质资源的分布情况，在四大进口通道，战略储备至少要保证 40 天进口量的储备，考虑到近期应以满足调峰储备为主，2015 年战略储备按 30 天进口量计算，2020～2030 年按 40 天进口量测算，到 2030 年战略储备量需达到 $330\times10^8\,\text{m}^3$（表 2-4）。

表 2-4　三种情景下进口中断保供需求表　　　　　　　　单位：$10^8\,\text{m}^3$

	时间节点	2015 年	2020 年	2030 年
	天然气进口量	900	1760	3000
情景一	按进口量 30 天保供方案	75	150	250

续表

	时间节点	2015 年	2020 年	2030 年
情景二	按进口量 40 天保供方案	100	200	330
情景三	按进口量 60 天保供方案	150	300	500

我国天然气战略储备按照进口气量预测，以 30～60 天进口气量为战略储备目标。近期以增加调峰能力为主，加快调峰储气库的建设，逐步降低气田调峰的比例，满足生产储备的需求；中期，加大天然气储备的建设力度，天然气战略储备达到 30 天的目标；远期，随着我国天然气基础设施的不断完善，进一步增大天然气储备的建设力度，到 2030 年实现 60 天的战略储备目标。总储备需求：2015 年总储备规模为 $390×10^8 m^3$，占天然气供应量的 18.6%；2020 年 $740×10^8 m^3$，占供应量的 20.5%；2030 年 $1230×10^8 m^3$，占供应量的 20%（表 2-5）。

表 2-5　我国天然气总储备需求表

时间	调峰工作气量/$10^8 m^3$	战略储备量/$10^8 m^3$	合计/$10^8 m^3$	比例/%
2015 年	315	75	390	18.6
2020 年	540	200	740	20.5
2030 年	900	330	1230	20

(二)进口气中断保供方案

1. 2015 年各进口通道进口气中断保供方案

由于储气库保供气量要在短时期内大量采出，日供气强度大，榆林南和沙坪场储气库若在 2015 年能够建成投产，即可满足中亚二期、中俄西线和中缅管道断供后的保安供气。而中亚一期管道断供后，仅靠榆林南储气库不能满足保供气量，下游供气需调用 $2×10^8 m^3$ 的 LNG 储备；由于 2015 年以前吉林长岭储气库尚未建成，若中俄东线断供，需调用唐山、大连和江苏 LNG 提供 $6×10^8 m^3$ 保供气量（表 2-6）。

表 2-6   2015 年各进口通道中断 30 天储气库保供方案表

进口通道		进口量 /$10^8 m^3$	保供需求 /$10^8 m^3$	保供气库	工作气量 /$10^8 m^3$	供气强度 /($10^8 m^3$/d)	保供气量 /$10^8 m^3$
中亚管道	一期	290	24	LNG	2		2
				榆林南	60	0.75	23
				小计	62	0.75	25
	二期	242	20	榆林南	60	0.75	23
中俄管道	西线	150	12	榆林南	40	0.5	15
	东线	60	5	LNG	6		6
中缅管道		41	3	沙坪场	10	0.13	4

2. 2020 年管道进口气中断保供方案

2020 年战略储备库全部建成后,除中俄东线一旦断供,需要调用唐山、大连和江苏 LNG 提供 $6 \times 10^8 m^3$ 保供气量外,其他通道沿线的储备库均可保证供应(表 2-7)。

表 2-7   2020 年各进口通道中断 50 天储气库保供方案

进口通道		进口量 /$10^8 m^3$	保供需求 /$10^8 m^3$	保供气库	工作气量 /$10^8 m^3$	供气强度 /($10^8 m^3$/d)	保供气量 /$10^8 m^3$
中亚管道	一期	290	40	榆林南	60	0.75	38
				塔里木牙哈	10	0.13	6
				小计	70	0.88	44
	二期	290	40	榆林南	60	0.75	38
				塔里木牙哈	10	0.13	6
				小计	70	0.88	44
中俄管道	西线	300	41	榆林南	60	0.75	38
				塔里木牙哈	10	0.13	6
				小计	70	0.88	44
	东线	380	52	LNG	6		6
				吉林长岭	65	0.91	46
				小计	71	0.91	52
中缅管道		100	14	西南沙坪场	30	0.38	19

（二）天然气战略储备规划布局

1. 天然气战略储备的布局原则

我国幅员辽阔、气候变化差异较大、天然气资源分布不均、未来20年天然气对外依存度将逐步加大，所有这一切的因素都表明我国天然气战略储备需求必然维持在一个较高的比例上。从地域、气候、资源等各种因素来看，我国的应急调峰需求可能与美国有一定的相似性。

因此，天然气战略储备布局原则是：国家储备与企业储备整体规划，分步实施，逐步完善；充分考虑国内天然气生产、消费区域不平衡的特点，统筹安排国家储备与企业储备需要；结合国内适宜建设储气库的地质特点、气田位置和气源结构，充分考虑建设储气设施的经济性，合理确定储备方式及布局；同天然气管道建设相结合，优先安排在进口主干道沿线(图 2-3)。

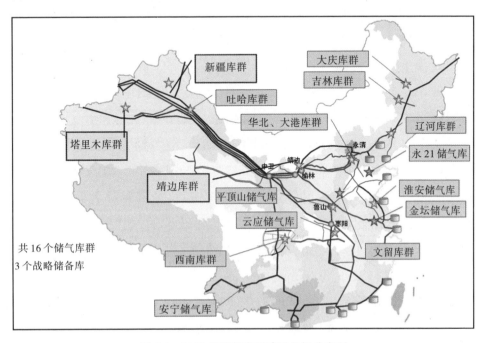

图 2-3　2020 年储气库群建设目标分布图

2. 天然气战略储备安排

近期，战略储备主要安排在西部进口通道，包括塔里木库群、新疆库群、靖边库群，这些储气库并不是单一的战略储备库，库中储存的天然气既有战略储备，也有商业储备。远期，储气库资源充足时可在消费市场中心地区再安排一定的战略储备。

第三节　天然气储备面临的重大挑战

一、气源供给多元化与利用快速增长，突显战略储备问题

随着我国天然气市场的快速发展，天然气消费总量和在能源消费结构中的比例也不断增大，显示出天然气在能源供应中的重要性，天然气供应安全对我国能源安全的影响日益增强。我国已形成五大产区和四大战略通道格局，多元化供应安全战略问题已十分严峻。与国外相比，我国探明气田以低品位储量为主，气藏类型复杂。从气田规模上看，我国气田以中小规模为主，单个气田可采储量规模总体偏小。与美国和俄罗斯相比，前18位大气田中，中国只有7个可采储量大于 $1000 \times 10^8 \mathrm{m}^3$，美国和俄罗斯全部大于 $1000 \times 10^8 \mathrm{m}^3$；美国单个气田的平均规模为我国的 3.5 倍，俄罗斯为我国的近 20 倍。中国前 17 位大气田平均丰度 $1.23 \times 10^8 \mathrm{m}^3/\mathrm{km}^2$，比美国 $2.49 \times 10^8 \mathrm{m}^3/\mathrm{km}^2$ 低了一半，且低级别者数目较多。美国号称大而贫的潘汉德－胡果顿气田储量丰度为我国储量丰度最小的靖边气田的 3.4 倍。从气田埋藏深度上看，我国大部分天然气储量埋藏深，大中型气田 62% 的储量埋深大于 3000m，而世界大气田正好相反，在 3000m 的深度内大气田最多，占气田总数的 64%。国外盐穴储气库主要建在厚度巨大的盐丘，而我国盐层资源丰富但建库条件不理想，盐层总厚度大，但单层厚度小，可供集中开采的厚度一般不到 300m，而在

可集中开采的层段中又含有大量的隔夹层，盐矿品位低，一般在50%～80%。这类盐层建库腔体的密封性、稳定性方面存在着一定风险。

截至 2012 年，天然气管网构架基本形成西气东输、北气南送、海气登陆的供气格局(图 2-4)。我国引进天然气的国家和地区主要为中亚、俄罗斯和缅甸等。境内外管道总长度分别超过 3000km 和8000km，今后从俄罗斯或中亚进口天然气，管道长度也将为数千公里。如此巨大的天然气对外依存度和长距离的输气管道工程，必然需要一个与之匹配的可以充分保障安全和平稳供气的储备及调峰应急保障系统。另外，国内供气结构复杂与供气区域分布不均衡并存，由于自然灾害或人为因素导致任何一条跨国管道供气中断，必将造成特大供应安全事故。特别是在冬季，一旦中亚或中缅等跨国天然气管道发生供气中断，或者新疆或西安以西的长输管道出现故障，将导致我国北方供暖大面积、长时间的中断，造成灾难性后果。

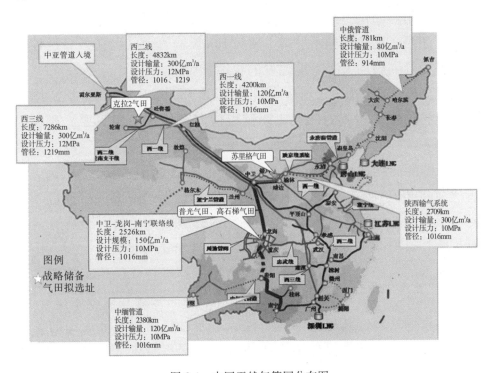

图 2-4　中国天然气管网分布图

二、气源地战略资源与八大区域性消费市场之间矛盾突出

(一)八大区域性市场形成，但资源与市场分离

我国天然气储量进入了快速增长阶段。到 2012 年，我国探明天然气地质储量 $3.1 \times 10^{12} m^3$。但是从目前情况来看，我国的天然气资源分配很不均衡，天然气资源主要分布在中西部地区的塔里木盆地、柴达木盆地、四川盆地和鄂尔多斯盆地。上述陆上四大盆地的天然气产量要占全国天然气产量的 80% 以上。而我国的天然气消费市场主要集中在东部地区(珠江三角洲、长江三角洲、京津地区以及我国东北地区等)。2012 年国家天然气基干管网框架的雏形基本形成后，天然气消费开始从生产基地大规模地向中、东部地区拓展，覆盖区域日益广阔。除西藏少量利用天然气外，其余 30 个省区市都有不同程度的应用，西南、环渤海、长三角地区用气量约占 60%。广东、广西、江西、福建除利用进口 LNG 外，长输管道气已输入。这种资源与市场的隔离加大了管道建设的长度和难度。

根据俄罗斯等国的经验，当管道长度超过 200km 时，下游用户附近就必须建设相应的储气库系统以应对调峰和应急需要。我国西气东输一线管道距离长达 4000km，陕京一线、二线、忠武线、川气东输干线距离均在 1000km 以上，西气东输二线国内外管道总长更是长达 9000km。所有这些自西向东的长输管道沿途或多或少经过了不同类型的复杂地质地貌和人口密集区，自然或人为的灾难均有可能对长输管道安全平稳供气造成威胁。一旦造成局部供气中断，用户市场附近的调峰储备与应急系统将会发挥不可替代的保障作用。除应急保障外，利用储气库调峰系统还可以提高长输管道的运行效率。根据陕京输气管线几年来的运行经验，通过建设在大港油田的 6 座储气库的调节，不仅保证了京津地区的安全平稳供气，将陕京输气管道系统的日供气量大幅提升，而且使陕京线的输气能力提高了约

14％，大大提高了管道的输气效率。北京地区近几年的调峰经验表明，大张坨地下储气库的调峰气量已经占该地区天然气用量的 30％，储气库在该地区的调峰和应急供气中发挥了不可替代的作用。

（二）天然气市场的需求旺盛，供需矛盾依然突出

随着我国国民经济的快速发展，对清洁能源的需求迅速增长，天然气作为高效的清洁能源，在我国一次能源消费中的比例也将不断增加。我国天然气勘探开发在近几年也取得了快速发展，天然气产量迅速增加，2013 年我国天然气产量达 $1209×10^8 m^3$。尽管如此，天然气供需矛盾依然突出，根据预测，到 2015 年我国天然气年需求量将达 $2100×10^8 m^3$。如此巨大的天然气需求量，如果没有相应的储备和应急保障供气体系，若发生类似 2008 年我国南方大面积雪灾等自然灾害或短时间的供气障碍，其对经济发展和人民生活的影响之大将是难以想象的。

随着我国天然气工业的快速发展，天然气消费量和进口量不断增加。如果没有天然气战略储备，将很难应对国外供应中断的风险。因此，建设国家天然气战略储备来应对进口国（过境国）的政治、经济、军事风险迫在眉睫。我国 LNG 主要来自中东、澳大利亚、马来西亚等，尽管 LNG 市场越来越走向全球化且有长期供应合同，但 LNG 市场仍具有较强的国际政治敏感性，随时都可能因为美国等大国力量的介入导致中断或终止供应，而且 LNG 海上输送通道还存在着因战争而被封锁的风险。

三、对外依存度提高，应急调峰储备满足不了战略储备需求

（一）自 2006 年我国成为天然气进口国以来，天然气对外依存度越来越大

随着国家启动低碳经济试点，国内天然气消费将进入一个快速

增长时期，年均增长量超过 $200 \times 10^8 m^3$，增长率维持在两位数以上。2014 我国天然气消费量（表观）达到 $1800 \times 10^8 m^3$，是 2005 年的近 4 倍，预计 2015 年国内天然气需求量将达到 $2100 \times 10^8 m^3$，2020 年将达到 $3600 \times 10^8 m^3$，2030 年达 $6000 \times 10^8 m^3$。根据预测，到"十二五"末我国天然气对外依存度将达到 35％左右，到"十三五"末将达到 45％，到 2030 年将达到 50％。根据 BP 能源统计：对外依存度高的国家，储气库工作气量占天然气年消费量的比例为 18％～27％。天然气生产国因各自情况不同，为 5％～18％。按照 2020 年国内天然气消费 $3600 \times 10^8 m^3$，按 3 个月消费储备量计算国内天然气储备量应达到 $900 \times 10^8 m^3$ 才能满足战略储备与调峰的需要（表 2-8）。随着我国天然气对外依存度的提高，对进口气源的依赖性日益增强，供气安全问题就成为不可回避的问题。因此，我国必须建立战略性储气设施，以应付可能出现的进口天然气供应中断。

表 2-8 我国天然气对外依存度预测

时间	2015 年	2020 年	2030 年
消费或需求量/$10^8 m^3$	2100	3600	6000
国产气供应量/$10^8 m^3$	1360	1980	3000
需进口量/$10^8 m^3$	740	1620	3000
对外依存度/％	35	45	50

（二）储气库建设具有一定的调峰及战略储备能力，但远不能满足发展要求

从总的库容指标上看，已具备一定调峰能力。考虑地下储气库的库容形成需要一定的周期，已建 12 座地下储气库（群）的实际有效工作气量仅约 $30 \times 10^8 m^3$。川渝地区相国寺储气库已经注气，正式投运后，可增加工作气量 $22.8 \times 10^8 m^3$，战略储备最大采气能力为 $2855 \times 10^4 m^3/d$。

已批复的国家天然气商业储备储气库大多分布在气田周边，主要起保安作用，调峰意义并不大。国家天然气商业储备库有 5 座位于气田周边，仅有与西一线配套的金坛储气库在消费地，该储气库

工作气量也仅为西一线输气能力的 5.5%。另外，国家也在编制《天然气储备和调峰能力的建设》的十年规划，准备在已废弃的气田建储气库和部分用气城市筹建储气设备供调峰使用。

但是，经过十多年的建设，我国已建成储气库和已批复的国家天然气商业储备储气库其设计工作气量近 $250 \times 10^8 \, m^3$，显然，远不能满足要求。我国天然气管线建设面临先天不足的问题，因此尤其需要加强战略储备，调整现有布局，弥补天然气网络建设中的不足。在我国，天然气网络脆弱，因为下游多为单一气源、单一管线，造成我国天然气网络整体可靠性、保障能力差，格外需要天然气储备来保障整个网络的正常运行，尤其是在上游管线出现问题时，能够为下游管线提供应急保障，并在季节性用气高峰低谷中保持全年气量的总体平衡。天然气产业相关政策缺失，尤其体现在天然气战略储备上，天然气战略储备面对诸多的政策问题。

（三）储气能力严重不足与储气库选址困难并存

天然气储气调峰能力严重不足。最近几年，我国储气与调峰的需求快速增长，而储气库的建设周期较长，导致储气库建设速度短时期内跟不上管道建设和调峰增长的需要，需求与供给矛盾突出。我国天然气季节性消费差别较大，储气设施严重不足，短期难以满足调峰需要。2005 年北京、西安、郑州、成都等城市发生局部"气荒"已经发出了这一信号。2009 年冬天来得早，气温低，天然气需求高峰来得早，且自 2009 年 11 月以来，全国持续出现大范围雨雪降温天气，各主要供气区域用气量大幅攀升，尽管通过采取上游超负荷生产、管道满负荷运行、压减工业用户用气量等措施，并紧急启动大港板桥地下储气库，日采气量达 $1900 \times 10^4 \, m^3$ 以上，达历史同期最高水平，但日供应量仍难满足高峰需要，天然气供需矛盾十分突出。这暴露出我国调峰设施建设与天然气市场快速发展相比较滞后。

可利用建库的地质资源分布不均，靠近东部消费市场地质构造普查不足，基础资料严重匮乏，特别是长三角、东南沿海等天然气主要消费区，由于勘探程度低、地质条件复杂，选择建库目标难度大。储气库对建库构造圈闭密封条件、储层连通性要求高。同时，储气库要求埋藏深度适中，地理位置要距目标市场 150~200km，地面条件比较简单，满足安全环保要求。通过对全国地下储气库建库目标筛选结果表明，在主要天然气消费区的长三角、东南沿海等地区，缺乏足够的地质构造用于建设储气库，并且这些地区由于地质条件复杂，地质勘探程度低，使储气库选址评价研究存在诸多不确定因素。天然气地下储气库对地质条件的要求高，在经济上使用废弃气田最为合适，而中国南方地区不具备经济建设这种大型的地下储气库。这样会造成作为天然气主要产区的北方和西部地区能够建设大批的天然气地下储气库，但作为自身不具备产气能力的下游却无法建立至关重要的天然气战略储备，本应重点在下游配置的天然气储备战略布局无法实现。例如金坛地下储气库，其类型为盐穴储气库，是地下储气库最理想的选择，但其地表到盐层的埋藏深度只有 1100m，盐表面到盐底的厚度也只有 500m，相比国外地表到盐层埋藏深度为 1500m，盐层厚度能达 1000m。

国内建库地质条件较差。地质构造普查不足，基础资料严重匮乏，已经掌握的建库地质资源少；储气库建设前期评价准备不足，特别是长三角、珠三角等天然气主要消费区由于勘探程度低、地质条件复杂，优选建库目标难度大；对储气库前期评价和对已纳入建库规划的地质目标评价资金渠道不明确，投入工作量少，满足不了进行前期选址评价和储气库设计的需要；储气库由三大公司自行建设，矿权、产权问题制约了储气库的建设；调峰库的建设缺乏完善的法律、法规支持。地下储气库设计及建库技术与复杂的建库地质条件不相适应。我国盐岩特点是层状分布、多夹层、厚度小，造腔技术难度大，在国际上也属于盐穴储气库建造的难题。含水层、油藏建库在我国尚无先例，这类储气库的选址标准还在摸索中。

(四)上游调峰责任过大,气田调峰压力增大损害产能发挥

1. 上游供气企业过度承担调峰责任

我国因调峰能力不足,气田被迫放大压差调峰,在负荷因子大于1时,气井严重出水,气田整体生产能力下降,给气田开发造成了较大的危害。除环渤海地区利用储气库调峰外,西南气区气田仍采用气田放大压差提产调峰,超强度开采和调峰造成气井严重出水,气田整体生产能力下降。例如,西南油气田新增储量动用难度大,老气田生产压力增大(图2-5)。近年来,储量增长的87%在高含硫和低渗气藏,川东北高含硫气田推迟开发,加大了新气田建设和老气田开发的压力。为保障市场供应,中国石油西南油气田开足马力生产,造成气田递减速度进一步加快,占已开发气田总数95%的100多个气田出水,治水保产任务重、难度大,气田稳产基本依靠工艺措施和增压措施。

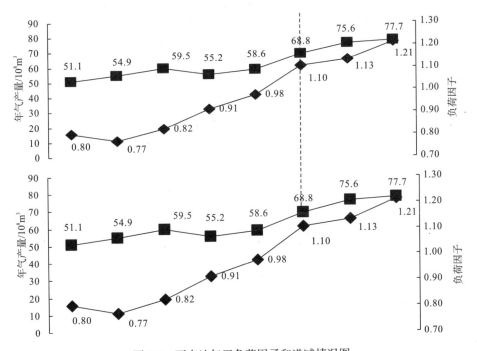

图2-5 西南油气田负荷因子和递减情况图

上游供气企业与用户签订的合同约定了供气压力和日指定量，但没有有效手段控制日指定量，无形之中已经为用户解决了日调峰，给上游供气企业调峰带来巨大压力。同时，峰谷差大使得管道年均输量远远低于设计输量，管输量下降，盈利能力变差。

2. 气田调峰压力增大损害产能发挥

储气与调峰的需求快速增长，而储气库的建设周期较长，这导致储气库建设速度跟不上管道建设和调峰增长的需要，需求与供给的矛盾将日益突出。

由于管道建设力度大、供气增长速度快，而储气库的建设周期又比较长，储气库建设一般需要 5~8 年，从而导致储气库建设速度跟不上管道建设和调峰增长的需要。从目前情况来看，储气库调峰设施不足已经显现。

储气库对建库构造圈闭密封条件、储层连通性要求较高。同时储气库要求埋藏深度适中，地理位置要距目标市场 150~200km，地面条件比较简单，满足安全环保要求，对全国地下储气库建库目标筛选结果表明，在天然气主要消费区的长三角、东南沿海缺乏足够的地质构造用于建设储气库，并且这些地区由于地质条件复杂，地质勘探程度低，使储气库选址评价研究存在诸多不确定因素。

我国尚未出台天然气储备的相关政策、法规，缺乏全国的统一规划，责任界定不清。在国内天然气产业链中，下游用户缺乏小时和日调峰设施，上游天然气生产和管道运营商承担了全部的调峰和应急责任。本该由城市燃气公司承担的小时和日调峰责任，转嫁给了上游供气公司，同时更缺乏战略储备的规划和配套政策法规。

四、国家天然气储备管理机构与法规亟待建立和完善

国外许多国家都建立了天然气相关法律，对天然气开采、输送、定价、储备等进行了规定。如美国制定了《天然气法》，并颁布了指

导天然气管输及储备运营的第 636 号指令、第 436 号指令等，日本还专门颁布了《天然气储备法》，英国也有专门针对盐穴储气库建设的法规。

(一)我国尚无天然气战略储备管理机构，储备主体过于单一

我国目前缺乏天然气战略储备管理机构，专门管理储备的参与者、储备的比例、储备的购入和释放政策、储备气的价格指导等。战略储备要求的资金庞大、规模也相对较大，这对于民营企业来说，承受能力有限，所以现阶段储备市场化程度很低，只能由国家作为储备主体，而可能存在的天然气经济损失也应由国家来承担，这迫切需要建立战略储备制度，转变储备方式和投资主体，鼓励民营企业及外资参与天然气战略储备，形成商业储备和国家储备并存的格局。

(二)天然气储备的政策法规支持体系亟待建立和完善

我国还未对天然气专门立法，只在《矿产资源法》中有部分石油、天然气的内容，而且主要是针对资源管理和保护的。我国应借鉴国外经验，制定天然气法，规范天然气行业的健康发展。在天然气法中，明确规定参与天然气生产、输送、销售企业的储备义务，以法规的形式确定各级供应商的责任，提出建立天然气批发、零售企业的准入条件，要求各级天然气运营商承担一定的储备义务。

完善法律体系，科学监管。市场经济是规则经济，规则的建立需要法律的规范，政府部门的科学监管。一方面，我国天然气法规建设严重滞后，大部分天然气法律法规制定于改革开放初期，立法思想与法律规则与当前的市场经济和组织结构发生矛盾。另一方面，天然气产业政策、监管立法缺失。国外许多国家天然气产业政策、监管等均依据立法，而我国则以大量政策性文件，如政府有关管理部门下达的通知、批复等文件形式管理，政策的连续性、权威性和系统性不足。因此，我国立法机构和能源主管部门应积极制定天然

气产业立法规划，逐步建立和完善天然气产业法律法规体系，包括储气库建设与运行方面的法律法规体系，使天然气储气商业行为在规范有序的规则体系下运行。

实际上，无论上、中、下游储备，其成本最终还是体现在天然气销售价格上，国家应在项目储备上给予支持，并在现有价格体系的基础上，加入天然气战略储备气的价格制定，使得企业得到投资成本补偿。当然，这个过程并不是一蹴而就的，需要理顺整个天然气产业价值链，细化到天然气储备的各个环节中。

（三）国家尚未进行天然气战略储备规划与布局

国家缺乏明确的天然气战略储备规划与布局，三大石油公司对主动建设资金投入庞大、亏损严重的大型地下储气库缺乏积极性。即使国家提供政策和资金上的导引，由于大型地下储气库建设周期长、达产慢，在中短期内也无望实现规模化。政府应加快制定中国天然气战略储备规划，为政策出台提供决策依据，同时有效引导战略储备体系建设，避免重复配置储备资源的浪费以及区域储备空白的产生。

监管职能部门不明确，相关政策手续的申报没有明确的审批部门管理，客观上造成了参与者的不便；缺乏有效的激励机制，天然气储备体系的资金投入，前期都需要巨大的资金成本投入，国家有责任分担其中大部分成本，为参与者创造良好的环境。

第三章　中国天然气战略储备
管理体系与机制研究

第一节　天然气战略储备管理体系构建及其要素

一、构建思路与原则

（一）构建思路

应充分借鉴欧美、日本的天然气储备经验，有计划、有步骤地建立和完善形式多样、配置合理、符合我国国情的天然气储备管理体系，这应当成为我国实施天然气战略的一个重要举措构。建思路是：

第一，天然气战略储备应树立国内储备和国外储备两种开放性的战略思维：①高度重视天然气战略储备建设，做好储备气田和储气库规划和实施计划；②科学论证储备规模，制定储备能力发展目标；③用经济手段激励我国大中型优质气田，选择性转化为战略储备气田，用价格杠杆实现天然气战略储备的市场化运作；④建立和完善配套法规、政策，从技术经济安全等方面保障天然气战略储备实现；⑤加快储气库关键技术引进、吸收和攻关，做好储备技术保障；⑥认真学习、吸取国外的建设与管理经验，科学高效利用天然气战略储备资源。

第二，构建天然气战略储备管理体系必须围绕天然气产业战略目标，分析和预测供需形势，综合考虑区域社会经济发展水平、产业布局和能源规划，坚持自产气源与引进气源相结合，政府为主导牵头与企业为投资主体相结合、长远目标与近期目标相结合的指导思想，合理制定储备周期和储备时机，选择比较合理的储备方案和运行模式，建立起不同层次、不同类型、不同布局的动态梯度储备体系。另外，在搞好实物储备或现货储备同时，注重抓好天然气期货储备。

第三，天然气战略储备管理体系构建必须围绕资源、基础设施、价格机制、政策法规、用户群体和天然气生产企业六个核心要素，选择合适的天然气储备管理体制，明确天然气储备的功能与动用条件，制定天然气储备的立法，拓宽天然气储备资金的来源，合理布局天然气储备基地。

(二)基本原则

建立我国天然气战略储备，在坚持尊重国情、保障优先、降低成本、安全可靠、统筹兼顾、计划有序、合理布局的基本原则基础上，还应坚持以下原则。

市场化运营原则。天然气战略储备管理体系运行中，无论是气源稳定的保证，天然气商品的储备数量确定，储备方式选择和储气价格制定，配套管网等基础设施建设，以及动用储备天然气的条件、投放市场形式与时机选择等，都需依据市场的供求关系以及对区域或国家经济发展影响来确定。

政企共建原则。天然气战略储备管理体系构建是为整个区域社会经济发展服务的，因此政府应牵头，储备运营商应为主要投资主体参加共同构建天然气战略储备管理体系。

集中统一管理原则。天然气战略储备管理体系建设和投入运营都要实行统一指挥、统一管理、统一政策、统一调度，协调好各方面关系。政府负责相关法规完善、优惠政策制定、市场监管，储备运营商负责日常管理及运营。

统筹规划，分步实施原则。由于天然气战略储备规模大，投资高，根据市场化运作规律和天然气产业链特点，可以按近期和远期目标分别确定天然气战略储备规模，统筹规划，并根据总体规划目标分步实施，逐步发展壮大，满足战略储备市场需求。

二、储备管理体系基本框架设计

天然气战略储备管理体系是一项包括了天然气资源（商品）储备、天然气目标用户储备（消费利用群体）、天然气管网和储气库等基础设施建设、天然气战略储备协调发展的管理机构建立、天然气储备政策法规完善等在内的系统工程。天然气战略储备不同于传统石油储备等资源性产品储备，它包括天然气资源（产品）储备，还包括技术人才储备，管理协调机构、政策法规、价格机制和基础设施等保障体系。因此，按照系统论的观点，综合天然气战略储备管理体系的特征，天然气战略储备管理体系由天然气战略储备规划系统、天然气战略储备组织系统、天然气战略储备业务流程管理系统、天然气战略储备风险管理系统、天然气战略储备保障系统五大部分构成，其体系框架如图 3-1 所示。

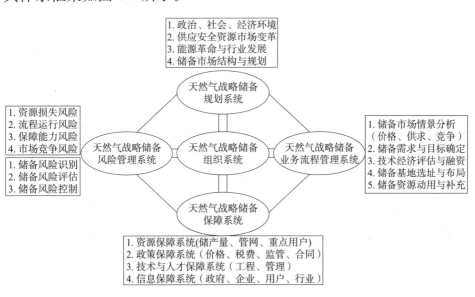

图 3-1　天然气战略储备管理体系

　　天然气战略储备管理体系运行模式采取政府统筹管理、市场化运作的多层次体系。政府需要提供相关政策支持，统一规划，建立天然气应急预案、预警机制，签署储备委托和责任承诺合同，监管运营，并提供适度的资金支持。投资运营企业要站在基于全球化采购，资源整合的高度，发挥国有大型骨干天然气生产供应企业优势，稳定和扩大气源，加大管网和储气库等基础设施建设力度，确保储备基地气源稳定和天然气储备量，能随时有效地应对突发事件等各种原因引起的不确定需求。

三、储备管理体系构成要素

（一）天然气战略储备组织系统

　　从发达国家的实践来看，天然气战略储备的主体主要有三类：政府、企业和代理储备机构，相应有三种不同的战略储备类型：政府储备、企业储备和代理储备机构的储备。所谓政府储备就是指由政府全额出资并完全受政府控制的储备形式。企业储备主要是指企业除了商业储备之外，还负有"强制性"的法定储备义务。代理储备机构储备主要是指由法律授权设立的公共储备机构以储备主体的身份来组织储备。美国采取的是政府储备模式。当然不同的国家对天然气战略储备责任主体的选择不尽相同，有的国家是单一的政府储备或代理储备机构储备，有的国家是政府储备与企业储备相结合的储备，而有的兼有政府储备、企业储备和代理机构储备。

　　天然气战略储备组织系统同时也是天然气战略储备管理体系的调控管理中心，它通过分析全国及世界天然气市场发展态势，监控我国天然气市场运行偏差，调节我国天然气市场资源储备规划和投放市场量，维护全国天然气市场秩序，保障经济社会平稳发展。

　　天然气战略储备管理体系在管理体系和储备资源基地建设上应实行国家、区域、地方三级储备结构。从管理体系上讲，分国家发展和改革委员会(能源局)、国家天然气战略储备管理中心(办公室)和天然气战略储备管理办公室三级。从储备资源基地上讲，分国家级天然气储备基地，区域天然气储备基地和地方天然气储备基地三级。

在国家发展和改革委员会下设国家天然气战略储备办公室，作为国家天然气战略储备的宏观管理部门，牵头制定国家天然气战略储备规划、政策；监测国内外天然气市场的供求变化和风险，确定天然气商品采购订货、调配轮换和动用的决议；组织实施天然气战略储备相关基础设施建设。

设立国家天然气战略储备管理中心，负责拟定天然气战略储备运行计划、实施方案和相关管理办法，直接负责各地方天然气战略储备建设与协调管理等。

组建天然气战略储备运营商，即分设于各地的天然气战略储备运营商，主体负责管网建设、地下储气库建设、生产运行业务、日常事务管理、基地维护与后勤保障等。国家级天然气储备基地属于国家战略用气储备，负责对特大型用气企业供气，对区域天然气储备基地中转供气，指导协调区域和地方储备基地建设与日常运营。区域天然气储备基地主要根据大区域经济社会发展和能源需求进行储备，协调供应相邻省市天然气供应，调剂辖内地方天然气储备规模。地方天然气储备基地主要调剂本省(市)天然气供需。

(二)天然气战略储备规划系统

天然气战略储备规划系统是为衔接国家中长期规划、产业发展规划和能源发展规划服务，以确保社会经济平衡协调发展和能源持续稳定供应，优化天然气市场结构和用户，促进天然气产业和天然气生产供应企业可持续发展。天然气战略储备与国家特别是区域经济社会发展联系密不可分，其直接目标也是为区域社会经济发展提供能源保障，因而更要考虑储备基地布局的骨干管网、基地数量、气田群、储气库群规模、投资建设方式等重大战略决策问题。

在天然气战略储备管理体系建设中，资源储备基地建设、地下储气库群建设、骨干管网建设等基础设施需要巨额投资，成本高，风险大，投资主体需要市场化和多元化。因此，天然气战略储备管理体系建设需要由政府牵头，多方参加共同投资建设。储备规划需要动态评估储备基地建设和运营情况，评估投资主体履责能力，以及对投资主体作增减建议。

(三)天然气战略储备业务流程管理系统

天然气战略储备业务流程管理系统主要是对天然气储备市场发展趋势、现有及潜在储备市场供需、储气行业竞争情况进行监测与评价，并据此确定天然气战略储备的投资与运营主体、储备规模、储备方式、基地选址与布局，制定培育新的潜在高效储备目标市场规划等重要内容。

1. 储备投资与运营主体

考虑天然气战略地位和天然气产输销一体化的产业链特性，为了确保紧急情况国家天然气战略储备管理体系的运转有效性和高效性，需要对不同层级的天然气储备基地投资主体进行资格限定。国家级天然气储备基地最好由国有特大型天然气生产骨干企业为投资主体，区域天然气储备基地应由区域内大型国有骨干天然气生产企业为投资主体，而地方天然气储备基地可由有实力的民营企业作为投资主体参加。

建设运营主体的主要职责是：按照储备管理中心要求，建设相关储气设施；负责储气设施日常运营、维护和更新改造；按照储备管理中心的指令，执行收储和动用操作；负责库存天然气统计、上报。

2. 储备规模确定

根据国际经验，天然气储备规模确定应由政府储备、企业储备共同构成多层次的储备规模，应按照本国上年度10%以上的净进口气量的天然气储备。

3. 储备方式选择

天然气储备应采取国家主导、地方政府和企业共处的储备模式，将中央、地方和企业的责任和权利有机统一。战略储备形式则应采取以大型气田储备和枯竭油气田建造的储气库群为主要储备形式，LNG中继站网络作为重要补充的多元化储备体系。

4. 储备基地选址与布局

结合国际经验，建设天然气储备基地应综合考虑以下因素：尽量利用高丰度大型气田储备，降低成本；管网发达，输送方便；拥有足够可用的气田、气藏，以满足未来扩大规模的需要；管理尽可能依托有天然气供应运营经验的大型企业，降低运营成本。

根据对国内外地下储气库建设的研究与对比，结合我国区域地质条件制定出对气藏的选择标准：①合理的供应半径，离长输管线较近；②构造落实，圈闭幅度大，有一定的圈闭面积，密封性好；③盖层具有一定的厚度，岩性较纯，封闭性好；④储层连通性好，储层厚度大，物性好；⑤注采气能力大，能够满足储气库强注强采的需要；⑥具有较大的储气规模。

5. 储备动用与补充

天然气战略储备的动用应该有严格的法律做依据。由于天然气战略储备数量巨大，微小的价格差异就会有很大的价格总额差异，稍有不慎就会造成巨大损失。同时天然气战略储备动用时机、方式、价格等会涉及各种利益主体的切身利益，都易形成既得利益势力，也都存在着为国际势力渗透利用的危险，因此各国都有关于战略储备动用的法律规定。

结合我国的国情，天然气战略储备动用可以分为两种：①全面动用，当发生影响天然气供应稳定的突发事件而且会直接危及国家政治、经济、天然气供应安全的时候，采取这种动用方式；②部分动用，当出现某种情况而使天然气价格出现波动，影响国民经济持续健康增长的时候，可以进行部分动用以抑制价格上涨、调节市场供应。对于应对供应突然中断的能源战略储备，还可以通过获取他国战略储备或进行地区联合战略储备等国际合作方式来加强应对供应突然中断的情形。

（四）天然气战略储备风险管理系统

天然气战略储备不可避免地会遇到各种各样的风险，如何对这些风险预先进行识别和评估，并采取处理和应对措施是天然气战略储备风险管理系统的主要功能。天然气战略储备需要防范各种原因引起的天然气供应中断风险，建立和完善反应灵敏、运作规范、富有成效的天然气战略储备风险管理系统，监测和预警各类风险因素发生，控制天然气战略储备运行偏差，维护天然气市场平稳发展。

从所处政治、法律、经济、资源、社会等内外部环境条件看，天然气战略储备风险来源于多个方面：一是国家宏观政策风险。国家宏观政策包括国家对于能源供应、资源储备、能源发展等方面的方针政策，其属于国家利益层面不可抗力的因素，是天然气战略储备必须遵照执行并以为根据的根本性因素。二是天然气资源供应及发展方式风险。作为储备投资建设主体和支撑社会经济不断发展的储备运营商，要实现加快发展的重要保障是不断得到扩充和增加天然气资源储备，这就可能产生以资源发现和产出最大化为企业价值的发展目标，与通过科学开发、储备实现经济增长方式向精细化、集约化转变之间的矛盾形成较大风险。三是天然气产输销供应链风险。天然气生产、净化、集输气和储备设施等紧急事故，包括自然灾害风险，天然气生产、净化、集输气和储备设施自身缺陷引起减产或停产风险等，以及外力破坏风险等。四是天然气供需平衡风险。由于市场需求波动增大，造成整个管网或局部区域供求失衡风险，造成储备运营商经营风险增大。五是天然气价格波动情况。由于天然气价格受到宏观经济形势、市场供需、地缘政治、法规政策等多种因素的影响，加之天然气价格受国家监管，政府的监管政策会直接影响天然气市场与价格走势。六是社会稳定与社会责任风险。储备运营商所承担的不仅仅是作为市场经济主体的企业组织所承担的经济责任，而且也通过自己对储备资源的调配实现对区域经济市场的布局调控乃至对国家能源战略产生影响。

(五)天然气战略储备保障系统

天然气战略储备管理体系是一个庞大的系统工程，需要在资源、政策法规、技术与人才、信息等方面建立配套保障制度和体系，如天然气储产量的不断获取、天然气管网和储气库的不断完善、高效天然气目标市场的不断培育，天然气价格机制和法律法规的不断完善，天然气市场不断规范等。

1. 资源保障系统

资源保障是构建天然气战略储备管理体系的前提，为提供充足资源保障，必须强化大区域天然气资源供应基础与战略储备能力。因此，要加大勘探开发投入与技术攻关力度，努力实现油气勘探，不断取得新的重大突破，增加后备储量；要充分挖掘现有气田生产潜力，利用新工艺促老井多产气；要加快新区产能建设步伐，努力缩短新井产能建设周期，确保新井产能快速上产；特别是要树立天然气全球市场视角下的大资源观，实施国外管道气引进工程，充分利用国内外两种资源和两个市场，保障天然气资源供应和储备多元化。

天然气具有生产、流通和消费的不可分割性，天然气市场两端的问题即生产和消费能否得到解决的关键就是管网和储气库等一系列基础设施和配套设施的完善与否。天然气战略储备管理体系构建关键环节就是要加快规划和建设骨干管网和多元化储气系统，提高天然气战略储备与调峰能力。天然气骨干管网和储气库的建设应结合国家战略规划，区域内供气能力、用户结构及需求、成本和经济实力等因素综合考虑。

2. 政策法规保障

天然气供应安全战略是一个综合的战略管理体系，涉及气田勘探开发、输配、消费利用，以及节能、新能源开发等多个环节，每一个环节都离不开相关法律法规的支撑与保障，并且这些法律之间必须协调一致，形成体系。

采取以政府拨款为主，并通过建立特别预算，可设立专门账户筹措资金。战略储备属于政府储备，储备资金应由国家承担。储备资金包括储备基地的建设、运行、维护管理、科研和薪金等，这包括天然气购买、储运、中转费用、进口关税及其他支出。企业进行义务储备的制度中应规定其费用可以按一定比例由用户承担。同时，政府还可以提供一系列政策性优惠来吸引有资质企业的加入。天然气战略储备作为天然气产业链协调发展的重要内容，同样需要建立和完善相关配套法律法规保障体系。除应制定《能源法》和《天然气法》，从法律上明确天然气及其资源储备的地位外，为了保障天然气战略储备的顺利实施，还应建立天然气战略储备的相关法律体系，如《天然气储备法》或《天然气储备管理条例》。从法律上明确国家天然气储备管理体系的总体架构，决策、运行和监管机构，政府和企业的相互关系及其各自职责，战略发展目标及中长期规划，储备基地的运作方式等。

3. 储备技术与人才保障

市场竞争靠人才，产业竞争也是人才的竞争，天然气人才是天然气产业和天然气工业发展的关键，要建立完善的天然气战略储备管理体系，必须高度重视天然气技术与人才市场保障。天然气战略储备管理体系建设涉及多个不同专业领域，需要培养和储备相应的技术与人才。如天然气勘探开发、净化与储运、应急管理、项目管理、公共管理、市场营销等方面的专业技术人才。

4. 储备信息保障

建立天然气战略储备管理体系还需要建立高效的天然气战略储备管理信息系统和应用平台，及时收集整理国家或地方天然气产业发展规划，区域（城市）经济发展规划，国际天然气资源勘探开发信息，天然气市场供需变化信息，储备相关政策法规信息，储备基地运营信息，以及储备技术与人才信息等。三大石油公司生产管理信息系统、营销管理系统和 SCADA 技术支撑系统可以作为资源储备信息平台的支撑。

第二节　天然气战略储备管理体制机制

一、建立储备监管、执行和运营三级管理体制

我国应逐步形成监管—执行—运营的三级管理体制。明确三级责任主体，共同承担战略储备、应急调峰的责任和义务。

（一）管理层

管理层是国家天然气战略储备管理中心，其性质是独立核算的特别法人机构，国家对天然气储备设施实行统一规划与选址。国家天然气主管部门，负责国家天然气储备设施的规划与选址，确定储备规模、布局、选址；管理天然气战略储备的参与者、储备的比例、储备的购入和释放政策、储备气的价格指导等。对进口及长距离输气管道配套调峰储备设施建设项目的核准。

（二）执行层

执行层包括政府成立的天然气储备公司（中心），其性质属于企

业，国家是最大的股东。国家承担或在国家政策支持下由国家和企业共同承担战略储备。国家天然气储备公司（中心）履行国家天然气储备义务，不以盈利为目的，是天然气储备管理体系中的执行层，是为维护国家经济安全提供天然气储备保障，职责是代表国家行使出资人权利，负责国家天然气储备基地建设和管理，承担天然气战略储备收储、动用任务，及时跟踪和监测国内外天然气市场供求变化，负责与储气公司和天然气调度中心的协调工作。

（三）运营层

运营层（储备运营商）职能与职责：①天然气供应企业职责。天然气供应企业应当在本公司供气区域范围内，进行季节调峰储气库规划、选址、建设，并组织实施。考虑各消费区域用气结构及用气的不均衡性，建设季节调峰储备设施，以满足供气区域内季节调峰应急需求。②城市燃气企业职责。城市燃气企业建设应急储备设施，鼓励大工业用户建设自备调峰设施，满足城市日、小时调峰应急的要求。

二、构建天然气战略储备管理机制体系

（一）科学的储备决策机制

国家发展和改革委员会是我国能源行业的主管部门，国家能源局负责拟定能源储备的规划、政策和实施管理，随着天然气能源在国民经济中地位的逐步提高，设立天然气储备中心，逐步形成监管—执行—运营的三级管理体制。由国家天然气储备办公室召集中央有关部门、天然气生产企业及消费者的代表举行会议，对有关问题进行广泛讨论，尽量取得共识，最终由国家天然气储备办公室直接做出决策，或提出意见报国务院决策。

（二）公开竞争的收储、投放机制

对于已确定的天然气战略储备收储和投放任务，要坚持按国家需求和市场经济规则运作，引入竞争机制，做到公开、公平、公正。在具体操作上，由国家天然气储备办公室委托社会中介机构，确定收储和投放价格，采取公开招投标的办法，选择代理公司。然后由国家天然气储备办和代理公司签订代理合同，由代理公司具体运作。

（三）多渠道的资金筹措机制

为了保证国家天然气储备稳定的资金来源，政府储备的建设与管理、维护费用可由政府财政拨款投入，储气（垫底气）费用可通过国家财政拨出的天然气储备基金，专门用于购买天然气。同时，为了充分发挥政府与企业两方面的作用，借鉴美、日等国的做法，国家在建设天然气战略储备上制定一些优惠措施，提供一系列政策性优惠来吸引有资质企业的加入。例如，对天然气企业进行战略储气工程项目给予低息贷款以及提供税收优惠等。

（四）收支两条线的财务管理机制

在国家天然气储备基金项下，设立天然气储备资金和天然气储备建设与运营资金两个账户，由财政部委托国家天然气储备办管理。国家储备天然气收购和动用均为国家行为，由此产生的收益或亏损与管理机构的切身利益无关，实现"收支两条线"管理。

（五）储备基地的高效运行机制

本着保证安全、减少损耗、降低成本的原则，天然气战略储备运营商的消防、基础设施的检修维护等日常工作，可引入竞争机制，以招标的方式委托给社会力量。基地只设由少量高级专业人员组成的基地办公室（或管理处），负责执行上级下达的各项指令，监督日常管理工作的质量。基地的基本建设管理、人力资源管理、安全保卫等工作由大型天然气公司所属的销售企业负责管理，不再另设机构。

(六)战略储备的动用机制

发生天然气重大供应紧急情况、供应中断等突发事件时，在国家天然气主管部门的监管下，天然气供应企业严格执行国家发布的应急预案，负责供气区域内的国家天然气战略储备设施的运行管理，组织调配跨省(市)天然气调峰储备设施供应及动用国家天然气战略储备，保障供气稳定安全。

1. 动用条件

国家天然气战略储备服务于国家能源安全，一般不轻易动用。当出现以下供应紧急情况之一，天然气供应商可以申请动用国家天然气战略储备：由于境外原因，进口管道中断或供气量低于正常供气量的60％；与供气国、供气管道过境国发生政治、经济、外交等重大争端；LNG 境外供气装置发生爆炸事故，或 LNG 进口航道发生战争；国内出现极端的严寒天气；天然气长输管道或上游生产系统发生重大事故等。

2. 动用程序

天然气战略储备的动用由天然气储备运营商提出，上报国家主管部门审批。天然气储备运营商编制动用方案，说明动用原因、拟动用储气设施、动用时间、预计日动用气量等需求，向国家主管部门提出动用申请；国家储备主管部门同意后，向天然气储备运营商下达动用指令；由天然气储备运营商下属储备公司执行调用计划；动用期间储备基地按日上报储备动用及库存情况。

3. 动用储备恢复

动用战略储备的天然气储备运营商，在供应紧急情况解除后，应在规定的时间内，实施储备气的恢复。

三、建立和完善天然气储备监管体系

(一)天然气产业监管职能

天然气储备监管体系包括：一是储气设施无歧视性第三方准入；二是满足法定公共义务；三是其他如环境、卫生等方面的强制性要求。具体内容有：确立监管规则、监管范围；明确监管体制，建立监管机构，明确职责权限和监管方式。

储气监管部门职责主要包括三个方面：一是对储气系统进入和使用的监管；二是监管储气新费率的制定；三是监管费率设计和批准储气条例。

(二)第三方准入监管

天然气储备作为天然气产业链的重要一环，应采取同天然气管道类似的第三方准入制，储气库必须向用户提供容量，或用户有权使用储气库容量。第一步可以向大客户开放市场，逐步过渡到向所有用户开放市场，同时给予用户转让其购买的储气容量的机会。储气服务合同与管道输气合同一样，可以是连续性的，也可以是可中断的。

储气库运营商应在协商型准入和调控型准入两种制度中选择一种。其中，可协商的第三方准入制度应坚持以下三个原则：①透明和无差别原则。存储运营商必须公布主要商业条件、关税信息和业务内容，对待客户坚持平等的原则；调控机构调控准入条件以及是否遵从了透明和无差别的原则。②调控者批准的存储费率和投资利润率。调控机构基于运营者的成本(包括投资和运营成本)、决定储气费率及其计算方法。③调控周期决定了收入和收益率的透明度。调控机构定期审核一次存储费率，必要时对其进行修正，修改日期决定了投资的预计收入和收益率。

（三）公共服务义务

储备运营应优先保障城市居民用户和肩负公共利益使命的客户（如医院、学校等）提供最低一定比例的库存水平。在天然气主要供给源一定时期内中断或遭遇极端天气条件下，一定周期需求峰值保供能力显著降低时，储备运营商应向国家监管机构报告公共服务义务履行情况。另外，不妨碍竞争条件下对天然气市场进行有效的监管。

（四）环保和安全责任

储备设施建设和运营方面的社会责任包括环境保护、安全、健康，以保护土地、水源、空气不受污染，物种生存不受侵害，职业健康确保安全，生产运行不发生重大事故。

第三节　天然气战略储备市场化运营机制

一、创新储气库商业投资模式与成本管理机制

（一）储气库商业化运营原则与模式

1. 管理原则与目标

1）运营原则

安全原则。储气库建设与运营应符合国家安全生产的相关规定，确保储气库建设期和生产期的安全生产。安全生产原则除了要保证储气库的生产安全外，还要保证天然气供应安全，但供应安全应在该储气库（储备基地）的影响范围内起作用，也就是说，仅限于储备气能够保障的调峰能量范围内。

效率原则。储气库投资规模大，资金沉淀量大。一座储气库的投资至少十几亿元人民币，多则上百亿元；垫底气一般要占库容的一半左右。因此，要提高储气库的使用效率，加速储气库存储天然气周转率。

效益原则。储气库虽然作为天然气工业发展的基础设施之一，但主要由企业投资。企业投资的主要目的是盈利，因此储气库运营应坚持效益原则，保证企业能够获得合理的投资回报。

2)运营目标

提供安全稳定的供气服务。一是应对突发战争、自然灾害等不可抗力因素的情况下，天然气生产存在中断的风险。为保证一定时期的气田生产恢复，需要储气设施保障战略应急。二是实现季节调峰。地下储气库是调峰及稳定供气的最佳选择。三是投资成本较低，据国外经验，在相同调峰气量的条件下，扩大采气、提高输气能力或建造液态储库(如 LNG)等的投资，要比建造地下储气库高 5～10 倍。

拓宽储气库投资渠道。我国地下储气库投资渠道主要有两种：一是自有资金投资建设，二是国家财政专项资金投资建设。特别是2010 年以后，国家高度重视天然气配套基础设施建设，利用收取的石油特别收益金设立专项资金来支持储气库建设，相国寺、呼图壁等储气库建设资金主要来源于国家财政专项资金。随着天然气市场化进程加快，将积极吸收民营资本和非油气企业资本投资储气业。

获取储气库市场利润。市场经济中任何商业行为都有盈利目的，储气库作为天然气市场中重要一环，同样具有获取合理投资回报的要求。西方国家储气库独立开展商业化运营，在国家监管框架内实现合理利润；同样，我国的储气库在天然气市场化进程中，也应朝向独立商业化运营方向发展。国家投资建设的储气库主要功能应定位于国家战略储备，兼具季节调峰功能，这类储气库也可探索商业化运营模式。

2. 储气库运营模式选择

1)一体化的储气库运营模式

所谓一体化的储气库运营模式,即将储气库纳入天然气产业链的重要一环,由天然气生产、输送企业运营。其主要依据是天然气属于气态商品,上、中、下游各环节必须紧密衔接、协调一致才能保证供应的稳定;储气库运营技术性很强,天然气生产、输送企业具有技术优势。

储气库业务是天然气生产业务或管道输送业务的附属业务,即管理权限在油气田或管道公司。其优点是:作为紧密连接管道输送和市场的重要一环,有利于天然气生产商和运营商的调度管理,有效应对市场供应短缺风险或危机,平滑生产;因捆绑在天然气生产或输送业务之中,天然气利用方不承担调峰责任,有利于其机制全力发展生产。其缺点是:储气库即使独立核算,也无法准确核算其成本,因为管理费用分摊方式难以达到各方满意;加大了天然气生产或管道运营商的调峰责任。美国、欧洲等国家在发展储气库的初期基本上都采取此种模式。

2)过渡期的储气库运营模式

储气库业务是天然气企业的独立业务部门,即管理权限在天然气运营总公司,如中国石油、中国石化或中国海洋。其优点是:提升了储气库运营管理权限,可以在更大范围内根据市场变化对储气库进行调度(在管道实现互联互通的前提下);可以较为准确地核算成本;有利于在企业范围内加强对储气库的技术管理、推广利用新技术。其缺点是:天然气企业的调峰及保供责任依然很大;因储气库业务板块需要协调天然气生产、输送和销售,加大了管理成本。部分石油公司依然采取该模式,如俄罗斯天然气集团公司、美国的部分石油公司和城市燃气公司。

3)市场化的储气库运营模式

市场化的储气库运营商,即储气库运营商作为独立法人进行业务运作，公司拥有全部管理权限，而储气库运营商的股权也可依然由天然气生产、管道营运商控制。其优点是：有利于建立高效的储气服务市场；成本独立核算；储气业务与天然气生产、输送和销售业务分离，有利于对其进行评价和监管。美国、法国、德国、英国等天然气市场发达国家采取该模式运营储气库较为普遍。其缺点是：运营条件要求天然气完全市场化，包括天然气生产多元化、天然气价格完全市场化、建立起天然气输送服务市场、天然气期货交易市场等，而我国要实现这些条件还有较长的路要走；任何商业行为增加交易环节都会提高交易成本，因此，储气库独立运营势必会进一步提高天然气终端消费价格。

因此，我国目前储气库运营实施第一或第二种方案（一体化的储气库运营模式或过渡期的储气库运营模式），待天然气市场发育比较成熟时，逐步有序地过渡到第三种方案。

（二）储气库成本管控

1. 加强储气库投资管控

储气库运营总成本构成中，无论是国际经验还是国内实际，投资成本均占总成本的主要部分，储气库投资基本上是工程建设投资和垫底气各占一半，因此加强投资管控也需从这两个方面着手。

工程建设投资方面主要包括钻井工程和地面建设。储气库的钻井工程和地面工程建设内容基本上与常规油气田类似，只是由于储气库的寿命较一般油气田更长，因此建设标准更高。具体体现在三个方面：一是施工质量要求更高；二是选用工程物资和设备的质量要求更高，如注气管道要求高承压级别，因此材质要求高，注气量及注气压力波动等要求大功率、高质量的压缩机等；三是现代化的储气库要求自动化控制系统先进。

因此，投资管控主要依赖建设方案的优化。一是加强各种技术方案的经济比选，设计出技术经济最优的设计方案；二是优化、细化井场和集注站布置，减少场站用地；三是加强物资采购成本控制，在满足技术要求的前提下，尽量使用国产化设备，降低物资、设备价格；四是科学组织施工，尽量缩短施工周期；五是探索先进技术，尽早实现利用惰性气体如二氧化碳气体等低价气作为垫底气，降低资金沉淀。

2. 加强储气库损耗管理

通过研究国内枯竭气藏型地下储气库损耗机理，天然气损耗包括以下几方面：①垫底气损耗。地下储气库在注气采气过程中，受凝析油和地层水被采出、边水外推的影响而增加的垫底气量所产生的损耗；②凝析液携带天然气损耗。从采气井采出的凝析液，经分离器分离后通过凝液管道外输过程中，携带走一部分天然气而产生的损耗；③压缩机系统启停机天然气损耗；④注采系统天然气损耗。注采气系统转换、设备维护、注采井作业和突发事故都会导致天然气损失。见图 3-2。

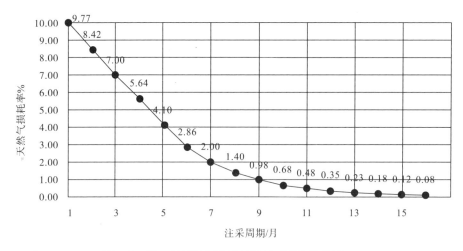

图 3-2　某地下储气库天然气损耗率变化趋势图

垫底气损耗是造成储气库损耗的最主要因素(占 96％以上)，因而在利用天然气作为垫底气的情况下，选择储层物性好、盖层品质好且分布面积大、断层少、构造圈闭高度大的地质构造。储气库的运行压力(上限压力和下限压力)是一项重要的设计指标。储气库注采井每年要经历从最高运行压力到最低压力的快速变化，频繁的压力交互变化将对井的结构产生影响。气井的维修和井下作业中，可充分利用现成的地面采气管线和采气系统，实现"全密闭"式的循环压井和天然气放喷，避免天然气向空中排放，既有效减少资源浪费，又满足了安全和环保要求。加强对气库的监测，建立动态监测系统网络。

3. 加强储气库状态维护

储气库的维护修理费约占运行成本的 20% 以上，保持储气库处于良好工作状态是降低维护修理费的重要手段。

避免发生安全事故。根据文献报道，全球枯竭油气藏型地下储气库共发生过 16 起事故(表 3-1)，除 1 起事故原因不明外，按照失效机理，枯竭油气藏型地下储气库事故类型可分为三大类：注采井或套管损坏、注气过程中气体迁移、储气库地面设施失效。因此，应加强储气库对运行风险识别，特别是对储层、生产井、压缩机等重点防护位置的监控，制订防控措施，强化日常监测，规避重大事故发生。

表 3-1　全球枯竭油气藏型地下储气库事故统计表

储气库所在地	事故发生时间	事故描述	事故注解
美国科罗拉多州	2006 年 10 月	气体泄漏，储气库运行中断，当地 13 户家庭(共计 52 人)紧急疏散	注采井泄漏，固井质量存在问题
美国北海南部	2006 年 2 月	爆炸及火灾，2 人受伤，31 人紧急疏散	脱水装置中的冷却机组失效，引发爆炸
美国伊利诺伊州	1997 年 2 月	爆炸及火灾，3 人受伤	油田在储气库区勘探钻井过程中气体迁移
德国巴伐利亚	2003 年	注采井筒环空压力升高	固井质量存在问题

续表

储气库所在地	事故发生时间	事故描述	事故注解
美国加利福尼亚州	2003 年 4 月	气体泄漏约 25min，并发生油气混合	压缩机组阀门破裂
	1975 年	气体从气藏迁移至邻近区域并泄漏至地表	气体首先迁移至浅表地层，地表橡树砍伐后泄漏至地表
	1950～1986 年	储气库气量损耗	储气库气体在注气过程中发生迁移，1986 年停止注气，2003 年关停储库
	1940 年至今	储气库气体迁移	地质构造存在断层，导致储气库气体迁移至邻近区域
	1993 年 10 月	爆炸，造成 200 万美元的经济损失	气体脱水处理装置发生爆炸
	1980～1999 年	注气量超负荷，注入气体发生迁移	储气库气体在注气过程迁移，储库仍维持运行
	1974 年	爆炸，火灾持续 19d，气量损耗	事故原因未明
	20 世纪 70 年代	注气量超负荷，气体在注气过程迁移	注入气归属其他公司，2003 年关停储库
	20 世纪 70 年代	气体迁移	气体由储气库迁移至地表，已关停储库
	不详	注采井损毁	地震导致注采井损毁
	不详	套管鞋泄漏，注采井损坏	套管鞋泄漏修复过程中注采井不慎损坏
	不详	套管腐蚀，注采井损坏	腐蚀套管修复过程中注采井不慎损坏

加强对设施、设备的维护，保持良好的运行状态。重点做好站场及注采气管道的完整性管理工作，确定站内设备、注采气管道的风险状况，制定基于风险的检验、维护和测试计划并实施，以达到最终降低安全运行风险，提高设备、注采气管道的可靠性的目的，确保储气库的安全长期运行。

4. 提高储气库运行效率

提高储气库运行效率是降低单位成本的最有效手段。提高储气库的运行效率一方面取决于市场需求，这是外部条件，远非储气库运营方所能控制，另一方面则是储气库的运营调度。运营调度又与管网的完善程度密切相关，决定了一座储气库的服务范围。因此，应进一步完善我国天然气管网，实现互联互通。此外，还应加强储气库——管网的调度优化，最大限度地在调峰需求较高时满足市场需要，加速工作气的周转速度。

二、建立混合所有制下的天然气战略储备机制

（一）混合所有制的内涵

1. 混合所有制定义与类型

混合所有制经济是指在同一个经济组织中，不同所有制的产权主体多元投资、交叉持股、融合发展的经济形式。混合所有制经济作为一种财产所有制结构，是相对单一的公有制经济或非公有制经济而言的。十八届三中全会为混合所有制经济注入了新的内容，指出"国有资本、集体资本、非公有资本等交叉持股、相互融合的混合所有制经济，是基本经济制度的重要实现形式"，同时强调，"鼓励发展非公有资本控股的混合所有制企业"。十八届三中全会把混合所有制经济提升到我国基本经济制度重要实现形式的高度，进一步明确了混合所有制经济的发展方向和路径，使混合所有制经济成为深化国企改革新的有效载体和动力。

混合所有制有广义与狭义之分。广义的混合所有制是指社会所有制结构上多种所有制并存。如我国以公有制为主体，多种所有制经济并存和共同发展的社会所有制结构就是一种广义的混合所有制。狭义的混合所有制是指不同所有制成分联合形成的企业所有制形态，包括：①公有制和私有制联合组成的混合所有制企业；②公有制与个人所有制联合组成的混合所有制企业；③公有制内部国有企业与集体企业联合组成的混合所有制企业。混合所有制经济的社会性质具有不固定性，混合所有制的次生性和形式的多样性。混合所有制

体系的开放性和产权流动的灵活性，混合所有制投资主体的多元化，混合所有制具有社会化的产权组织形式。

2. 发展混合所有制的意义

相对于各种所有制经济各自独立存在和发展而言，混合所有制经济模式具有许多优点：有利于优化国有储气经济布局，进一步发挥国有储气资本带动力，有利于改善储气企业治理结构，有利于公有制经济和非公有制经济良性互动，提高国家竞争力。

储气混合所有制的发展，可解决四个方面的难题：一是解决国有储气经济和市场接轨，用市场机制扩大国有储气经济的控制力，实现保值增值；二是解决国有储气企业深度改革的问题，通过引入社会资本而促进国有储气企业的产权多元化改革，推动国有储气企业的现代企业制度建立和规范制度的建设；三是混合所有制可以解决社会资本进入国有储气企业控制的特定业务领域，使储气市场更加公平和透明；四是混合所有制中储气国有和民营交叉持股、互相融合，实现国民共进和国民共赢的融合体系，促进经济发展的合力。

(二)发展储气企业混合所有制的思路与目标

1. 发展思路

遵循天然气行业特点和发展规律。天然气行业是一个包括勘探、开发、储运、销售、利用等多环节、产业链很长的行业，具有在天然气勘探、开发环节的高风险性和高资本技术密集度，在利用环节的规模经济性，在储运和输送环节的网络经济性等特征，天然气行业的这些特点决定了进一步推进天然气行业改革和企业发展，需要遵循天然气行业自身的发展规律。

推进储气资本市场化改革，营造一个公平合理的储气投融资环境。建立和完善现代公司的治理结构、政企分家。加强和完善国有储备运营商资产的监管体制。兼顾各方利益，营造公平的储气市场竞争环境。

2. 发展"混合所有制"的目标

通过发展混合所有制经济，增强国有储气经济活力、控制力和影响力。在储气领域以发展混合所有制经济为路径，以股份制产权为纽带，以资本嫁接为桥梁，以有限的国有储气资本带动更多的民间资本参与储气经济建设，形成一批混合所有制储气企业，提升储气经济综合实力、经济调节能力和国际经济竞争力。

顺应不同所有制经济寻求合作的内在要求，引导储气混合所有制经济健康发展。一是政策引导，国家出台鼓励支持引导储气混合所有制经济发展的相关条例；二是规范管理，制定办法，加强对国有资本控股的混合所有制储气企业监管；三是加强指导，规范发展储气混合所有制经济活动中以股份制产权为纽带的资本合作、企业合作和产业合作行为；四是公正服务，切实保证各种储气所有制经济"平等使用生产要素、公平参与市场竞争、同等受到法律保护"，不断激发储气市场主体活力。

(三)发展混合所有制储备企业的途径与策略

1. 积极探索新路径，增强储气经济活力和发展后劲

加快推进国有储气资本按市场规则支持非公有制经济参股政府性投资公司改革试点，选择一批具有代表性的国有储气企业，吸收非公有资本参股，形成一批有实力、有影响、有竞争力的混合所有制储气企业；支持国有企业和非公有制企业参与储气混合所有制经济改革发展；制定出台鼓励支持引导储气混合所有制经济发展的相关政策，正确引导非公有制企业通过参股、控股、资产收购等多种形式，参与国有储气企业产权多元化和战略性重组。通过指导发展储气混合所有制企业，促进有条件的储气非公有制企业建立现代企业制度，进一步优化股东类型结构，建立职业经理人制度，探索员

工和经营者持股比例，提升科学管理水平。

2. 进一步放宽储气市场准入，拓宽民间投资的领域和范围

国有储气企业兼并民营储气企业成立储气混合所有制企业，或民营企业兼并国有储气企业成立储气混合所有制企业将是一种常态。加大国有储气企业吸收社会资金的力度，充分筹集民间资金，优化资本结构与股权结构。国有储气企业要主动吸收集体资金、个人资金、外商资金、法人资金，鼓励和引导民间资本进入储气设施领域，自觉主动地适应和加入这一混合所有制储气经济运作之中。

3. 建立储气企业现代企业制度，完善管理体制和经营机制

完善公司法人治理结构，提高储气企业治理效率。建立归属清晰、权责明确、保护严格、流转顺畅的现代产权制度，是市场经济存在和发展的基础，也是完善基本经济制度的内在要求。调整和完善储气企业管理机制，优化业务结构。树立现代储气企业法治理念，完善储气企业内部管理监督机制。

三、加快天然气储备交易市场基础建设

（一）培育天然气现货、期货交易市场

1. 建立天然气期货交易市场

研究表明：我国已初步具备建立天然气交易市场中心以及推行天然气现货交易的前提条件。建立国内天然气现货交易市场和交易中心，如上海、川渝基础条件较好，应积极争取率先实现。在有利地区（川渝）成为天然气现货交易首批试点地区。在成为国内开展天

然气现货交易试点区域基础上，积累经验，创造条件，逐步发展，扩大影响，吸引国外的供气商和东北亚地区采购商积极参加，在时机和条件成熟的情况下，逐步开展天然气期货交易。天然气交易市场中心建设过程中，应积极推进天然气人民币国际化进程。

天然气金融期货市场与实物现货市场相结合的方式不但可以让天然气产品的定价更加合理，也有助于交易商有效通过金融工具规避天然气价格波动的风险。从这点上来看，我国需要进一步探索建立天然气期货交易市场，并继续推进现货市场的改革，为国内能源公司规避风险，增加流动性提供更多的选择。与此同时，天然气期货市场的建立对于我国的能源市场还有更加深远的战略意义——获得天然气市场定价权。

国家储备可以利用天然气期货市场进行轮库和高抛低吸，降低储备成本。此外，在国际上，期货市场引导现货市场，世界上大的现货交割地通常靠近主要的期货市场。如果我国能利用自身天然气生产与消费大国的优势地位，建成世界重要的天然气期货市场，大量天然气现货可能会选择在我国交割。国际天然气贸易商因此会在我国建立交割仓库以储存天然气，大量天然气将被输送和储存在我国，形成天然气资源的战略储备，这样就可以利用国际资金帮助我国储备天然气。

应抓紧建立和完善我国天然气期货市场，尽快丰富现有交易所的上市交易品种，形成几家交易所有效竞争的格局，尽快创造条件推出天然气期货产品，逐步增大国内期货市场的国际影响，争取更多的国际定价发言权，达到规避风险、跟踪供求、调控市场的目的，正确快速引导天然气生产、经营和消费，维护国家经济安全，确保经济平稳发展。

加快推进天然气期货交易，更重要的是可以把天然气期货仓单当作期货形式的战略储备，即为天然气期货战略储备；另外，可以把天然气期货仓单视为一种新的国际货币或储备货币，参与外汇组合，成为外汇储备的一部分，即为天然气外汇储备。

（二）建立天然气储气市场投融资机制

建立投融资储气市场运作机制，实现投资融资主体多元化。组建多元持股、统一经营的储气（集团）公司，打造稳固的天然气储气市场。政府应积极鼓励融资和经营实力强的天然气专业龙头企业采取独资、合资、合作、股份制、BOT 等多种储气投资建设和经营形式，积极引进外资和国内社会资本，促进储气运营投资主体多元化。

可以把金融安全与天然气安全合并起来考虑，把单纯的外汇储备与天然气现货储备、期货储备密切结合起来，建立外汇储备与天然气储备的转换机制，使我国规模庞大的外汇储备服从、服务于国家的经济安全，切实增强我国的天然气供应安全。也就是说，通过建立在银行系统支持下的"天然气金融"体系，通过将金融安全与天然气安全合并起来运作达到规避天然气供应风险和金融风险的双重目的。

（三）建立天然气储气服务市场

为了发挥储气库的商业和金融功能，不仅需要建立天然气现货与期货市场，而且要建立储气库容量一级和二级交易市场。建立我国天然气输送服务市场，实现输销分离，天然气管道采取"第三方准入"制度。天然气管道输送市场的建立，核心是确立"第三方准入"制度。同时，要设计合理的天然气输送收费体系。

1. 逐步放开价格管制，建成储气服务交易市场

管输费和储气费分离，使储气容量成为独立的商品供应市场，逐步培育储气服务交易一级市场。国家应给予明确的政策，允许储气库运营获取合理利润，将储气收费从管输收费中分离出来，单独定价，解除储气服务与管输服务捆绑行为。由需要储气服务的城市燃气公司、工业用户、化工用户和发电企业单独认购储气容量，由此，储气服务交易一级市场即可逐步形成。

2. 逐步培育现货和期货交易市场，发展储气服务交易二级市场

随着天然气现货与期货市场的逐步发育，储气服务二级交易市场即必须随之建立。允许一级市场交易商购买的储气库容量在二级市场交易，同时完善交易规则、监管政策，保障其良性发展。在中国建立对亚洲市场具有影响力的天然气期货交易所，或在现有的期货交易所中推出天然气期货交易，是大势所趋。我国政府与储备运营商都应该为建立这种天然气期货交易进行若干准备工作。

第四章　中国天然气战略储备经济评价与对比分析

第一节　天然气战略储备方式与技术经济对比

一、国内外储气库投资与运行成本比较

（一）国外储气库成本动因分析

储气库巨大的工程量使得投资成本非常大，同时建设周期较长使得资本成本率也在很大程度上影响储气库的投资额，运行与维护成本虽然总额也比较大，但与投资相比其比例仍然相对较小。地下储气库是一项投资巨大的系统工程，但影响储气库的总投资因素基本相同，主要包括垫底气、井、地面设备、管道系统等投资，具体而言包括土地购置、勘探、钻井、地面设施和垫底气。影响投资成本的主要因素有：存储方式（枯竭油气田、蓄水层、盐穴）、垫底气量、供应半径及与燃气管网的距离、地质条件、存储的物理特性（容量、深度等）、注采能力、条件环境约束、安全等级高低等。不同的储气库项目间的成本差异非常大，主要原因在于地质结构、地面设施的要求、市场因素如用户需求类型、与管网的距离、环保要求等方面存在较大差异。

储气库的总投资与储气库的类型、总储存能力和深度等因素相关。单纯对比总投资的意义不大，而只能通过单位投资成本（也即总投资与工作气量之比）对比。西方国家储气库投资成本构成如表 4-1 所示。

表 4-1　西方国家储气库投资成本分类比例表　　　　（单位:%）

	勘探	垫底气	地面设施	地底投资
枯竭油气田	5	0~50	40~50	15~25
蓄水层	15	40	20	20~30
盐穴	5	15	50	30

1. 储气库投资成本

投资成本可以通过储备方式占用陆地面积、输气管道长度、建设周期、储备方式投资成本来衡量。运营成本可以通过储备方式安装功率、储备风险、天然气资源恢复和净现值成本来衡量。对于不同的天然气储备方式,从占用陆地面积来看,占用陆地面积越小,需要支付的土地占用成本越低,因而占地越少越好;从输气管道长度来看,越短越好,越短说明天然气输送越方便,管道投资成本也越低。

储气库建设周期较长。地下储气库建设一般从立项、设计、开工建设、周期性运营直至达到设计规模,往往需要几年甚至更长的时间。一座地下储气库的建设,从选址—预可行性研究—可行性研究—初步设计—开工建设—参与调峰,往往需要几年甚至更长的时间,且不同类型储气库的建库周期也有所不同。根据俄罗斯的建库经验,从立项到设计,一般需要 2~5 年;建设一座中等规模(工作气量 $5 \times 10^8 \, \mathrm{m}^3$)的储气库,从开工建设到周期性运营达到设计规模,需要 4~7 年。建设投资下达后,建成 $10 \times 10^8 \, \mathrm{m}^3$ 工作气量,油气藏型储气库需要 2 年以上,含水层储气库需要 3 年以上的时间。规模越大,建设周期越长。

垫底气是储气库的重要组成部分,垫气比例随地质条件和气库类型不同而不同。从国外的统计结果看,油气藏、含水层及盐穴储气库垫气比例分别在 50% 左右、60%~70% 及 30% 左右。在储气库开发过程中,为了形成并保持适当的压力以满足采出流量的要求,而注入储气库的天然气。为了应对高峰需求,某些垫底气也可以作为工作气被临时采出，但就长期而言，要维持在一个基本水平上。总体上看，世界上储气库工作气量占库容比例大多为 40%～70%，工作气大于 40% 的储气库占 70%。在储气库设计过程中，应借鉴国外先进技术，尽量提高库容利用率，使工作气比例更加合理。根据法国 Storengy 公司的经验，垫底气占投资的比例最高可达 50% 以上，蓄水层和枯竭油气田储气库每开发 1m³ 的天然气约需要使用 1m³ 的垫底气；盐穴储气库每开发 1m³ 天然气需要使用 0.3～0.4m³ 的垫底气；垫底气在储气库废弃后可以回收，但从长期看垫底气会有损耗。

2. 储备运营成本

运营成本分为两部分：①固定成本：工资、许可证费用、保险、维护；②可变成本：动力消耗、天然气净化处理、供暖费、消耗品等。运营成本中，与固定成本(主要是劳动力和维护成本)相比，可变成本(主要是动力成本)所占的比例较小。枯竭油气田和蓄水层的运营成本比较接近，盐穴的运营成本较高，因为要确保较高的注入和供应能力，动力成本所占比例可能较高。根据国外的相关统计资料，各类型的储气库运行成本基本类似，其主要成本构成是：人员费用占 25%～30%；维护维修成本占 25%～30%；燃料动力成本占 25%～30%。

3. 储备方式与成本

储气库的类型严重影响储气库的投资成本。表 4-2 是不同类型储气库的平均储气容量与单位成本。可见，盐穴储气库的单位成本最高，达 0.4～0.7 美元/m³，是枯竭油气田储气库的一倍。因此，不同的储气库由于本身特有的性质，其各部分所占比例不同。

表 4-2　地下储气库平均库容与成本表

项目	枯竭型气田	含水层	盐穴
工作气量/10⁶ m³	300～5000	200～3000	50～500

续表

项目	枯竭型气田	含水层	盐穴
投资成本/(美元/m³)	0.05~0.25	0.2~0.5	0.4~0.7
经营成本/(美元/m³)	0.01~0.03	0.01~0.03	0.01~0.1
投资成本/(元/m³)	0.34~1.7	1.2~3.4	2.72~4.76
经营成本/(元/m³)	0.068~0.204	0.068~0.204	0.068~0.68
投资经营成本合计/(元/m³)	0.408~1.904	1.268~3.604	2.788~5.44

资料来源：CEDIGAZ(2009)；汇率按 6.8 计算

1)枯竭气田储气库

枯竭气田储气库由于本身就是含气构造，勘探开发过程中地质认识已经很充分，改建成地下储气库时不需要勘探费用较少，由于可以利用原有的生产井、集气系统、输气管网，也可以节约一大笔投资。垫底气也较其他类型储气库要少一些，相应的投资也要低，但同样受地质构孔隙度和渗透率参数的影响。枯竭油气田储气库最大的投资是垫底气(占总库容的 50%以上)，如果气田尚有未开采的储量可以节约一部分垫底气。

2)蓄水层储气库

一般情况下蓄水层储气库的建造和运营成本比枯竭油气田高。首先，必须花费大量的勘探成本来进行选址；其次，库容也是未知的，只有进一步的开发才能最终确定。建造蓄水层储气库不像枯竭油气田储气库有现成的基础设施可以依托，所有的生产井、注采设备、管线、脱水设备、压缩机等均需新建，所需垫底气需要全部注入。蓄水层储气库本身没有气体，所有的气体全部由外部注入，保持压力所需的垫底气用量较大(一般达到总容积的 50%甚至更多)，垫底气投资占总投资比例 30%以上，不仅如此，蓄水层储气库还要在勘探、钻井以及水文地质研究上花费大量资金。

3)盐穴储气库

盐穴储气库投资主要花费在洞穴的开挖以及内衬套构造方面。建造盐穴储气库需要注水溶解形成盐腔，较为昂贵，投资高于以上两种类型的储气库。但是，由于盐穴储气库的工作效率较高、一年可以循环多次，则大大降低了单位成本(表 4-3)。

表 4-3　国外各种调峰方式投资费用对比表　　　　　　(单位:%)

储存方式	每立方米建设投资	每立方米运行费用
液化天然气(LNG)	100	
盐穴地下储气库	62~145	100
蓄水层地下储气库	43~91	25~35
枯竭油气田地下储气库	18~38	20~25

4. 单位工作气量成本

单位工作气量成本是对比不同储气库经济性的重要指标，影响单位成本的两个重要因素是：一是储气库容量，与勘探、基础设施建设投资等固定成本密切相关。例如，盐穴储气库建设投资要比其他类型储气库高得多，单位成本也就相应较高，但如果同投资规模下储气库容量的能够得到有效提升则单位成本会急剧下降。二是最大采出容量即最大工作气量。在采出量较低或工作时间较短的情况下，单位成本将会变得比较高。给定条件下采出量和采出结构，缩短采气时间意味着要么增加生产井数量，要么提高垫底气占总库容比例以阻止水淹气田、或者提高井下压力以提高单井产量。

影响单位工作气量成本因素还有：①井深(储层压力)和渗透率。这两个因素影响产能并决定需要多少口生产井和垫底气量；②一年内工作气量的循环次数。地下储气库一年内一般仅能提供 15~120 天的采出服务期，通常情况下枯竭型气田和蓄水层储气库工作气量循环最多不超过两次，如果工作气量循环一年超过 1 次，则可以大幅度降低单位成本。这一因素对于盐穴储气库的影响特别明显，主要原因在于盐穴储气库采出率较高从而能够使其工作气量在一年内可以循环若干次。

总之，这里所说的投资成本和运营成本是广义上的成本概念。储气库成本包括投资成本、经营与维护成本、垫底气和工作气的资金成本。由于储气库的开发建设期较长(枯竭油气田储气库 5 年以上，含水层储气库超过 10 年)，投资成本较高并在成本构成中占绝对多数。经营和维护成本虽然也很高，但大大低于投资成本。在经营和维护成本中，变动成本的份额很小。

(二)国内储气库投资与运行成本

通过对比，辽河双六储气库(枯竭型气田)、金坛储气库(盐穴)储气库的可研投资数据以及相国寺储气库的实际投资数据(表 4-4)，相国寺储气库的单位投资成本相对较高，其主要原因在于辽河双六和金坛储气库设计与建设较早，而最近几年物价水平上升较快所致。与国外的储气库投资建设相比，我国储气库投资均在其范围内。京 58 储气库单位储气运营成本约为 0.1687 元$/m^3$，文 23 储气库单位储气运营成本约为 0.1824 元$/m^3$，根据可研报告，相国寺储气库单位运营成本约为 0.19 元$/m^3$。

表 4-4　国内主要几座储气库投资情况表(不含垫底气投资)

项目	单位	辽河双六(可研)	金坛(可研)	相国寺(可研)	相国寺(实际)
工程费用	万元	271754	144825.52	315854	
其他费用	万元	14469	24440.50	61931	
预备费	万元		21781.50	11456	
合计	万元	286223	191047.52	389241	428171
工作气量	$10^8 m^3$	18.54	17.14	22.8	22.8
单位工作气量投资	元$/m^3$	1.54	1.11	1.71	1.88

由于我国已建成的储气库均未独立核算，很难取得准确的运行成本数据。根据相国寺储气库的可研数据计算，其运行成本构成比例与国外计算差异较大，其中：成本比例最大的是燃料及天然气损耗(损耗率 4% 或更高)，约占总运行成本的一半，其次是维护修理费，再次是动力费用；我国人员劳动力成本较低，加上设备的自动化程度较高，所需员工可以降低，人工成本所占比例反而较小。相国寺储气库预计需注入垫底气 $16.29 \times 10^8 m^3$，分两年注入，按 2.47

元/m³ 的天然气成本价(到岸价 2 元/m³、管输费 0.47 元/m³)计算，则需投资 40 亿元左右，与工程投资基本相当(表 4-5)。

表 4-5　相国寺储气库运行成本分析表(据可研数据)

项目	年运行成本/万元	单位成本/(元/m³)	比例/%
材料费	90	0.0004	0.20
燃料及天然气损耗	21385.8	0.0938	48.28
动力	6095.9	0.0267	13.76
人员费用	360	0.0016	0.81
井下作业费	2000	0.0088	4.51
监测费	300	0.0013	0.68
维护修理费	12845.13	0.0563	29.00
厂矿管理费	92	0.0004	0.21
管理费用	1130	0.0050	2.55
合计	44298.83	0.1943	100.00

二、不同储备方式的经济性对比分析

在选择天然气战略储备方式时，需要权衡各储备方式的投资成本、运营成本，即主要通过成本来衡量各种天然气储备方式的优劣。储备方式的优劣分析并不仅仅是可以用货币衡量的成本，还包括天然气储备规模、建造难易程度、储备风险、保障安全度等需要定性和定量综合分析。

(一)储备方式比较

储气库、气田、LNG 三种储备方式是国际上已广泛采用的天然气储备方式，各有特点，适用于不同的情况(表 4-6)。

表 4-6　不同类型的天然气储备方式比较表

储备方式	优点	缺点
地下储气库	容量大，储气压力高，占地面积小，受气候影响小，经济性好，安全可靠性高	受限于地质构造，盐穴及含水层建库周期较长。
气田	储备量大，储备安全，大型气田运行平稳	对处理设备、外输管网要求高，投资较高，小型气田生产不平稳，大量设施闲置，降低气田开发的总体效益。
LNG	不受地质条件限制，有限空间的天然气储存量较大，动用周期短	投资大，能耗高，受制于 LNG 供应源。

（二）投资方式比较

与地下储气库相比，LNG 的储存投资、运行费用都较高，受到 LNG 来源的限制。因此，在确定天然气储气设施时，应优先考虑地下储气库。在枯竭油气藏中储备天然气，单位工作气的投资最低，在含水层中储备天然气，单位工作气的投资次之，在盐穴中储备天然气，单位工作气的投资最高。因此，建设地下储气库应优先选择枯竭油气藏。气田间歇生产不仅使大量设备闲置，同时会对地层造成一定的伤害，影响气田整体开发效益，不宜大规模建设。

根据储气库、气田、LNG 三种储备方式和特点，我国天然气储备建设应优先选择储气库储备方式，在储气库不能满足需要时，选择适宜作为储备的气田、保留部分产能作为战略储备气田，同时，在以 LNG 为气源的市场中心地区，依托 LNG 接收站建设适当规模的 LNG 储备（表 4-7）。

表 4-7　各种天然气储备方式建设投资比较表

编号	储备方式		每立方米建设投资/元
1	储气库	枯竭油气田地下储气库	1.0~3.2
2		蓄水层地下储气库	2.5~5.3
3		盐穴地下储气库	4.5
4		气田	1.57~6.28
5		液化天然气(LNG)	9.0~10.0

第二节　大型气田战略储备方式选择与评价

一、大型气田储备技术经济特点

大型气田储备分为储量储备和产能储备：储量储备是对已探明储量的气田暂不开采，进行封存储备。该储备方式的投资主要是勘探费用。产能储备是打备用井、关闭部分生产井限量开采或对已开发的气田进行封闭，该储备方式前期投入可能比储量储备大。

（一）大型气田结构要素

根据天然气工业体系的基本结构，大型气田结构要素包括五个方面（图 4-1）。

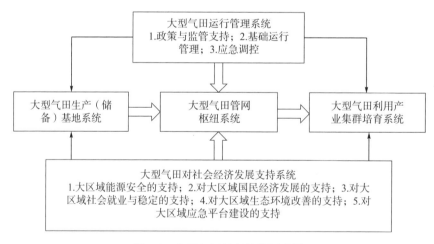

图 4-1　大型气田储备结构要素图

1. 大型气田生产（储备）基地系统

它是指为了保障大气区天然气供应，从不同渠道，用不同的方式来获得天然气，保证在突发性事件面前仍然能持续稳定供应天然气。天然气生产（储备）基地建设都涉及天然气勘探开发、增产措施、净化作业等环节，它是整个大型气田建设的物质基础。

天然气战略储备是国家能源安全的主要内容之一。其功能表现在应对天然气和其他能源供应突然出现中断的风险，在供应中断期间保证供应，应对国际天然气市场的风险，应对地区冲突、战争及各种政治风险等。随着我国大型气田供气规模的变化，储备量要相应增减，即战略储备要动态发展。

2. 大型气田管网枢纽系统

没有管道就没有天然气市场，没有战略性管网枢纽，就没有大气区供应范围内的天然气供应。大型气田管网枢纽系统是指大气区连接各气源的骨干管道，以及与相关支、干线管道连接，形成纵横交错多气源的供气网状管道输气系统。它是大型气田的核心纽带，是应对突发事件，实现天然气灵活调配、保障天然气输送安全的物质基础。

3. 大型气田利用产业集群培育系统

天然气价值实现始于市场，满足大区域市场需求，这是检验大型气田建设成功与否的最终标准。大型气田利用产业集群培育系统是指根据大气区市场供应特点，建立高效利用天然气市场保障机制，即从天然气计划管理、合同管理、用户管理（需求侧管理）、市场开发管理、日常运行管理等方面保障大气区天然气用户需求。

4. 大型气田运行管理系统

大型气田运行管理系统的目标是科学引导消费、保护环境，实现天然气能源与社会经济协调发展。它包括以下三个方面。

以政府为主导建立大型气田政策与监管支持系统。一是建立和完善多气源联网的天然气价格机制和有效的天然气价格监管机制，运用市场机制配置天然气资源，促进市场合理消费。同时，以市场为导向，合理利用国内外两种资源，制定天然气利用产业布局规划等。二是市场经济是法制经济，加快天然气市场开发，必须加快构建天然气行业的法律框架。如建立天然气应急状态的法律体系和天然气储备制度等。三是改革税赋制度与扶持政策，如适当降低天然气相关投资的增值税，降低或取消管道材料和设备的进口税，对用户的储气设施在保险、税收优惠等方面进行政策扶持和鼓励。加强中央和地方政府在税收方面的协调，支持天然气勘探开发，保障管网优化运行。

以天然气生产企业为主导建立大型气田基础运行管理系统。建立生产运行管理系统，如天然气调度管理决策支持系统，天然气营销管理系统，SCADA系统(SCADA系统建设，即联系生产运行系统与营销管理系统的纽带)，天然气供应安全监测系统(包括生产、输送、需求环节监测)，天然气供应安全预警科学化保障系统，管理信息系统(包括生产、管网、市场营销等)，以及信息传输通道建设(如光纤传输、常规通信、卫星通信、应急通信系统等)。同时，在国家和地方政府指导下，制定大型气田发展战略规划，包括天然气勘探开发规划、管网规划、市场开发规划等。

多方共建大型气田应急调控系统。根据大型气田建设要求，建立天然气供应链社会化(政府、企业、用户，简称三方)保障体系，三方在天然气供应链中发挥关键作用，承担重大责任的利益相关体。一是建立大型气田三方天然气供应突发事件应急预案总体框架，以及三方专项应急预案。二是建立三方应急联动机制及相应的配套措施。三是由三方共建有效的大型气田应急管理平台。

5. 大型气田对社会经济发展支持系统

实践业已证明，大规模开发利用天然气不仅极大地改善了大气区能源结构，还能有效地改善大气区城市居民生活用能结构和质量。大型气田对社会经济发展支持系统主要体现在对大区域能源安全的支持，对大区域国民经济发展的支持，对大区域社会就业与稳定的支持，对大区域生态环境改善的支持，对大区域应急平台建设的支持。

（二）适合作为储备气田的资源条件

大型气田具有较大的储量和产能规模，地层能量充足，具有短期放产的能力。适合作为储备的气田应为单一的纯天然气气藏。气质组分较好。干线输气能力必须能满足储备气田外输要求（表 4-8）。

表 4-8　中国石油已探明储量气田分类表

类别	特大型（>3000）	大型（300~3000）	中型（100~300）	小型（<100）	合计
个数	2	25	24	212	263
占总个数比例/%	0.8	9.5	9.1	80.6	100
探明储量/$10^8 m^3$	10037	20287	4629	4334	39286
占总储量比例/%	25.5	51.6	11.8	11.0	100

（三）大型气田储备的适应性和经济性分析

动用小型气田储备往往需要在短时间内放大生产压差提高产量，因此很容易造成地层能量消耗过快、边底水入侵、气井出水、出砂等，致使气井产能降低或水淹停产，导致气田整体生产能力下降，影响气田的最终开发效果。

大型气田产能储备应选择气田储量规模大、丰度高、储层渗透性好、地层能量充足的大型气田。储备气田动用起来周期短，对短期的供应中断和价格变化的反映能力强，当然，当长输管道输气量达到设计能力时，动用储备气田的产量也无法输到用户。

调研资料表明，中国石油计划在塔里木、长庆和西南共安排 $100 \times 10^8 m^3$ 产能储备。按照 0.03 亿元/$10^8 m^3$ 的勘探投入（相当于发现成本 1.4 美元/桶），需投入 30 亿元；每年 $20 \times 10^8 m^3$ 产能储备，按照 2.7 亿元/$10^8 m^3$ 的产能建设投资标准，需投入 54 亿元，合计每年需投入 84 亿元（表 4-9）。

表 4-9   储备气田投资估算分析表   单位:元/m³

气田	克拉2	鄂尔多斯	四川	渤海湾	平均
投资成本	0.63	2.40	1.65	1.60	1.57
5个月折算	1.51	5.76	3.96	3.84	3.77
3个月折算	2.52	9.60	6.60	6.40	6.28

二、大型气田战略储备的作用

按照天然气可持续发展规划,我国天然气资源对国际市场的依赖度不断增大,2020 年将达到 50%以上。受国际天然气贸易因素影响,天然气资源供应安全问题日趋突出,必将影响到我国社会经济稳定发展。实际上,储备建设的首要任务是保障我国大区域天然气能源供应安全。

(一)促进天然气生产(储备)基地建设

为了增强大区域天然气供给保障能力,必须加强天然气资源的勘探开发,增加后备储量,逐步提高生产能力。例如,中国石油西南油气田自 2000 年以来,积极规划和实施天然气资源发展战略,全力实施低渗透效益开发、高含硫清洁开发、老气田稳产目标,勘探不断取得新突破、新发现,天然气产能和产量快速提升,科技创新能力和技术实力不断增强,企业管理不断强化,在国内率先形成了年产量超百亿立方米的大气田,为"十二五"和"十三五"期间建设奠定更加坚实的物质基础。

(二)提高天然气战略储备能力

天然气资源储备也是一种国家能源安全威慑力,有助于在国际政治、军事、经济、外交斗争中占据主动。特别是我国四大天然气能源引进通道建设,不仅增加了供应安全保障难度,而且加大了进口天然气价格高所带来的价格风险,天然气战略储备是规避这些风险的重要途径之一。油气田企业超前做好市场研究，加快结构调整，按照"四个有利于"的原则，积极主动地去寻找天然气市场机会，选择高效益的目标市场，有序发展天然气市场，为大区域天然气产量的快速增长和防止现有市场受到重大冲击而储备潜在市场。

（三）应对大区域及国家能源突发事件

1. 应对重大突发事件的危害

从天然气资源战略考虑，大区域参与国外管道气引进联网工程是十分必要的，但也增大了供应中断的风险。联网条件下，天然气资源国的内乱、地缘政治动荡、恐怖活动、气源或网络输气系统故障等，都有可能造成供气中断。同时，有效的地企联动应急预案也是十分重要的，为此油气田企业长期致力于建立地企联动应急管理系统，建立管网安全保护长效机制，构筑起全社会共同参与的管道安全综合防范体系，加强管网生产运行管理，确保输气管线平稳正常运行，积极抓好隐患治理工作，积极开展管道安全风险评估与管网的完整性评价检测工作，有效确保管道的本质安全和应对多起重大突发事件的危害。

2. 应对重大自然灾害

大型气田储备建设的一项很重要功能就是在重大自然灾害发生时能保障供应安全。经过多年的建设，我国大区域天然气的调度渠道应急保障、管网运行安全保障、气矿生产安全保障、天然气供应恢复保障运行良好。例如，西南油气田成功应对 2008 年初南方冰雪灾害，确保了"5.12"大地震期间无人员伤亡，未因处置不当造成用户损失和管道险情，实现了安全平稳输供气，没有发生一例因天然气供应而引起的火灾和爆炸事故。

三、气田与储气库技术经济评价模型

(一)气田储备与储气库经济效益评价依据

财务内部收益率(FIRR)是指能使项目计算期内净现金流量现值累计等于零时的折现率,即 FIRR 作为折现率使下式成立:

$$\sum_{t=1}^{n} (CI - CO)_t (1 + FIRR)^{-t} = 0 \qquad (4-1)$$

式中,CI 表示现金流入量;CO 表示现金流出量;$(CI-CO)_t$ 表示第 t 年的净现金流量;n 表示项目计算期。

根据气田开发、储气库运行的投入产出情况,在大型气田作为储量储备、产能储备储气库以及小型整装气田开采枯竭后建成储气库等情形下,按照影响项目现金流的主要因素来编制净现金流量公式。

第 t 年的现金流入量为气田开发销售收入和储气库销售收入之和,即

$$CI_t = q_{at} \times P_{at} \times W_r + q_{ct} \times P_{ct} \times W_r \qquad (4-2)$$

式中,q_{at} 表示第 t 年的气田天然气产量,$10^4\,m^3$;q_{ct} 表示第 t 年的储气库天然气产量,$10^4\,m^3$;P_{at} 表示第 t 年的天然气销售价格,元/m^3;P_{ct} 表示第 t 年储气库销售价格,元/m^3;W_r 表示天然气商品率,%。

第 t 年的现金流出量包括发现成本、气田产能建设投资、储气库建设投资、储气库垫底气投资及气田与储气库经营成本和税金等,即

$$CO_t = I_d \times G + 10000 \times (I_{Qt} \times Q_{at} + I_{ct} \times Q_{ct} + Q_{ft} \times P_{it})$$
$$+ (C_{at} \times q_{at} + C_{ct} \times q_{ct}) \times W_r + T_{Xt} \times q_t \times W_r \qquad (4-3)$$

式中,P_{it} 表示第 t 年垫底气价格,元/m^3;I_d 表示储量发现成本,万元/$10^8\,m^3$;I_{Qt} 表示第 t 年的气田亿方产能投资,亿元/$10^8\,m^3$;I_{ct} 表示第 t 年的储气库亿方产能投资,亿元/$10^8\,m^3$;G 表示探明储量,

$10^8 \mathrm{m}^3$；Q_{at}表示第 t 年的气田新建产能，$10^8 \mathrm{m}^3/$年；Q_{ct}表示第 t 年的储气库新建产能，$10^8 \mathrm{m}^3$；Q_{ft}表示第 t 年的垫底气量，$10^8 \mathrm{m}^3$；C_t表示第 t 年的单位经营成本，元$/\mathrm{m}^3$；T_{Xt}表示第 t 年的单位税金及附加，元$/\mathrm{m}^3$。

第 t 年的净现金流量

$$
\begin{aligned}
(\mathrm{CI}-\mathrm{CO})_t = {} & q_{at} \times P_{at} \times W_r + q_{ct} \times P_{ct} \times W_r - [I_d \times G + 10000 \\
& \times (I_{Qt} \times Q_{at} + I_{ct} \times Q_{ct}) + (C_{at} \times q_{at} + C_{ct}^{\cdot} \times q_{ct}) \times W_r \\
& + T_{Xt} \times (q_{at} + q_{ct}) \times W_r]
\end{aligned} \tag{4-4}
$$

(二)气田与储气库的单位投资和经营成本估算

大型气田作为储量储备时，气田期初的单位投资成本为 I_{Q0}，单位经营成本为 C_{d0}，假设气田储备到第 t 年开采，考虑年物价上涨率为 α，则第 t 年的单位投资为 $I_{Qt}=I_{Q0}(1+\alpha)^t$；经营成本上涨率为 β，包括物价上涨和人工成本上涨等，则第 t 年的单位经营成本为 $C_{dt}=C_{d0}(1+\beta)^t$。

(三)气田与储气库经济效益评价模型

根据气田与储气库经济效益评价依据，在财务内部收益率(financial internal rate of return，FIRR)值一定的情况下，要使建设项目的经济效益不变，则现金流出与现金流入应保持一致。当由于投资成本、经营成本和其他成本增加时，建设项目要达到当期经济效益，必需调整销售价格(即：增加储气费用)，使现金流入与现金流出保持平衡。根据以上经济效益评价原理，储气费用率 ε 计算模型推导如下。

假设第 t 年气田建设规模为 Q_t，储备份额为 δ，$Q_{at}=Q_t \times (1-\delta)$，$Q_{ct}=Q_t \times \delta$，则

$$
投资成本 = I_d \times G + 10000 \times [I_{Qt} \times Q_t \times (1-\delta) + I_{ct} \times Q_t \times \delta] \tag{4-5}
$$

假设第 t 年气田产量为 q_t，储气产量份额为 δ，$q_{at}=q_t \times (1-\delta)$，$q_{ct}=q_t \times \delta$，则

$$经营成本 = \left[C_{at} \times q_t \times (1-\delta) + C_{ct} \times q_t \times \delta\right] \times W_r$$
$$= \left[C_{at} \times (1-\delta) + C_{ct} \times \delta\right] \times q_t \times W_r \qquad (4\text{-}6)$$

$$其他成本 = T_{Xt} \times q_t \times W_r \qquad (4\text{-}7)$$

假设气田和储气产量的销售价格(P_t)一致，则

$$收入 = q_{at} \times P_t \times W_r + q_{ct} \times P_t \times W_r$$
$$= q_t \times (1-\delta) \times P_t \times W_r + q_t \times \delta \times P_t \times W_r$$
$$= q_t \times P_t \times W_r \qquad (4\text{-}8)$$

假设储气费用率为 ε，则

$$储气费用 = q_t \times P_t \times W_r \times \varepsilon \qquad (4\text{-}9)$$

假设气田开发效益不变的情况下，由气田与储气库经济效益评价模型得到储气费用率 ε：

$$\varepsilon = \{I_d \times G + 10000 \times \left[I_{Qt} \times Q_{at} \times \delta + I_{ct} \times Q_{ct} \times (1-\delta)\right] +$$
$$\left[C_{at} \times \delta + C_{ct} \times (1-\delta)\right] \times q_t \times W_r + T_{Xt} \times q_t \times W_r\}$$
$$/ (q_t \times P_t \times W_r) - 1 \qquad (4\text{-}10)$$

(四)气田开采枯竭后再建储气库的天然气销售价格测算

根据气田与储气库经济效益评价原理，同一气田开采枯竭后再建储气库的天然气销售价格(P_{ct})等于第 t 年垫底气价格(P_{it})加上第 t 年气田天然气销售价格(P_{at})。

假设气田储气费用率为 ε_{at}，储气库储气费用率为 ε_{ct}，且当期垫底气价等于气田天然气销售价格，即均为 P_t。则第 t 年垫底气价格(P_{it})等于当期天然气销售价格(P_t)加上当期储气库储气费用的增加($\varepsilon_{ct} \times P_t$)，第 t 年气田天然气销售价格(P_{at})等于当期天然气销售价格(P_t)加上当期气田储气费用的增加($\varepsilon_{at} \times P_t$)，公式推导如下。

$$P_{ct} = P_{it} + P_{at} \qquad (4\text{-}11)$$

其中

$$P_{it} = (1 + \varepsilon_{ct}) P_t, \quad P_{at} = (1 + \varepsilon_{at}) P_t$$

则

$$P_{ct} = (1 + \varepsilon_{ct}) P_t + (1 + \varepsilon_{at}) P_t = (2 + \varepsilon_{ct} + \varepsilon_{at}) P_t \quad (4\text{-}12)$$

当期储气库与气田天然气销售价格比值

$$K = P_{ct}/P_{at} = (2 + \varepsilon_{ct} + \varepsilon_{at})P_t/(1 + \varepsilon_{at})P_t = (2 + \varepsilon_{ct} + \varepsilon_{at})/(1 + \varepsilon_{at})$$

$$(4-13)$$

四、气田储备与储气库投资成本测算

以龙王庙气田和相国寺储气库为例，安岳气田磨溪区块龙王庙组气藏初步开发方案亿立方米产能投资 1.66 亿元，其中开发建设投资 0.86 亿元/$10^8 m^3$，地面建设投资 0.67 亿元/$10^8 m^3$。相国寺储气库初步设计亿方产能投资 2.39 亿元(含垫底气)，其中开发建设投资 1.24 亿元/$10^8 m^3$，地面建设投资 1.16 亿元/$10^8 m^3$。假定龙王庙气田作为储量储备，开发建设投资仍然保持开发方案水平 0.99 亿元/$10^8 m^3$，地面投资采用相国寺储气库亿方产能投资 1.16 亿元，则龙王庙气田储备投资成本将达到 2.15 亿元/$10^8 m^3$ 亿方，比龙王庙气田开发投资高 0.35 亿元/$10^8 m^3$(表 4-10)。

表 4-10 龙王庙气田开发与气田储备方式建设投资对比表 单位:亿元/$10^8 m^3$

投资	龙王庙气田 开发方案	相国寺储气库 概算批复	龙王庙气田 储备	龙王庙气田储备较 龙王庙气田开发方案(增减)
投资成本	1.66	2.39	2.15	0.35
开发建设投资	0.99	1.24	0.99	0.00
地面建设投资	0.67	1.16	1.16	0.48

假设物价年均增长率为 2%~3%，年均人工成本增长率为 8%，预计投资成本年增长率为 2%~3%，经营成本年增长率为 2.5%~3.4%。假设大型气田储备到第 5 年、第 10 年、第 15 年、第 20 和第 30 年等不同时间进行开采，单位投资成本和单位经营成本将呈上升趋势，增长率预测详见表 4-11、图 4-1、图 4-2。

表 4-11   大型气田储量储备单位投资和单位经营成本增长率情况   （单位：%）

项目	第 5 年	第 10 年	第 15 年	第 20 年	第 30 年	备注
单位投资增长率，$(I_{Qt}/I_{Q0}-1)$	10~16	22~34	35~56	49~81	81~143	年增长率 2~3
单位经营成本增长率，$(C_{dt}/C_{d0}-1)$	13~18	28~40	45~65	64~95	110~173	年增长率 2.5~3.4

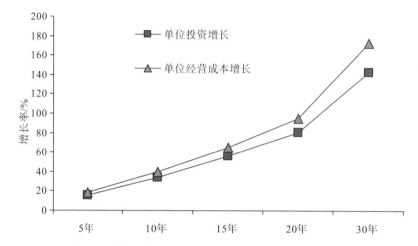

图 4-2   大型气田储量储备单位投资和单位经营成本增长率(年物价上涨率 2%)

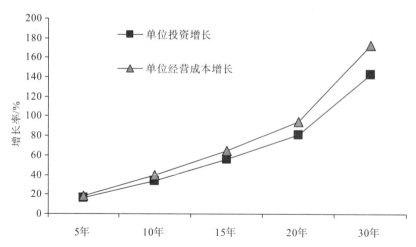

图 4-3   大型气田储量储备单位投资和单位经营成本增长率(年物价上涨率 3%)

第三节　大型气田战略储备与储气库技术经济比对

一、气田储量储备经济评价

根据气田与储气库经济效益测算模型，假定气田储备到第 t 年开采时与期初开采时经济效益一致的情况下，并预计投资成本年增长率为 2%~3%，经营成本年增长率为 2.5%~3.4%。则必需增加储备费来减少成本的增加对效益的影响。

（一）低成本增长率条件下的气田储备费用率测算

当预计投资成本年增长率为 2%，经营成本年增长率为 2.5% 的情况下，经测算：当气田不作为储量储备时，气田开发份额为 100%，假设气田开发经济效益保持一致时，第 5 年天然气销售价格比初期增长 8%，第 10 年增长 17%，第 30 年增长 65%。当气田作为储量储备时，气田开发份额为 0%，储气库份额为 100%，假设储备效益与气田开发经济效益保持一致时，第 5 年天然气销售价格比初期增长 28%，第 10 年增长 39%，第 30 年增长 101%。详见表4-12、图 4-4。

表 4-12　气田储气费用率测算表（低成本增长率）　　　　　　（单位:%）

气田份额	储气库份额	ε				
		第 5 年	第 10 年	第 15 年	第 20 年	第 30 年
100	0	8	17	27	39	65
80	20	12	22	32	44	72
70	30	14	24	35	47	75
60	40	16	26	38	50	79
50	50	18	28	40	52	82
40	60	22	32	42	55	86

续表

气田份额	储气库份额	ε				
		第 5 年	第 10 年	第 15 年	第 20 年	第 30 年
30	70	24	34	45	58	89
0	100	28	39	52	67	101

表 4-13　储气费用率较同期气田开发销售价格增长比例(低成本增长率)　　（单位：%）

气田份额	储气库份额	第 5 年	第 10 年	第 15 年	第 20 年	第 30 年
80	20	4	5	5	5	7
70	30	6	7	8	8	10
60	40	8	9	11	11	14
50	50	10	11	13	13	17
40	60	14	15	15	16	21
30	70	16	17	18	19	24
0	100	20	22	25	28	36

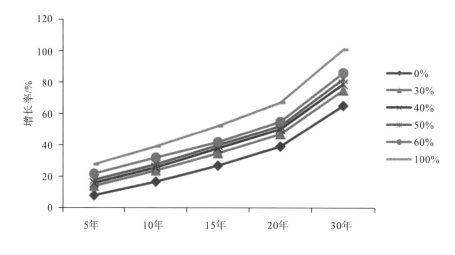

图 4-4　气田储气费用率图(低成本增长率)

（二）高成本增长率条件下的气田储备费用率测算

当预计投资成本年增长率为 3%，经营成本年增长率为 3.4% 的
情况下，经测算：当气田不作为储量储备时，气田开发份额为

100％，假设气田开发经济效益保持一致时，第 5 年天然气销售价格比初期增长 12％，第 10 年增长 26％，第 30 年增长 108％。当气田作为储量储备时，气田开发份额为 0％，储气库份额为 100％，假设储备效益与气田开发经济效益保持一致时，第 5 年天然气销售价格比初期增长 33％，第 10 年增长 50％，第 30 年增长 154％。详见表 4-14 和图 4-5。

表 4-14　气田储气费用率测算表（高成本增长率）　　　　　　（单位：％）

气田份额	储气库份额	ε				
		第 5 年	第 10 年	第 15 年	第 20 年	第 30 年
100	0	12	26	42	61	108
80	20	16	31	47	67	117
70	30	18	33	50	71	122
60	40	20	35	53	74	126
50	50	22	37	56	77	131
40	60	26	41	59	80	135
30	70	28	43	62	83	140
0	100	33	50	70	94	154

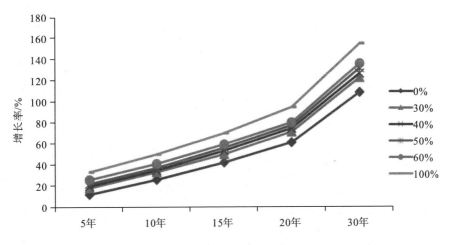

图 4-5　气田储气费用率图（高成本增长率）

表 4-15 储气费用率较同期气田开发天然气销售价格增长比例（高成本增长率）

（单位：%）

气田份额	储气库份额	第 5 年	第 10 年	第 15 年	第 20 年	第 30 年
80	20	4	5	5	6	9
70	30	6	7	8	10	14
60	40	8	9	11	13	18
50	50	10	11	14	16	23
40	60	14	15	17	19	27
30	70	16	17	20	22	32
0	100	21	24	28	33	46

因此，储备费用率随成本增长率的增加而提高。在低成本增长率的情况下，气田作为储量储备比同期气田开发需增加储备费用率 20%～38%；在高成本增长率的情况下，气田作为储量储备比同期气田开发需增加储备费用率 21%～46%。

二、气田产能储备经济评价

气田产能储备经济评价结果详见表 4-16 和图 4-6。以投资和经营成本为低成本增长率为例，气田产能储备经济评价结果如下。

表 4-16 气田产能储备与当期气田天然气销售价格比值（高低成本增长率）

（单位：%）

气田份额	储气库份额	第 5 年	第 10 年	第 15 年	第 20 年	第 30 年
80	20	1.04	1.04	1.04	1.04	1.04
70	30	1.06	1.06	1.06	1.06	1.06
60	40	1.07	1.08	1.08	1.08	1.08
50	50	1.09	1.09	1.10	1.09	1.10
40	60	1.13	1.13	1.12	1.12	1.13
30	70	1.15	1.15	1.14	1.14	1.15
0	100	1.19	1.19	1.20	1.20	1.22

当气田开发份额为 80%，储气库份额为 20%，假设气田开发经济效益保持不变，第 5 年天然气销售价格比初期增长 16%，第 10 年增长 31%，第 30 年增长 117%。

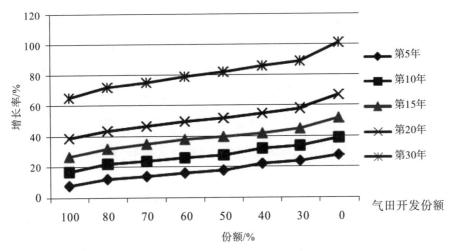

图 4-6 随气田开发份额变化气田储气费用率的变化趋势情况

当气田开发份额为 70%，储气库份额为 30%，假设气田开发经济效益保持不变，第 5 年天然气销售价格比初期增长 18%，第 10 年增长 33%，第 30 年增长 122%。

当气田开发份额为 30%，储气库份额为 70%，假设气田开发经济效益保持不变，第 5 年天然气销售价格比初期增长 28%，第 10 年增长 43%，第 30 年增长 140%。

从表 4-16 可以看出气田产能储备与当期气田天然气销售价格比值为 1.04～1.22。

总之，当气田作为产能储备且气田开发经济效益保持不变时，气田产能储备经济评价结果为：随着气田开发份额的减少，储气库份额的增加，当期气田的开发成本随着份额的减少气田储气费用率将增加；随着储气库建设时间往后推移，气田储备费用率将增加。

三、气田枯竭后再建储气库经济评价

根据气田开采枯竭后再建储气库天然气销售价格计算公式测算，当投资成本年增长率为 2%～3%，经营成本年增长率为 2.5%～3.4%时，结果为再建储气库天然气销售价格随储气库建设时间的推

后而增加，再建储气库天然气销售价格为当期天然气价格的 2.10～
2.22 倍，如：第 5 年～第 10 年再建储气库天然气销售价格为当期天
然气价格的 2.19 倍，第 15 年～第 20 年再建储气库天然气销售价格
为当期天然气价格的 2.2 倍，第 30 年再建储气库天然气销售价格为
当期天然气价格的 2.22 倍。详见表 4-17、表 4-18 和图 4-7。

表 4-17　气田储气费用率测算表（低成本增长率）　　　　（单位：%）

气田份额	储气库份额	ε					备注
		第 5 年	第 10 年	第 15 年	第 20 年	第 30 年	
100	0	8	17	27	39	65	ε_{at} 为气田储气费用率
0	100	28	39	52	67	101	ε_{ct} 为储气库储气费用率
$K=P_{ct}/P_{at}$		2.19	2.19	2.20	2.20	2.22	

表 4-18　气田储气费用率测算表（高成本增长率）

气田份额	储气库份额	ε					备注
		第 5 年	第 10 年	第 15 年	第 20 年	第 30 年	
100%	0%	12%	26%	42%	61%	108%	ε_{at} 为气田储气费用率
0%	100%	33%	50%	70%	94%	154%	ε_{ct} 为储气库储气费用率
$K=P_{ct}/P_{at}$		2.19	2.19	2.20	2.20	2.22	

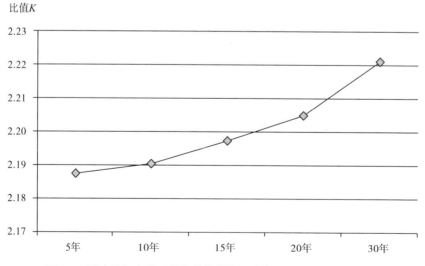

图 4-7　再建储气库的天然气销售价格比当期天然气价格增长情况

　　主要评价结论：①结论一。假设投资成本年增长率为 2%～3%，经营成本年增长率为 2.5%～3.4%。当储气库份额从 0% 增加到 100% 时，第 5 年，储备费用率较同期气田天然气价格增加 4%～21%，第 10 年，储备费用率较同期气田天然气价格增加 5%～24%，第 30 年，储备费用率较同期气田天然气价格增加 7%～46%。从纵向上看，随着储气库份额的增加，储备费用率将随储气库份额的增加而增加。从横向上看，随着储气库建设时间往后推移，储备费用率也将逐渐增加当期储气费用率，气田作为储量储备时储备费用率为最高，气田产能储备与当期气田天然气销售价格比值为 1.04～1.22 倍。因此，按照天然气市场调峰需求，采用气田产能储备，并尽量减少气田储量储备。②结论二。气田开采枯竭后再建储气库天然气销售价格随储气库建设时间的推后而增加，为当期天然气价格的 2.19～2.22 倍，较当期产能储备天然气价格高 1.15～1.00 倍。所以，当气田符合储气库建设条件的情况下，应规划气田产能储备，避免气田开采枯竭后再建储气库。

第五章　中国天然气战略储备选址与布局研究

第一节　战略储备气田选址依据与指标

一、选址依据

天然气战略储备工作涉及气田类型的选择、储备规模、储备运营商选择、储备运营商轮换动用和监管，其次，储备运营商补偿等一系列重大问题也需要考虑。

(一)战略储备气田选择受天然气资源禀赋及分布的约束

战略储备气田的选择受天然气资源禀赋，气田储量规模，周边生态环境承载能力等自然禀赋的约束。由于大型气田具有长期性，一旦确定列入储备，在相当一段时期内将不予开发，同时要具有一定的调节能力，不仅要能影响到当前天然气市场的价格预期，还要能够应对较长时间的供应中断，即以整装大型气田为储备对象。因此，气田储量规模是储备选择时应考虑的首要因素。

气田储量是衡量大型气田储备质量的重要指标，同时也是影响战略储备气田选择的重要因素。对于优势气田类型，区域资源丰富，可保障年限较长，可以择优储备。但对于资源短缺气田类型，由于当前供应就已不足，如果再将天然气储备起来不予开采而进口资源，会大大增加当前经济发展的成本。因此，短缺气田类型的储备应以储备不经济或天然气资源禀赋处于边际经济的气田为主。同等条件下，多气田类型的地区应优先考虑列为储备气田。储备气田周边生态环境的可承载能力，是影响战略储备气田选择的又一重要因素。

（二）战略储备气田的选择应与已存在的规划相一致

在选择战略储备气田时，应以新发现的大型气田、已经开采而采出程度较低的大型气田为基础。这样不仅不会对当前社会经济的发展造成冲击，同时也有利于储备工作开展。因此，战略储备气田的选择首先应与国家的规划和相关产业布局没有冲突，气田应在国家天然气战略储备的框架内，在完成国家天然气战略储备的部署任务之后实施。

（三）战略储备气田的选择应与产业结构调整相协调

大型气田不仅可以应对长期的天然气供应中断，同时也有利于产业结构调整升级。通过储备气田类型的选择、储备规模的调整以及储备气田的布局实现对相关产业调控。如在产能过剩、价格低迷时加大储备规模以约束产能扩张、稳定价格，同时通过战略储备气田的布局，调整大区域生产供应，实现产业的区域调整和转移。因此，战略储备气田选择应同当前的产业结构调整方向相协调，重点适应未来相关资源的产业布局。

（四）战略储备气田的选择受宏观经济行为的影响

选择战略储备气田还要考虑宏观经济活动的影响。宏观经济活动对战略储备气田选择的影响，主要体现在三方面：一是储备气田当前的生产供应格局；二是当地基础设施的完备性；三是勘探开发程度。储备气田类型的生产供应格局，主要指当前资源开采、产能规模、分布以及技术设备的先进程度。

总之，随着我国天然气市场需求的不断提高和天然气管网系统的不断完善，应将储气库作为上中下游一体化密切协调的重要组成部分，进行整体规划和战略部署。储备气田建设应实现各区域间相互调配，确保重点地区、重点城市调峰，最大限度地发挥地下储气库在调峰和区域供气平衡中的作用。在西北、中西部、西南主要气源区，做好优质气田资源性保护及保护性开发，创建条件改建成气田产能储备，开发后期要调整开发政策，做好向储气库转化的准备，实时改建储气库，可以降低后期气田开采成本及储气库的投资成本。在没有建设大型储备气田的地质条件下，考虑将多个距离较近的小型气库组成储气库群，统一规划，统一建设，统一调配，这样既可以扩大调峰规模，又能更加灵活有效地发挥储气库的应急调节作用。

二、选 择 原 则

基于对天然气战略储备三大运行过程的划分，战略储备气田选择应遵循四个原则：一是低成本原则。保证总储备成本最低，这其中又包括建设方式和日常维护费用两个方面，即选定合适的位置与建设方式，使总成本最低，当然，应以保证实现快速调配为目的，并在此基础上尽量节省成本。二是高效率原则。保证调配效率最高，一旦发生供应中断危机，应能保证天然气以最快的速度从战略储备气田调配到需求地。应尽量布局储备气田靠近消费中心，储备气田要同天然气管网枢纽建设相结合，统筹合理布局。三是便捷性原则。便捷性的高低一般体现在天然气输送距离长短，相邻天然气资源规模与可供应量、输送距离与输量、与储备气田连接的管网均会影响储备天然气输入的便捷性。四是有效性原则。储备气田动用有效性是指在应对突发事件时动用储备天然气的有效性，受战略储备气田辐射范围内的天然气消耗情况、储气库群与天然气消费中心距离、依托净化基地情况和天然气输送条件影响。五是渐进性原则。整体规划，分步实施，逐步完善储备配置。结合国内天然气地质特点和大型气田分布特征，统筹安排应急调峰储备需求与战略储备气田规模，合理确定不同储备方式的布局。

三、选址指标体系与层次结构

（一）指标体系建立原则

按照建立指标体系的一般要求，战略储备气田选址指标体系应能描述和表征某一地区满足储备基地选择各方面要求的状况；能描述和表征某一地区作为战略储备气田的整体符合情况；能描述和表征战略储备气田选址各个方面互相协调作用的程度。除需满足指标体系构建的科学性原则、系统性原则、独立性原则、可操作性等原则之外，战略储备气田指标体系在构建时须特别注意空间协调和时间统一原则。

我国天然气战略储备方式、储备天然气的来源、储备天然气输送方式等具有多样性的特点，而在我国不同时期，选择储备气田的思路也会发生变化。因此，在设置储备选址指标体系时，必须充分考虑不同时期，不同区域，不同储备方式、不同储备天然气的来源、不同储备天然气输送方式等的差异，做到空间协调，近期与远期相统一，以保证指标体系能充分反映并适合天然气战略储备需要。

（二）指标体系的层次结构

1.　指标体系

按照以上指标体系建立的原则，并结合战略储备气田选址影响因素的分析结果，将储备气田选址指标归结为四个层次：即目标层、功能层、布局条件层、指标层（表5-1）。

表 5-1　战略储备气田选址指标体系表

目标层	功能层	布局条件层	指标层
A 战略储备气田选址适宜度	B1 储备天然气获得可靠性	C1 储备天然气供应稳定性 C2 天然气输送安全条件	D1 天然气来源地供应天然气稳定性 D2 天然气输送安全条件
	B2 储备天然气输入便捷性	C3 天然气输送距离 C4 天然气输送能力 C5 输送天然气注入气田的便捷度	D3 天然气输送距离 D4 天然气输送能力 D5 输送天然气注入储备气田的便捷度
	B3 储备气田储存优越性	C6 自然条件 C7 生态条件 C8 安全条件 C9 绝对安全系数	D6 储备气田建设条件 D7 储备气田承载空间获得成本 D8 储备气田建设对生态环境破坏度 D10 相对安全系数
	B4 储备天然气动用有效性	C9 储备气田辐射区的天然气消耗情况 C10 储备气田与天然气消费中心距离 C11 依托净化基地的情况 C12 储备气田的交通发展条件	D11 储备气田辐射区的天然气消耗量 D12 储备气田辐射区的天然气消费对外依存度 D13 储备气田辐射区的消费中心距离 D14 净化基地净化能力 D15 储备气田与利用基地连接便捷度 D16 储备气田维护保障条件

2. 层次结构

目标层指战略储备气田选址所要达到的目标，即选择适宜的战略储备气田，完善战略储备气田的整体布局，最大程度保障天然气安全。

功能层集中反映了与储备气田选择目标相应的功能，即为了达到储备气田选择的目标，备选的地区所应具备的功能。根据天然气战略储备运行模型，备选储备气田需具备如下四个功能：储备天然气获得可靠性、储备天然气输入便捷性、储备天然气储存优越性和储备天然气动用有效性。

布局条件层指由决定功能实现的布局条件组成的层次。储备气田四项功能需相应的布局条件来实现和衡量。按照储备气田选址影响因素分析的结果可知，储备天然气获得可靠性由与储备供应稳定性和天然气输送安全条件两个布局条件来衡量；储备天然气输入便捷性由天然气输送距离、天然气输送能力以及输送天然气注入储备气田的便捷度三个布局条件来衡量；储备气田的优越性由自然条件、生态条件和安全条件三个布局条件来衡量；储备天然气动用有效性由储备气田辐射区天然气资源消费状况、依托净化基地的状况、储备气田与天然气消费中心距离和天然气输送条件四个布局条件层来衡量。

　　指标层指衡量和表征各布局条件优劣程度的具体指标。按照储备气田选址指标体系层次结构，结合战略储备运行过程模型的天然气储备选址影响因素，通过对影响因素的细化和规范化等处理，并注意指标设置时各指标的独立性，可确定储备气田选址的指标体系。

第二节　西部大型气田战略储备选址与布局

一、西部重点气区重点气田简介

　　中国天然气主要分布于鄂尔多斯盆地、四川盆地、塔里木盆地、柴达木盆地、准噶尔盆地、松辽盆地、渤海湾盆地、东海盆地、珠江口盆地及莺琼盆地(图 5-1)，其中以鄂尔多斯盆地、四川盆地、塔里木盆地的天然气资源最为丰富。

　　中国已形成陕甘宁产区、新疆产区、川渝产区、青海产区及南海海域五大天然气产区，2013 年中国五大产区天然气产量如图 5-2 所示。

　　2013 年陕甘宁产区共生产天然气约 $385.9 \times 10^8 m^3$，其中长庆油田的天然气产量为 $346.8 \times 10^8 m^3$，占陕甘宁产区天然气生产总量的 89.87%；2013 年新疆产区共生产天然气约 $280.2 \times 10^8 m^3$，其中塔里木油田的天然气产量为 $222.8 \times 10^8 m^3$，占新疆产区天然气生产总量的 79.51%；2013 年川渝产区共生产天然气约 $241 \times 10^8 m^3$，其中西

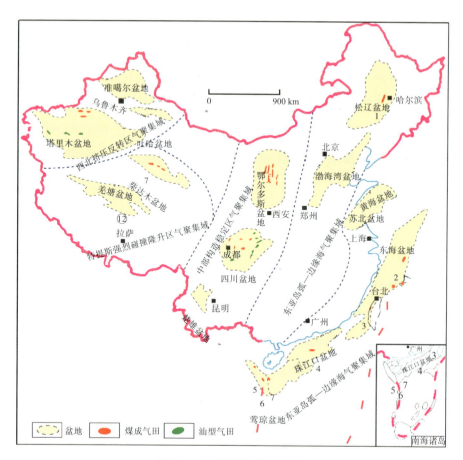

图 5-1　中国天然气分布情况

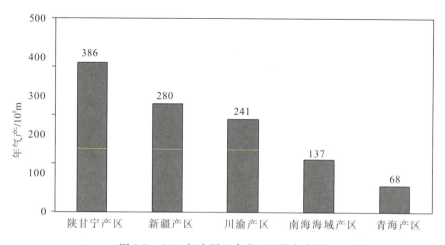

图 5-2　2013 年中国五大产区天然气产量

南油气田的天然气产量为 $127.8\times10^8\,m^3$ ，占川渝产区天然气生产总量的 53.03%；2013 年青海产区的青海油田共生产天然气约 $68.1\times10^8\,m^3$ ，其中涩北气田的天然气产量为 $60\times10^8\,m^3$ ，占青海产区的 88.11%；2013 年南海海域的天然气产量约为 $136.5\times10^8\,m^3$ 。

考虑到鄂尔多斯盆地、四川盆地、塔里木盆地天然气资源基础雄厚，且已形成陕甘宁产区、川渝产区、新疆产区三大天然气产区，建成一定规模量的天然气产能，同时该三大产区所产天然气可直接进入我国天然气主干管网；因此，我国战略储备气田的选址应优先考虑陕甘宁产区长庆油田、新疆产区塔里木油田及川渝产区的大型优质气田。

我国高丰度气田十分稀缺，可供选择的高丰度气田有四川磨溪龙王庙气田、罗家寨气田、新疆克拉 2 气田、长庆苏里格气田等，其合理布局可解决中亚管道气、中缅管道气和中俄管道气战略储备与应急调峰需要。

（一）川中大型气田——以安岳气田为例

1. 气田概况

安岳气田位于四川盆地中部遂宁市、资阳市及重庆市潼南县境内，东至武胜县—合川县—铜梁县、西达安岳县安平店—高石梯地区、北至遂宁—南充一线以南，南至隆昌县—荣昌县—永川一线以北的广大区域内（图 5-3）。区内地面出露侏罗系砂泥岩地层，丘陵地貌，地面海拔 $250\sim400\,m$ ，相对高差不大。气候温和，年平均气温 17.5℃，公路交通便利，水源丰富，涪江水系从本区通过，自然地理条件和经济条件相对较好，具有较好的市场潜力，为天然气的勘探开发提供了有利条件。

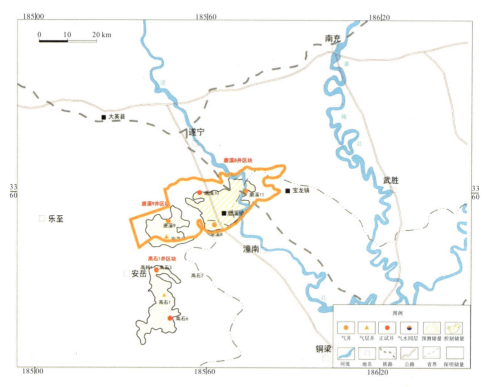

图 5-3　安岳气田磨溪区块地理位置图

2. 勘探历程与勘探成果

安岳气田龙王庙组处在川中加里东古隆起核部，该古隆起一直以来都被地质家认为是震旦系—下古生界油气富集的有利区域。对四川盆地加里东古隆起的勘探始于 20 世纪 50 年代中期，迄今已有半个多世纪的历史。大体可以分为三个主要阶段：

第一阶段：威远震旦系大气田发现（1956～1967 年）。1956 年威基井钻至下寒武统，1963 年加深威基井，1964 年 9 月获气，发现了震旦系气藏，至 1967 年，探明我国第一个震旦系大气田——威远震旦系气田，探明地质储量 $400×10^8 m^3$。

第二阶段：持续探索加里东大型古隆起（1970～2010 年）。通过持续不断地研究，认识到古隆起对区域性的沉积、储层和油气聚集具有重要控制作用，是油气富集有利区域。同时也持续不断地开展对古隆起震旦系—下古生界油气勘探工作。这一阶段虽勘探未获大的突破，但在近40年的勘探、研究过程中不断探索和总结，为加里东大型古隆起高石梯—磨溪地区震旦系—下古生界勘探重大发现奠定了基础。

第三阶段：勘探突破、立体勘探与重点区块评价（2011年至今）。通过持续不断的研究和探索勘探，逐步深化地质认识和优选钻探目标，终于取得了乐山—龙女寺古隆起震旦系—下古生界油气勘探的重大突破：

高石梯区块震旦系率先获得突破。2011年7～9月，以古隆起震旦系—下古生界为目的层，位于乐山—龙女寺古隆起高石梯构造的风险探井高石1井率先在震旦系获得重大突破，在灯影组获得高产气流，灯二段测试日产气 $102 \times 10^4 \mathrm{m}^3/\mathrm{d}$，灯四段测试日产气 $32 \times 10^4 \mathrm{m}^3/\mathrm{d}$，展现出川中古隆起区震旦系—下古生界领域良好的勘探前景。为了解高石梯—磨溪地区震旦系灯影组及上覆层系储层发育及含流体情况，2011年磨溪区块部署了磨溪8井、9、10、11井4口探井，高石梯区块部署了高石2、3、6井3口探井。同时部署三维地震勘探 $790\mathrm{km}^2$。

磨溪区块龙王庙组再次取得重大突破。2012年9月，位于磨溪构造东高点的磨溪8井试油获气，揭开了安岳气田寒武系龙王庙组气藏的勘探开发序幕，随后磨溪9、10、11等井龙王庙组相继获高产工业气流。为了进一步扩大勘探成果，尽快探明磨溪地区寒武系龙王庙组气藏，2012～2013年部署三维地震勘探 $1650\mathrm{km}^2$，磨溪地区先后部署和实施了磨溪12井等12口探井，主探寒武系龙王庙组和震旦系灯影组，同时部署了磨溪201～205井等5口针对龙王庙组的专层井，已测试7口井均获工业气流。在高石梯区块先后部署和实施了高石9井、高石10井、高石17井3口探井，主探寒武系龙王庙组和震旦系灯影组。为重点评价和探明磨溪区块龙王庙组气藏奠定了坚实的基础。

2013年对安岳气田磨溪区块龙王庙组气藏的储量进行评价计算

得：磨溪区块龙王庙组气藏含气面积 713km²，基本探明储量 4065.76×10⁸m³，在三维地质模型基础上，通过测试、试采生产资料拟合，由数值模拟方法核实的储量为 4012.80×10⁸m³。

2014 年经国土资源部审定，安岳气田磨溪区块寒武系龙王庙组新增天然气探明地质储量 4403.85×10⁸m³，技术可采储量 3082×10⁸m³。

3. 地质特征与气藏特征

安岳气田区域构造位置处于四川盆地川中古隆起平缓构造区威远—龙女寺构造群，处于乐山—龙女寺古隆起区（图 5-4），东至广安构造，西邻威远构造，北邻蓬莱镇构造，西南到河包场、界石场潜伏构造，与川东南中隆高陡构造区相接。作为四川盆地的组成部分，本区同样经历了四川盆地的历次沉积演化和构造运动，乐山—龙女寺古隆起是在加里东运动时期于地台内部形成的、影响范围最大的一个大型古隆起，自西而东从盆地西南向北东方向延伸，该隆起和盆地中部硬性基底隆起带有相同的构造走向，组成该隆起核部最早为震旦系及寒武系，外围拗陷区为志留系。构造从震旦纪以来，一直处在稳定隆起基底背景之上，虽经历数次构造作用，但其作用方式主要表现为以水平挤压、升降运动为主。古今构造的生成与发展具有很强的继承性，其构造格局于志留纪末加里东期定型，晚三叠世末的印支运动得到较大发展，到喜山三幕最终定型，才形成现今的构造格局。

磨溪区块龙王庙组总体具有构造平缓、南陡北缓，圈闭面积大（磨溪主高点圈闭 520.5km²）、闭合度小（161m）、多高点、断层少、断距小（10~160m）的特点。

储层特征：龙王庙组地层厚度为 80~110m，储层厚度在 17~64.5m，岩性主要为晶粒白云岩、砂屑白云岩、鲕粒白云岩、泥质灰岩、泥质白云岩夹少量砂岩。储集空间以粒间溶孔、晶间溶孔及溶洞为主，裂缝较发育。岩心分析结果表明储层段孔隙度分布在

$2.01\% \sim 12.41\%$，平均 5.12%；渗透率主要分布在 $0.01 \sim 10\text{mD}$，平均 8.1mD，试井解释视均质、中高渗为主。储层类型主要为裂缝～孔隙（洞）型和孔隙型。

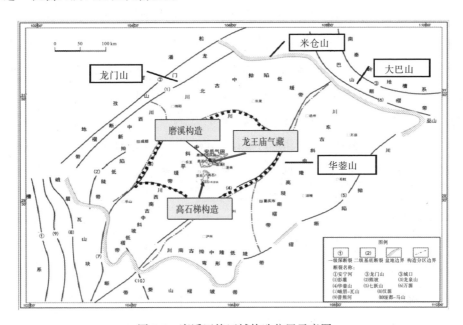

图5-4　磨溪区块区域构造位置示意图

气藏流体性质：龙王庙组气藏天然气中甲烷含量在 $95.06\% \sim 97.98\%$，平均达到 96.04%；H_2S 含量为 $4.58 \sim 11.68\text{g/m}^3$，为中含硫化氢；$CO_2$ 含量为 $26.29 \sim 48.83\text{g/m}^3$，为中～低含 CO_2；天然气相对密度平均 0.58。地层水主要属 $CaCl_2$ 水型，说明气藏是封闭系统。

气藏温度与压力系统：龙王庙组气藏中部平均温度 $142.26℃$、气藏中部原始地层压力为 76MPa，压力系数达到 1.63，为高温高压气藏。

综合所述，安岳气田磨溪龙王庙组气藏属于异常高压、中高渗、岩性—构造圈闭干气气藏。

4. 产能建设与生产情况

安岳气田磨溪区块龙王庙组气藏发现至今，其开发生产大致可分为以下两个阶段。

第一阶段：轮换试采阶段。2012 年 12 月 5 日以来，磨溪 8、磨溪 11、磨溪 9 井相继投入试采。磨溪 8 井 2012 年 12 月 5 日投产，以日产气 $20\times10^4\,\mathrm{m}^3/\mathrm{d}$、$28\times10^4\,\mathrm{m}^3/\mathrm{d}$、$63\times10^4\,\mathrm{m}^3/\mathrm{d}$、$68\times10^4\,\mathrm{m}^3/\mathrm{d}$ 四个制度试生产，产量、压力均较稳定。磨溪 11 井 2013 年 3 月 20 日投产，以日产气 $22\times10^4\,\mathrm{m}^3/\mathrm{d}$、$35\times10^4\,\mathrm{m}^3/\mathrm{d}$ 两个制度试生产，产量、压力稳定；以 $60\times10^4\,\mathrm{m}^3/\mathrm{d}$、$69\times10^4\,\mathrm{m}^3/\mathrm{d}$ 两个制度试生产，产量稳定、压力略有下降。磨溪 9 井 2013 年 5 月 10 日投产，日产气量从 $20\times10^4\,\mathrm{m}^3/\mathrm{d}$ 左右提高到 $30\times10^4\,\mathrm{m}^3/\mathrm{d}$，油压稳定在 62.8MPa 左右；通过 3 口井在不同工作制度下的试生产，初步证实气井生产稳定，产能高，稳产能力强，气藏开发潜力大。

第二阶段：试采阶段。截至 2013 年 12 月底，磨溪龙王庙组气藏开钻井 39 口，完钻井 29 口（包括 2 口老井：宝龙 1、安平 1 井），完钻井进尺 $13.84\times10^4\,\mathrm{m}$；完成试油井 18 口，获工业气井 16 口（均为新完钻井），获测试产量百万方以上气井 10 口，累计测试产量 $1568.47\times10^4\,\mathrm{m}^3/\mathrm{d}$。其中探井完成试油 17 口，获工业气井 15 口，成功率 88.2%；累计投产试采井 8 口，日产量 $498\times10^4\,\mathrm{m}^3/\mathrm{d}$，累计生产天然气 $4.94\times10^8\,\mathrm{m}^3$，其中 2013 年生产天然气 $4.88\times10^8\,\mathrm{m}^3$（图 5-5）。

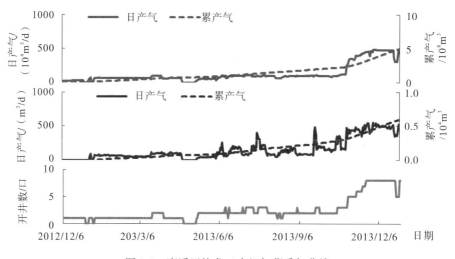

图 5-5　磨溪区块龙王庙组气藏采气曲线

磨溪区块龙王庙组气藏一期生产总规模为 $1500 \times 10^4 m^3/d$，地面工程设计总井数 20 口井（利用探井 9 口，新部署开发井 11 口），年产气达到 $50 \times 10^8 m^3/a$。

5. 输气管网分布状况

"十一五"以来通过新建和改造，川渝地区初步建成"三横、三纵、三环、一库"、高低压分输、输配分离的骨干管网系统，通过忠武线，以及正在建设的中缅线和中卫—贵阳联络线，从东、南和北三个方向与全国管网连接，形成了"川气自用、外气补充、内外互供、战略储备"的格局，在西南能源战略通道中居中枢地位。

川渝地区在役天然气管道 $1.8 \times 10^4 km$，采输气站约 1000 座，已建成"两横、两纵"骨干管道，初步实现"高低压分输"，输配能力 $200 \times 10^8 m^3/$年。其中，北干线和北内环构成"两横"；南干线东段和南干线西段构成"两纵"；新建的南干线东段复线和新建的南干线西段与北内环构成高压输送环网；原南干线东段和南干线西段管网与北干线构成低压输送环网（图 5-6）。

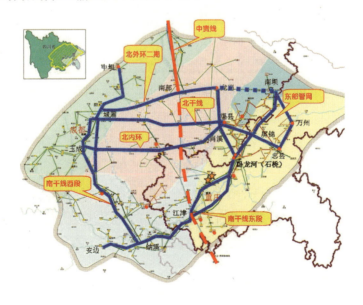

图 5-6　川渝地区天然气管网现状示意图

综上所述，安岳气田磨溪区块龙王庙组气藏是我国发现的单体规模最大的特大型海相碳酸盐岩整装气藏，为国内少有的高丰度高品质大型整装气藏，气藏具有"两大、两高、三好"的特点，即储量规模大、含气面积大，气井产量高、气藏压力高，天然气组分好、勘探效益好、试采效果好，平均单井测试日产达到 $110 \times 10^4 \mathrm{m}^3 / \mathrm{d}$，投产气井平均日产达到 $60 \times 10^4 \mathrm{m}^3 / \mathrm{d}$。龙王庙组气藏处于开发的初期已建成了一定规模的产能，气藏剩余可采储量巨大（约 $3073 \times 10^8 \mathrm{m}^3$），同时川渝地区天然气管网发达，可通过忠武线、中缅线和中卫—贵阳联络线，从东、南和北三个方向与全国管网连接，因此，安岳气田磨溪区块龙王庙组气藏作为西部大型气田战略储备优势明显。

（二）川东北大型气田——以罗家寨气田为例

1. 气田概况

川东北气田中罗家寨和滚子坪气田地理上位于四川宣汉县和重庆直辖市的开县境内。两个气田距离重庆市约 200km，属山地/丘陵地形，沟壑、河流众多，地表高差变化较大，具有川东地貌的典型特征。地面海拔通常为 250～1000m。

罗家寨构造(LJZ)位于四川盆地东部，五宝场(构造)拗陷的东南侧，邻近北西走向的大巴山褶皱带与北东走向的川东褶皱带交汇处。北东-南西走向的罗家寨气田构造与温泉井地面背斜平行但构造稍低，被一个断层分开。罗家寨构造东北部与紫水坝构造之间同样被一个逆冲断层所断开，东北侧与地势较低的滚子坪之间被一个倾向北东的滑移断层分开。西南侧以一鞍状构造及一小断层与黄龙场构造相隔，西北隔一浅向斜与平行的渡口河构造相望。罗家寨和滚子坪气田构造上位于四川盆地的东北缘，产层为三叠系飞仙关组。

2. 合作区块概况

川东北高含硫气田合作区块主要位于四川盆地东北部的四川省

达州市宣汉县、万源市和重庆市的开县境内，面积 1969.35km²，已退还部分面积，剩余 876km²。纵向上除五宝场区块须家河以上层位外，其余层位均属合作范围。构造位于开江－梁平海槽东段。

川东北高含硫气田合作区块分罗家寨（含滚子坪）气田（ODP-1）、铁山坡气田（ODP-2）、渡口河（含七里北）气田（ODP-3）三个阶段建成，首期开发建设 ODP-1，建设规模 $900 \times 10^4 m^3/d$。

截至 2014 年 9 月底，川东北高含硫合作区块已完钻井 45 口，累计获探明储量为 $1735.23 \times 10^8 m^3$，探明可采储量 $1293.94 \times 10^8 m^3$。其中，飞仙关鲕滩气藏获储量 $1681.8 \times 10^8 m^3$，长兴生物礁气藏主要是在七里北气田获得探明储量 $53.43 \times 10^8 m^3$。

（三）川东北大型气田——以普光气田为例

1. 气田概况

普光气田位于四川省宣汉县境内，地表属中～低山区，地面海拔 300～900m，年平均气温 13.4℃。乡村公路纵横交错，交通便利，便于气田的勘探和开发。

普光气田主体构造上属于川东断褶带东北段双石庙—普光 NE 向构造带上的一个鼻状构造，介于大巴山推覆带前缘断褶带与川中平缓褶皱带相接之间。该构造带西侧由三条断层控制，东部紧邻北西的清溪场—宣汉东、老君山构造带。

2. 勘探历程与勘探成果

中石化股份有限公司在川东北地区勘探面积 11169km²，普光地区于 20 世纪 50 年代开始开展地面石油地质调查等工作。1981～1989 年开展二维数字地震普查，部分测网达 2×4km，共完成二维数字地震 252.74km。普光气田主体从 2000 年开始详细勘探，2000～2001 年进行了高分辨率二维地震详查，测线长度 1347.93km。到 2003 年 7 月 30 日普光 1 井获得工业气流，从而发现普光气田，2003～2004

年完成了高分辨率三维地震详查面积 456.06km²，测网密度 25m×
25m，覆盖了整个普光气田主体，之后相继开展了大量的地震、钻井
及测试工作。该区先后在飞仙关组及长兴组经历了数轮精细构造解
释工作，2005 年又以三维地震资料为基础，以多井地层精细对比为
依据开展了精细的构造解释，进一步落实了飞仙关组——长兴组构
造形态及断层分布情况。

截至 2006 年，在普光气田飞仙关组有普光 1、2、4、5、6、普光
7-侧 1 等 6 口井 12 个层段获(15.52~128.15)×10⁴m³/d 工业气流；长
兴组测试 4 个层段，有 3 个层段获日产(58.88~75.25)×10⁴m³/d 工业
气流。有 2 口井测试为水层，其中普光 3 井进行了 4 个层段试气，
飞一~二段的 2 个层段测试日产水 18.5~393m³/d，飞三段试气为干
层；普光 9 井在长兴组测试日产水 23.8m³。

中石化南方勘探开发分公司于 2005 年 1 月上报普光气田主体飞仙
关组探明含气面积 27.2km²，天然气地质储量 1143.63×10⁸m³，其中，
烃类地质储量 878.32×10⁸m³；硫化氢地质储量 171.2×10⁸m³，折算硫
磺储量 2276.96×10⁴t。2006 年 2 月在原申报探明储量的基础上，新增
加了普光 3、5、6、7 等 4 口井资料，重新上报普光气田 2 块飞仙关组
—长兴组探明含气面积 40.86km²，探明天然气地质储量 2310.51×
10⁸m³。普光 3 块探明含气面积 8.4km²，地质储量 200.19×10⁸m³。累
计上报飞仙关组—长兴组探明含气面积 45.58km²，探明天然气地质储
量 2510.70×10⁸m³，其中，烃类地质储量 1911.92×10⁸m³，硫化氢地
质储量 380.98×10⁸m³。

3. 地质特征与气藏特征

气田地层：根据钻井揭示及地表露头，宣汉-达县地区下古生界
地层较完整，仅缺失志留系上统。上古生界缺失了泥盆系全部和石
炭系大部，仅残留中石炭统黄龙组；二叠系齐全。中生界三叠系、
侏罗系保留较全，早白垩世地层保留较好，上白垩统缺失。新生界
基本没有沉积保留。受构造运动的影响，地层间发育较多不整合面，

在海相地层中，志留系与石炭系、石炭系与二叠系、上、下二叠统之间皆为平行不整合接触关系，它们分别是加里东运动、云南运动和东吴运动等影响的结果。晚三叠世末期的印支运动，四川盆地整体抬升成陆，古特提斯海海水彻底退出扬子地台，接受以陆相碎屑岩为主的湖泊－三角洲－河流沉积。

飞仙关组(T_1f)是气田的主要含气层系，与下伏长兴组、上覆嘉陵江组为整合接触，地层厚度为 445～720m。长兴组(P_2ch)也是气田的主要含气层之一，在本区厚 92～290m，整体表现为西薄东厚。

构造特征：普光主体构造带整体表现为与逆冲断层有关的、西南高北东低、NNE 走向的大型长轴断背斜型构造，构造位置处于双石庙－普光背斜带的北段，主要发育于嘉四段以下的海相地层中。

沉积相特征：宣汉－达县地区长兴组－飞仙关组为缓坡沉积模式，西部梁平－开江地区为陆棚－开阔台地沉积环境，水体相对较深，沉积时海水能量小，以沉积灰岩为主。东部地区为碳酸盐台地沉积环境，以沉积白云岩与灰岩互层为主。东部碳酸盐台地与西部洼陷之间没有明显的坡折带，在台地与洼陷之间发育台地边缘浅滩、生物礁，浅滩与洼陷之间有一定的地形起伏，幅度不大，为缓坡。在这一时期该地区具有西南低、东北高的古地貌特征。宣汉－达县地区晚二叠世－早三叠世沉积相演化具有较强的继承性。①长兴期：长兴期差异升降加剧，西部下沉幅度大，为深水陆棚沉积环境，东部下沉幅度小，为浅水碳酸盐台地沉积环境。②飞仙关期：飞一至二早－中期，古地理格局与长兴期相似，相带呈北西－南东向展布，西部为陆棚，东部为碳酸盐台地。到飞一至二晚期，因海平面下降及沉积基底下沉，沉积环境发生了变化，东部台地由局限台地演变为台地蒸发岩，边缘浅滩规模增大，主要发育陆棚、斜坡、台地边缘浅滩等沉积相单元，而台地边缘浅滩沉积了大套浅灰色溶孔亮晶残余鲕粒白云岩、溶孔亮晶残余含砾鲕粒白云岩，为气田最有利的储集相带。飞三时受沉积物堆积及海平面升降等多因素的影响，古地理格局又发生了重大变化。由于填平补齐作用，西部陆棚已经变浅，演变为开阔台地；因为飞三早期发生的海侵，早期的台地蒸发岩相区消失，演变为开阔台地。发育有开阔台地及局限台地等沉积相单元。局限台地面积小，分布于普光构造及渡口河构造一带，岩性为灰色泥晶灰岩夹白云质灰岩及灰质白云岩。开阔台地分布于区内广大地区沉积时水体相对较深，水能较低，岩性以灰色泥晶灰岩为主。飞四时，宣汉－达县地区东西部地势基本持平，由于海平面下降，全区沉积环境相似，为台地蒸发岩沉积环境，为紫红色泥岩、白云岩夹石膏，发育潮汐层理。

储层岩性特征：飞仙关组储层岩石类型复杂，以白云岩为主，主要发育六种岩石类型，即鲕粒白云岩、残余鲕粒白云岩、糖粒状残余鲕粒白云岩、含砾屑鲕粒白云岩、含砂屑泥晶白云岩和结晶白云岩等，其中鲕粒和残余鲕粒白云岩是最重要的两种类型。长兴组储层主要为一套礁滩－白云岩组合，岩性包括含灰或灰质白云岩、生屑白云岩、砂屑白云岩、砾屑白云岩、结晶白云岩、海绵礁白云岩、海绵礁灰岩和微粉晶灰岩等多种岩石类型，以结晶白云岩、生屑白云岩、砂屑白云岩、砾屑白云岩、海绵礁白云岩、海绵礁灰岩为主，其中结晶白云岩、砾屑白云岩和海绵礁白云岩为重要的岩石类型。

储层物性特征：普光气田长兴组－飞仙关组储层主要储集空间类型为孔隙和裂缝两种类型，以孔隙为主，裂缝发育较少。飞仙关组以中孔中渗、高孔高渗储层为主，孔隙度的分布为 0.94％～25.22％，平均为 8.11％。孔隙度在 2％～5％的占 17％；孔隙度在 5％～10％的占 45％；孔隙度大于 10％的占 30％；渗透率的分布为 0.0112～3354.69mD，平均为 94.42mD，且存在两个峰值 0.002～0.25mD 与大于 1.0mD，分别占 39％和 41％。长兴组以高中孔高渗储层为主，孔隙度的分布为 1.11％～23.05％，平均为 7.08％，孔隙度大于 2％的储层平均为 7.66％；孔隙度在 5％～10％的占 48％；孔隙度大于 10％的占 22％；渗透率的分布为 0.0183～9664.88mD，大于 1.0mD 的样品占 62％。普光气田飞仙关组—长兴组大部分储层孔渗相关性较好，呈正线性相关，储层以孔隙（溶孔）型为主。

气藏流体性质：普光气田天然气组份总体上以甲烷为主，高含 H_2S、中含 CO_2，不同部位天然气组份十分相似，井与井之间、飞仙关组与长兴组间没有明显差异。其中，甲烷含量为 71.03％～77.91％，平均含量 74.99％；乙烷含量小，平均仅为 0.09％；天然气相对密度 0.7199～0.7735，平均 0.7427；H_2S 含量为 11.42％～17.05％，平均含量为 14.28％，CO_2 含量为 7.77％～14.25％，平均含量为 10.02％。

气藏温度与压力系统特征：①飞仙关组与长兴组的压力系数相近在 1.00～1.18，均为常压系统；②飞仙关组与长兴组属于同一温度系统，地层温度梯度为 1.98～2.21 ℃/100m，为低温系统。

综上所述，普光气田以飞仙关组与长兴组为主要储层，主要储集空间以孔隙为主，飞仙关组以中孔中渗、高孔高渗储层为主，长兴组以高中孔高渗储层为主，天然气组份中高含 H_2S、中含 CO_2，为常压低温系统。普光气田总体表现为高含硫、高产、高丰度的大型气田。

4. 产能建设与生产情况

普光气田目前有集气站 25 座，开发井 50 口，注水井 4 口，外围不含硫化氢的气井 2 口。普光气田自 2009 年 10 月 12 日投产以来的年产气量变化情况如图 5-7 所示。

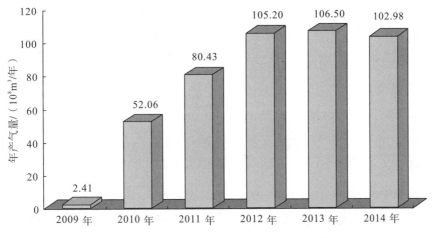

图 5-7　普光气田 2009～2014 年的年产气量情况

　　普光气田通过 2010～2012 年大规模的产能建设，气田产量快速上升，年产气量由 2009 年的 $2.41×10^8 m^3$ 上升到 2012 年的 $105.2×10^8 m^3$，并于 2013 年达到气田的最高年产量 $106.5×10^8 m^3$。总体而言，普光气田 2012 年之后，基本保持年产量在 $105×10^8 m^3$ 左右的稳产状态，截至 2014 年年底气田已累产气 $454.2×10^8 m^3$。

　　综上所述，普光气田为典型的高产、高丰度、大型优质气田。气田含气面积大、储量规模大、气井单井产量高、储量丰度高。普光气田正式投入开发的时间相对较短，约 6 年时间，目前已形成年产 $106×10^8 m^3$ 左右的生产能力，气田剩余地质储量大（约 $1838×10^8 m^3$），同时川渝地区天然气管网发达，可通过忠武线、中缅线和中卫—贵阳联络线，从东、南和北三个方向与全国管网连接，因此普光气田作为西部大型气田战略储备优势明显。

（四）塔里木大型气田——以克拉 2 气田为例

1. 气田概况

　　克拉 2 气田位于新疆维吾尔自治区阿克苏地区拜城县境内，西距拜城县约 60km，东距库车县约 45km，南离克孜尔乡约 20km，北邻黑英山乡约 22km。气田紧靠天山南麓，位于一系列东西向展布的山丘之间。地势总体上较平坦，西南部地势较高，地形相对较复杂（图 5-8）。中部地面海拔 1460～1470m，东部地面海拔 1500～1600m，西部地面海拔 1500～1580m。克拉苏地区属温带大陆性干旱气候，年降水量 187.4mm，年蒸发量 1331.2mm，年平均气温 8℃。克拉 2 气田地面由北向南季节性河流发育，河床由第四系的砂砾构成，在山的南侧是一排第四纪的冲积扇。气田东部为近南北向展布的克孜勒达里亚斯河，常年有水，发源于南天山，流经黑英山乡、气田东部，往南朝西拐，注入克孜尔水库。河流下游的铁提尔-克孜尔乡一带，即第四纪冲积扇南侧，是一片绿洲。

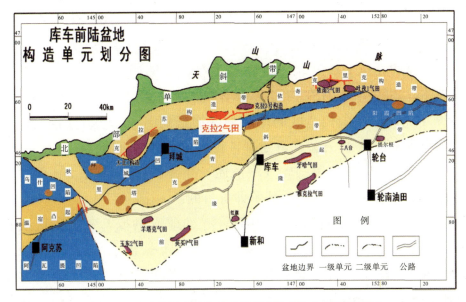

图 5-8 库车前陆盆地构造单元划分及克拉 2 气田位置图

克拉 2 气田是西气东输的主要气源地，具有压力系数高、气藏埋藏深、储层厚度大、单井产能高的突出特点，同时是一个具有弱边底水的背斜块状深层异常高压干气气藏。

2. 勘探历程与勘探成果

克拉 2 气田于 1998 年 1 月发现，发现井为克拉 2 井，该井于 1998 年 1 月 20 日在下古近系白云岩段中途测试，日产气 $27.71 \times 10^4 \mathrm{m}^3/\mathrm{d}$。完井后通过系统测试，在古近系砂砾岩段－白垩系巴什基奇克组砂岩获得 6 个高产气层，日产天然气 $(40\sim70) \times 10^4 \mathrm{m}^3/\mathrm{d}$。

该区地震勘探始于 1983 年，1995 年完成地震普查工作，二维地震主测线线距达 $4\sim8\mathrm{km}$，在此基础上发现了克拉 2 号构造。1997 年在地震普查的基础上加密主测线到 $4\mathrm{km}$，进一步落实克拉 2 号构造，并提供了克拉 2 井位。1998 年 1 月 20 日克拉 2 井在下第三系－白垩系喜获高产工业气流，标志着克拉 2 大型整装气田的诞生。

克拉 2 井获得突破之后，立即开始了评价勘探工作。首先将构造部位地震测线加密到 $2 \times 2\mathrm{km}$，并对全部地震测线进行了攻关处理，经过气藏初步描述，1998 年先后部署了克拉 201、202 两口评价井，其中克拉 202 井为构造南西翼的探边井。克拉 201 井钻遇了 340m 气层；南翼的克拉 202 井钻到了断层下盘，未钻遇气层。为了搞好构造描述，1999 年 4 月在构造西端增加 4 条主测线、1 条联络测线，1999 年 5 月将整个构造区的地震测网加密到 $1 \times 0.75km$，同时，对全部测线又进行了一次重新处理，得到了高质量的地震剖面。1999 年 9 月中旬，完成了第二轮气藏描述，部署了克拉 203、204 两口评价井，钻探均获得成功，达到了评价目的。

2000 年 7 月在克拉 2 气田部署三维地震勘探，三维工区面积 $495.03km^2$，一次覆盖面积 $404.05km^2$，满覆盖面积 $209.54km^2$。2000 年 10 月在气田西北翼新上钻一口评价井克拉 205 井，该井于 $3789.0 \sim 3952.5m$（层位 E-K）进行了产能测试，获得了高产工业气流，其中用 21.57mm 油嘴求产，日产气高达 $300.44 \times 10^4 m^3/d$。在此基础上对气藏进行了再认识，为储量计算打下了基础。

2000 年 4 月，国家储委对克拉 2 气田首次审核，认为该气田探明储量为 $2506.1 \times 10^8 m^3$，可采储量为 $1879.58 \times 10^8 m^3$。根据新增的评价井资料以及新增的三维地震资料，对克拉 2 气田的探明储量进行重新计算可得：克拉 2 气田含气面积 $48.1km^2$，探明储量为 $2840.86 \times 10^8 m^3$，可采储量为 $2130.65 \times 10^8 m^3$。

3. 地质特征与气藏特征

气田地层：克拉 2 气田分三套含气层系，即下第三系砂质白云岩段(E_{1k}^1)、下第三系砂砾岩段、白垩系巴什基奇克组($E_{1k}^2 + K_{bs}$)、白垩系巴西盖组(K_{1b})，气柱高度 418m，其中主力气层为下第三系砂砾岩及白垩系大套砂岩（两者为不整合接触），其中主力层位白垩系巴什基奇克组又可分为Ⅰ、Ⅱ、Ⅲ、Ⅳ四个岩性段。

构造特征：克拉 2 气田属于塔里木盆地北部的库车拗陷克拉苏构造带东段的一个局部构造，位于克拉 1 与克拉 3 号构造之间。库车拗陷属于南天山造山带的前陆盆地，北邻南天山造山带，南为塔北隆起，东西长约550km，南北宽30~80km，面积28515km²。进一步划分为四个构造带和三个拗陷，四个构造带由北至南分别为北部单斜带、克拉苏-依奇克里克构造带、秋立塔克构造带和前缘隆起带；三个拗陷从西向东分别为乌什拗陷、拜城拗陷和阳霞拗陷。克拉2气田位于克拉苏-依奇克里克构造带西部（即克拉苏构造带）。

克拉苏构造带位于库车坳陷北部，南靠拜城拗陷，北接北部单斜带。该构造带的形成与演化主要受控于大宛齐北-克拉苏断裂带。构造带内发育各种类型的断层相关褶皱（如断层转折褶皱、突发褶皱、断层传播褶皱、双重构造等）。克拉2构造就是在双重构造背景下形成的一个突发褶皱。库车拗陷经历了前碰撞造山、碰撞造山和陆内造山三大构造演化阶段，在沉积-地层剖面结构上就相应形成了三大构造层：前中生代构造层-前碰撞造山阶段被动大陆边缘沉积建造，中生代构造层-碰撞造山阶段周缘前陆盆地含煤磨拉石建造，新生代构造层-陆内造山阶段再生前陆盆地磨拉石建造。中生代是库车地区主要烃源岩形成的阶段，新生代则是克拉2等构造圈闭形成和油气成藏阶段。

气藏温度与压力系统：气藏埋深3500~4100m，中部深度3750m，中部温度100℃，相应温度梯度为2.4℃/100m，压力74.3MPa，压力系数2.022，属常温异常高压气藏。

气藏流体性质：天然气组分分析表明，天然气相对密度低，为0.565~0.578，甲烷含量高达97.14%~98.26%，而CO_2含量仅为0.55%~0.74%，基本不含H_2S。相态分析表明，天然气临界压力为4.81~4.96MPa，临界温度-80.6~-79.0℃。

储层物性特征：据岩心物性分析统计，下第三系砂砾岩段和白垩系巴什基奇克组的孔隙度主要分布在8%~20%，平均12.56%；渗透率主要分布在0.1~1000mD，平均49.42mD，属于中孔中渗储层，储集层内部纵向上非均质性比较严重。

气藏类型：克拉2气田的储盖组合由古近系厚度较稳定的白云岩储层和古近系-白垩系的砂岩储层与下第三系膏盐岩、泥岩构成。构造上是一个完整的背斜，长轴长约18km，短轴长约3km，背斜整体比较宽缓，变化较小。气藏内存在 3 套分布稳定的隔层——膏泥岩层、巴三段一砂组泥岩和巴西改一段泥岩，但由于断层的切割作用，错开了白云岩段与砂砾岩段及砂岩内部储层段之间的隔层，使其不具封闭性，各产气层相互连通，气藏具有统一的压力系统；气藏具有统一的气水界面。克拉 2 气田原探明储量报告中气水界面采用录井、测井、岩石热解、测井解释及压力分析等多种方法综合确定。钻穿气水界面 11 口钻井中，克拉 2－13 井 3938～3993m 为干层，3993m(海拔 －2477.1m)以下为水层，克拉 2－15 井 2008 年 9 月完钻，气水界面有所抬升，其余 9 口井气水界面清楚，均值为－2468.3m；综合分析气水界面取值仍为－2468m。

4. 产能建设与生产情况

气藏开发方案概要：克拉 2 气田采用一套开发井网开发，产层为底砂岩和巴什基奇克组，而白云岩和巴西盖作为产能接替，总数为 18 口，其中 10 口开发井(包括克拉 205 井)，2 口备用井，4 口观测井(包括 204 井、203 井)，2 口污水回注水井；选择衰竭式开发方式；所有井均用直井开发。设计年产能力 $107.3 \times 10^8 m^3$，地面建设处理能力 $110 \times 10^8 m^3/a$。

克拉 2 气田于 2004 年投入生产，截至 2014 年底累计产气 $915 \times 10^8 m^3$，2014 年克拉 2 气田总井数 20 口，开井生产 17 口，年产气 $114.3 \times 10^8 m^3$，单井平均产量 $135 \times 10^4 m^3/d$，平均生产压差 1MPa。

综上所述，克拉 2 气田经过十年的开发生产，剩余可采储量约为 $1215 \times 10^8 m^3$，克拉 2 气田储层条件好，为国内少有的高丰度大型整装气田，气田单井在平均生产压差为 1MPa 情况下，单井平均产量高达 $135 \times 10^4 m^3/d$，为典型的高产气井。同时克拉 2 气田所产天然气可通过西气东输管道输向中原、华东及长江三角洲地区，因此克拉 2 气田是西部大型气田战略储备的重要选择之一。

(五)长庆大型气田——以苏里格气田为例

1. 气田概况

苏里格气田位于内蒙古鄂尔多斯市境内(图 5-9),北起敖包加汗,南至定边,东到桃利庙,西达鄂托克前旗,勘探面积 $5.5 \times 10^4 km^2$,天然气总资源量近 $5 \times 10^{12} m^3$。主力产层为二叠系石盒子组盒 8 气层,岩性为三角洲平原分流河道沉积中粗粒石英砂岩,储层以粒间溶孔为主,发育少量原始粒间孔、晶间孔,平均孔隙度 $5\% \sim 12\%$,平均渗透率 $0.06 \sim 2mD$,气藏压力系数 0.87,埋深 $3300 \sim 3500m$。天然气的甲烷含量在 90% 以上,不含 H_2S,CO_2 含量在 1% 以下。盒 8 气藏属岩性圈闭气藏,储层分布受砂体和物性双重控制。无边底水,属定容弹性驱动气藏。苏里格气田是我国已发现的气田中最大的天然气田,也是开采难度很大的低渗透气田。

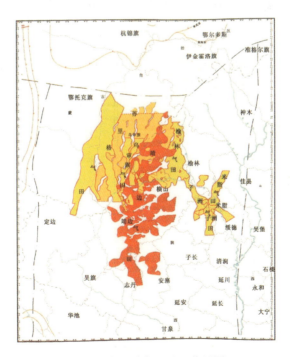

图 5-9　苏里格气田地理位置图

2. 勘探历程与勘探成果

苏里格气田天然气综合勘探始于 1999 年，2000 年获得重大突破。2000 年 6 月，在探区中部的苏 6 井，在井深 3295m 的盒 8 段钻遇砂层厚 48m，解释气层厚 19.8m，山 1 段也钻遇气层 8m，盒 8 段试气井口获得初产 23.37×10^4m^3/d，计算对应无阻流量 50.14×10^4m^3/d，经压裂后试气求得无阻流量 120.16×10^4m^3/d，苏 6 井的重大发现揭开了苏里格气田大规模勘探的序幕。1999～2000 年，苏里格庙共完钻探井 16 口，其中 11 口获工业气流。在此基础上逐步探明苏 6 井区，2000 年底提交盒 8 和山 1 气藏天然气地质储量 2204.75×10^8m^3，叠合含气面积 1733.0km^2。

随后勘探向南北展开，完成二维地震 2532km，钻探井 23 口，其中 17 口井获工业气流。2003 年 7 月，经国家储委审批，在苏 25 井区、苏 20 井区、苏 14 井区于上古生界盒 8、山 1 段再次获得探明地质储量 3131.77×10^8m^3，可采储量 1697.9×10^8m^3。

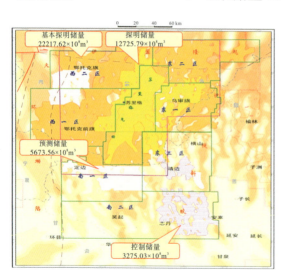

图 5-10　苏里格地区天然气勘探成果图

2007 年以来，坚持勘探开发一体化，连续六年每年新增储量规模超过 5000×10^8m^3，目前三级储量累计达 4.39×10^{12} m^3，其中：探明储量 12725.79×10^8 m^3，基本探明储量 22217.62×10^8m^3，控制储量 3275.03×10^8m^3，预测储量 5673.56×10^8m^3（图 5-10），为苏里格气田开发奠定了坚实的物质基础。

3. 地质特征与气藏特征

气田地层：苏里格气田上古生界地层自下而上发育着石炭系本溪组、二叠系山西组、下石盒子组、上石盒子组和石千峰组。总沉积厚度在 700m 左右；目前已发现下石盒子组盒 7、盒 8、山西组山 1、山 2 等上古生界多套含气层段，其主要含气层段位于山西组和下石盒子组。苏里格气田上古生界气藏主要分布在中二叠统下石盒子组的盒 8 上段、盒 8 下段以及下二叠统上西组的山 1 段。

构造特征：苏里格气田上古气藏呈由东北向西南方向倾斜的单斜构造，每公里向东北抬高 3.85m。区内除有少数鼻状构造外，大都十分平缓。

沉积相特征：根据岩石类型、岩性组合、沉积构造、古生物组合和剖面结构等特征的综合分析认为：全区上古生界属于由河控三角洲沉积体系向河流沉积体系转化的沉积演化序列。

储层物性特征：①孔隙度与渗透率特征：根据气田范围内 71 口取芯井的气层段（测井解释）的岩心分析进行统计，结果表明：孔隙度为 3.0%～21.84%，平均值为 8.95%，孔隙度主要的分布为 5%～12%。渗透率为 0.0148～561mD，渗透率平均值为 0.73mD，渗透率的主要分布为 0.06～2.0mD，占全部样品 70% 以上。总体上看，气层属于低孔低渗气层。②孔隙结构特征：苏里格地区盒 8 砂层以岩屑溶孔、晶间孔、残余粒间孔和杂基溶孔复合而成的孔隙网络为特征；山 1 段砂层以岩屑溶孔、黏土矿物晶间孔和微孔组合而成的孔隙网络为特征（图 5-11）；气田上古生界不同物性储层的孔隙结构参数分布情况如表 5-2 所示，由表可以看出，储层孔隙结构具有"小孔喉、分选差、排驱压力高、连续相饱和度偏低和主贡献喉道小"的特点。

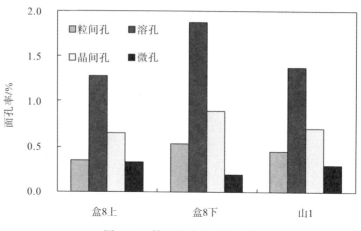

图 5-11 储层孔隙类型分布图

表 5-2 储层孔隙结构参数分布情况

样号	物性		毛管压力参数				流动特征数据		
	孔隙度 /%	渗透率 /mD	P_d /MPa	P_{c50} /MPa	孔隙度 均值 φ /%	分选 系数	主力喉 道峰值 /μm	连续相 饱和度 /%	主贡献喉 道半径 /μm
1	10.92	11.0143	0.22	1.38	11.104	3.193	2.34	19.52	9.38
2	8.22	1.6228	0.85	4.36	12.687	2.685	0.59	23.65	0.59
3	8.78	0.9158	0.94	7.65	13.069	2.502	0.59	16.85	1.17
4	12.05	2.4172	0.92	12.38	13.117	2.531	0.59	20.71	0.59
5	7.65	0.4075	1.98	21.39	13.821	1.956	0.29	16.14	0.29
6	7.08	0.9737	1.91	17.15	13.828	1.968	0.29	13.34	0.59
7	7.84	0.9805	1.33	14.56	13.609	2.286	0.29	20.31	0.59
8	10.47	1.2633	1.51	14.21	13.422	2.275	0.29	25.47	0.59
9	5.37	2.3273	1.94	32.47	14.211	2.36	0.29	16.85	1.17
10	2.79	0.1326	10.397	42.57	15.184	1.507	0.04	36.77	0.07
11	5.38	0.1484	4.5	60.18	15.135	1.765	0.15	12.36	0.15
12	6.34	0.2804	7.43	54.96	15.191	1.582	0.07	18.08	0.07
13	4.73	0.3335	1.86	52.95	14.548	2.372	0.29	17.59	0.29
14	8.05	0.3549	5.73	57.78	15.143	1.689	0.07	19.02	0.15

　　气藏流体性质：鄂尔多斯盆地上古生界天然气的生气源岩主要为石炭—二叠纪煤系地层，其物理性质相对稳定。天然气物理组成

为：甲烷含量很高，平均 92.50%，乙烷平均含量 4.525%，CO_2 平均含量约 0.779%，不含 H_2S，相对密度 0.6037；凝析油含量很低，介于 2.15～4.93g/m^3。4 口井(苏 4、苏 5、苏 10、挑 5 井)气样试验分析，在地层温度 102～105℃ 下，对应的流体露点压力分别为 6.90MPa、16.90MPa、12.36MPa、15.46MPa，露点压力低于原始地层压力。地层水性质：地层水分析结果显示，地层水主要属 $CaCl_2$ 水型，说明气藏是封闭系统。

气藏温度与压力系统特征：①气藏压力系数 0.771～0.914，平均值 0.87，属于异常低压气藏。②苏里格气田属于同一温度系统，其平均温度梯度为 2.943℃/100m。

综合所述，苏里格气田属于异常低压、低孔、低渗、岩性封闭弹性气驱、微含凝析油的未饱和凝析气藏。

4. 产能建设与生产情况

天然气产能快速攀升：苏里格气田经过 7 年产能建设，到 2012 年年底，建井 6694 口，其中含水平井 521 口，动用储量 5123×10^8 m^3，动用面积 4269×10^4 km^2，建成年产 210×10^8 m^3 天然气生产能力；截至 2013 年 12 月 30 日，苏里格气田累计建井 7504 口，配套建成产能 248×10^8 m^3。苏里格气田 2006～2013 年的产能建设情况如图 5-12 所示。

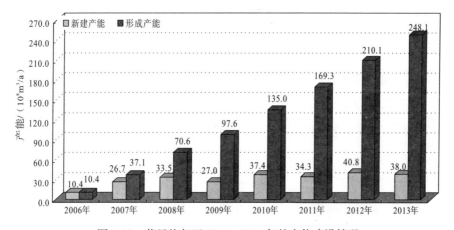

图 5-12　苏里格气田 2006～2013 年的产能建设情况

天然气产量跨越式增长：2007 年底日产气量突破 $1000×10^4 m^3$，2008 年年底突破 $2000×10^4 m^3$，2009 年 12 月突破 $3000×10^4 m^3$，2012 年 11 月突破 $5000×10^4 m^3$，2013 年 1 月突破 $6000×10^4 m^3$。截至 2013 年 12 月 30 日，苏里格气田投产气井 7095 口，年产气量达到 $212.2×10^8 m^3$，历年累计产气量 $775×10^8 m^3$，苏里格气田 2007～2013 年的年产气量变化情况如图 5-13 所示。

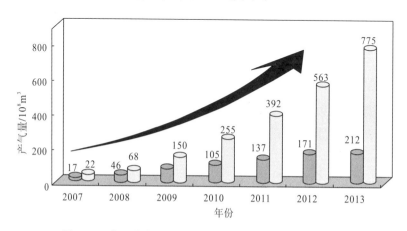

图 5-13　苏里格气田 2007～2013 年的年产气量变化情况

5. 输气管网分布状况

苏里格气田内部地面集输系统布局合理：通过整体优化、分步实施，地面系统处理厂布局合理、集输管网完善、调气灵活，满足生产要求。截至 2013 年，地面工程建成：集气站 102 座；处理厂 6 座，年处理能力 $280×10^8 m^3/a$；集气干线 25 条，总长度达到 1071km；输气管线 5 条，长度达到 431.8km。苏里格气田内部地面工程建设现状如图 5-14 所示。

苏里格气田外输管网发达，气田处于中国天然气管网枢纽中心位置：苏里格气田的外输管网可包括：西气东输一线、西气东输二线、苏东准线、长蒙线、长乌临线、长呼线、长呼复线、陕京一线、陕京二线、陕京三线、靖西一线、靖西二线、靖西三线及长宁线（图 5-15），苏里格气田外输管网发达，且气田处于中国天然气管网枢纽中心位置，苏里格气田所产天然气可向北京、西安等18个大中城市供气。

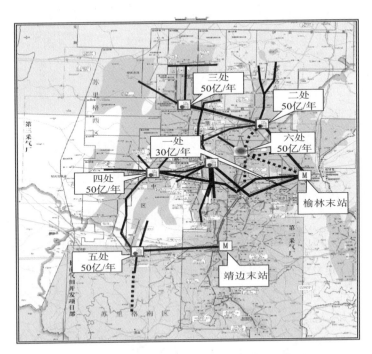

图 5-14　苏里格气田内部地面工程建设现状图

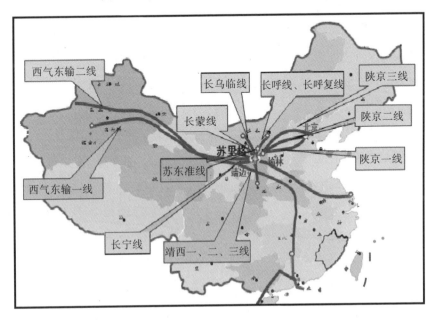

图 5-15　苏里格气田外输管网分布图

综上所述，苏里格气田经过 14 年的勘探开发，已落实的资源储量基础雄厚，已探明储量达到 $1.27 \times 10^{12} \mathrm{m}^3$、三级储量累计达 $4.39 \times 10^{12} \mathrm{m}^3$；针对气田低渗、低压、低丰度的"三低"特征，通过技术攻关，集成创新了有针对性的 12 项开发配套技术，实现了气田规模有效开发，同时持续技术创新，12 项开发配套技术不断完善；天然气产能快速攀升，2013 年的产能规模已达 $240 \times 10^8 \mathrm{m}^3$ 以上，天然气产量跨越式增长，2013 年日产气量突破 $6000 \times 10^4 \mathrm{m}^3$，年产气量达到 $212.2 \times 10^8 \mathrm{m}^3$；同时苏里格气田外输管网发达，苏里格气田的经济有效开发，成为 21 世纪向北京、西安等 18 个大中城市安全平稳供气的主要气源之一，也使处于我国东西部结合地区的长庆气区更加凸现了横贯东西的陆上天然气供输管网的中心枢纽作用。因此，苏里格气田是西部大型气田战略储备的重要选择之一，苏里格气田作为西部大型气田战略储备意义重大。

二、西部大型气田战略储备选址思路

实施天然气战略储备不仅需要建设较多的储气库以满足天然气储备的需要，同时更应积极考虑我国自己的战略储备气田。在国际环境较好的情况下，优先利用国外的天然气资源。在阶段性国际环境恶化、利用国外天然气资源有困难的情况下，利用自己的天然气储备资源不仅有利于应对天然气供应的短缺，同时也有利于加大对外天然气合作的主动权。

我国天然气战略储备主要依靠地下储气库，而我国南方地区尤其是东南部地区不具备经济建造地下储气库的条件，按照目前的规划方向，将来可能形成西部和北方地区战略储备充足，南方地区没有天然气战略储备的格局，而南方地区又是依赖天然气外部输入，最需要建立战略储备的地区。

我国主要的天然气资源分布在西部地区，以四川、鄂尔多斯、塔里木盆地探明储量最多。同时，四川、渤海湾盆地靠近市场中心，而塔里木和鄂尔多斯盆地则靠近中亚进口气管道。今后该地区是天然气储量产量增长的主要区域，在加大天然气勘探开发的同时，应重新做好国内资源的战略定位。提前做好资源战略保护，在局部地区适当保护或控制大型气田的开发速度，保护高丰度气田资源。在有条件的情况下，可以将部分气田转化为规模较大的地下储气库，有利于大规模储存天然气，形成我国自己的天然气战略储备，与储气调峰枢纽和各级天然气调峰储备中心相结合，形成我国天然气战略储备系统。因此，我国战略储备气田应优先考虑西部的四川盆地、塔里木盆地、鄂尔多斯盆地。选择西部地区高丰度气田，可与东部LNG储备调峰构成战略储备网络。

第三节　储气库群与 LNG 中继站战略储备作用与布局

一、储气库群与战略储备规模能力提升

（一）储气库储备能力与分布

1. 地下储气库储备能力

目前，我国已建成的天然气储库都是作为天然气管线的配套设施存在，肩负着季节调峰供气、应急保障供气和日常削峰填谷平衡管网压力三大重任。我国天然气储库主要是分布在枯竭油气田或者盐穴内，枯竭油气田和盐穴将是我国天然气储库主要的建设地点。我国已建成储气库的地域分布情况如表5-3所示。

表 5-3　中国已建成地下储气库地域分布情况表

储气库名称	地点	所属管线
大港储气库	天津	
苏桥储气库	河北	陕京管线
京 58 储气库	北京	
苏南金坛盐穴储气库	江苏	
苏北刘庄油田储气库	江苏	
呼图壁储气库	新疆	西气东输
重庆相国寺储气库	重庆	
中原油田文 96 储气库	河南	
大庆喇嘛甸储气库	黑龙江	东北管网
辽河油田双 6 储气库	辽宁	

　　我国在储气基础设施方面，还落后于发达国家市场，地下储气库需要大力开发。例如，在全球 3 个主要储气库市场，工作气容量与消费气量之比为 19%，而我国仅为 3%，当前的储气能力还很低，已建成地下储气库(群)9 座，分别是：大港油田储气库、华北油田储气库(包括苏桥储气库群和京 58 储气库群)、苏南金坛盐穴储气库、苏北刘庄油田储气库、新疆呼图壁储气库、大庆喇嘛甸储气库、重庆相国寺储气库、辽河油田双 6 储气库以及中原油田文 96 储气库，2012 年初的实际工作气总量为 $47 \times 10^8 \mathrm{m}^3$，2013 年初为 $73 \times 10^8 \mathrm{m}^3$。我国已建成储气库的储备能力如表 5-4 所示(尚未完全实现设计能力)。

表 5-4　中国已建成天然气地下储气库储备能力表

储气库名称	设计库容/$10^8\mathrm{m}^3$	工作气量/$10^8\mathrm{m}^3$
大港储气库	77.59	34.30
苏桥储气库	67.38	23.32
京 58 储气库	16.77	7.54
苏南金坛盐库	23.99	7.50
苏北刘庄油田气库	4.55	2.45
新疆呼图壁储气库	107.00	45.10

续表

储气库名称	设计库容/$10^8 m^3$	工作气量/$10^8 m^3$
大庆喇嘛甸储气库	35.77	17.89
重庆相国寺储气库	42.60	22.80
辽河油田双 6 储气库	36.00	16.00
文 96 储气库	5.88	2.95
合计	417.53	179.85

到 2030 年，我国的实际天然气储备工作气能力将达（600～750）×$10^8 m^3$。届时，天然气储气能力将占需求的 12%～15%，相当于 44～55 天的消费量。我国将成为世界最大的天然气储气市场之一，占世界储气能力的 11%～12%。

2. 在建与拟建储气库概况

1) 在建储气库

我国正在建设第二批储气库，在建的储气库主要有 9 座，其中河南平顶山储气库、大港油田唐家河储气库、孙虎潜山储气库群、江苏如东储气库、中石油湖北应城储气库、陕西长庆油田储气库、南昌麻丘水层储气库等 7 座储气库由中石油正在建设，中原油田文 23 储气库、中石化湖北应城储气库这 2 座由中石化正在建设。其中，中石油正在陕西榆林利用长庆油田枯竭气藏建设我国最大的储气库，设计库容为 120×$10^8 m^3$。在不包括这个榆林靖边储气库的情况下，我国在建储气库的工作气量为 111×$10^8 m^3$。河南平顶山储气库、湖北应城盐穴储气库和江西南昌麻丘水层储气库为"西气东输"二线工程的配套项目，设计总库容 45.19×$10^8 m^3$，工作气量 21.96×$10^8 m^3$。

根据《天然气发展"十二五"规划》，我国在"十二五"期间的发展目标是：新增储气库工作气量约 220×$10^8 m^3$，约占 2015 年天然气消费总量的 9%；城市应急和调峰储气能力达到 15×$10^8 m^3$。我国在建储气库的基本情况如表 5-5 所示。

表 5-5　我国在建储气库情况表

储气库名称	建设地点	设计库容/$10^8 m^3$	工作气量/$10^8 m^3$	建设单位
平顶山储气库	河南			
中石油应城储气库	湖北	45.19	21.96	
南昌麻丘水层储气库	江西			
孙虎潜山储气库群	河北	60.00	—	中石油
唐家河储气库	天津	—	5.00	
长庆油田储气库	陕西	120.00	—	
如东储气库	江苏	80.00	—	
中原油田文 23 储气库	河南	101.26	46.23	中石化
中石化应城储气库	湖北	7.00	—	
合计(估算)		424	207	—

2)拟建储气库

2011~2015 年,我国将投资 811 亿元(133.25 亿美元)建造 24 个储气库。北方城市用气季节性峰谷差大,应大力推进储气库建设,到 2020 年还需要建设(400~500)×$10^8 m^3$的储气库。即使我国规划建设的储气库到 2020 年全部按期投产,总工作气量也仅为 300×$10^8 m^3$,占全国天然气总消费量的 6.3%~8%。

我国拟建的湖北潜江储气库、中石化金坛储气库是为满足川气东送的安全供气而建设;辽河、大庆、长春储气库是为稳定东北管网稳定运行而建设;文 13 西、卫 11、华北雁翎等储气库则是陕京管线的配套系统;此外还有衡阳地下盐穴储气库正在进行前期调研。到"十二五"期末,我国将初步形成以西气东输、川气东送、陕京线和沿海主干道为大动脉,连接四大进口战略通道、主要生产区、消费区和储气库的全国主干管网,形成多气源供应、多方式调峰、平稳安全的供气格局。我国部分拟建储气库情况如表 5-6 所示。

表 5-6 我国部分拟建储气库情况表

拟建储气库	地点	连接管线
潜江储气库	湖北	
中石化金坛储气库	江苏	川气东送
衡阳地下盐穴储气库	湖北	
辽河储气库	辽宁	
大庆储气库	黑龙江	东北管网
长春储气库	吉林	
文 13 西储气库	河南	
卫 11 储气库	河南	陕京管线
雁翎储气库	河北	

(二)储气库群在战略储备中地位与作用

中国地下储气库发展始于 20 世纪 90 年代初，经过近二十年的发展，地下储气库群在协调大区域平衡供气和应急调峰、优化区域生产和管网运行等方面发挥着重要的战略储备作用。

1. 储气库集群协调区域供求平衡和保障应急调峰

储气库群能协调和缓解各类用户需求量的不同和负荷的变化所带来的供气极不均衡性，优化大区域天然气生产和输气管网运行，使天然气生产和输气管网的运行不受高峰和淡季的影响，有助于实现区域均衡生产和运行，提高效率，降低成本。在上游气源出现特大故障或重大设备检修、突发政治事件或自然灾害等情况时，可作为重要规模化气源保障，保证区域连续平稳供气，提高应急调峰的可靠性。

2. 储气库集群保障区域供气中断

储气库群作为特大供气中断时的气源保障，对用户集群增加的需求提供应急供气服务。当管网运行过程中突然发生故障导致天然气用户集群需求无法得到及时满足时，地下储气库群可以快速增加供气量提供应急供气服务。

特别是对由于国家内乱、政治动荡、气源或上游输气系统大型故障、甚至上游设施较长时间停产等所造成供气中断的情况，地下储气库群可作为气源保障向天然气用户集群连续供气，提高供气的可靠性。

（三）储气库群战略储备布局

1. 储气库群布局思路

针对我国市场用户和管道情况，可在华北京津地区、中部的河南和湖北地区、西南的四川地区分别建立储气调峰应急枢纽系统。其中华北地区利用京津附近的华北油田和大港油田的储气库系统及多条输气干线和联络线，实现华北地区的调峰应急，并做到保障华北、辐射东北和华东的目的；中部地区利用西气东输一线、二线等输气干线，配合建设河南和湖北地区的地下储气库群，保障中部地区的调峰，同时可以兼顾华东、支持华南；西南地区以四川地区为主，利用四川气田和地下储气库群，保障西南，支持华南。以上述几个枢纽为载体，将西部的资源与东部的下游市场更好地衔接起来。

在大的区域范围内，一个油气田或一个行政区内的所有储气库可以划分为一个储气库群，如大庆储气库群、辽河储气库群、华北储气库群等。在较小的区域范围内，可将相距50km以内的小型气库组建成一个储气库群，统一规划，统一建设，统一调配。在没有建设大型储气库的地质条件下，考虑将多个距离较近的小型气库组成储气库群，统一规划，统一建设，统一调配，这样既可以扩大调峰规模，又能更加灵活有效地发挥储气库的应急调节作用。如在新疆塔里木、克拉玛依和鄯善修建枯竭油气藏地下储气库，以满足乌鲁木齐及其周边城市的消费需求和化工企业的商业需求；在鄂尔多斯盆地修建枯竭油气藏地下储气库，以满足西安及其周边城市的需求和化工企业的商业需求。在松辽盆地修建枯竭油气藏地下储气库，以满足东北地区的需求和化工企业的商业需求。在渤海湾盆地修建枯竭油气藏地下储气库，以满足京、津、唐等城市及周边城市的消费需求和化工企业的商业需求。

借鉴国外在天然气储备领域的发展经验，由于一般气田储量储备是将探明或基本探明的储量暂不开发，留到需要时再开发，其动用需要较长时间的建设产能过程，不能起到应急作用，LNG 作为应急调峰供气的补充，LNG 不宜做长期储备。因此，战略储备应以地下储气库群和大型气田为主，中小型气田储备和 LNG 储备作为补充。

2. 地下储气库群布局

天然气战略储备气一旦动用，需要在短时期内大量采出，要求采气强度高，应急反应能力强。因此，地下储备库应选择单个有效库容较大的气藏型储气库。

根据天然气资源与市场配置关系，中国石油将全国划分为进口通道复合区、东部消费市场区和中部应急枢纽区。战略储备库部署在进口通道复合区，陆上进口通道的沿线或靠近消费市场(图 5-16)。

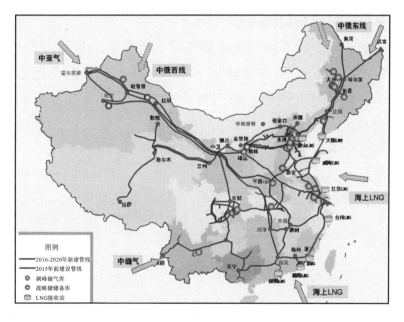

图 5-16　2020 年中国石油天然气地下储气库布局图

根据天然气储备设施建设的指导思想和战略储备需求，在三大陆上进口通道部署 4 座具有战略储备功能的地下储气库，全部为气藏型储气库，分别是塔里木牙哈、榆林南、吉林长岭及西南沙坪场，设计总工作气量 $234 \times 10^8 \, \text{m}^3$，总投资 490 亿元。2015 年建成工作气量为 $70 \times 10^8 \, \text{m}^3$，2020 年建成 $234 \times 10^8 \, \text{m}^3$（表 5-7）。

表 5-7   中国石油天然气战略储备库规划表

位置	储气库	类型	设计工作气量 /10^8m^3	投资 /亿元	建成工作气量/10^8m^3	
					2015 年	2020 年
西北通道	塔里木牙哈	气藏	35	67		35
	榆林南	气藏	60	120	60	60
东北通道	吉林长岭	气藏	65	148		65
西南通道	西南沙坪场	气藏	74	155	10	74
	合计		234	490	70	234

3. 商业储备库不确定性与风险分析

由于储气库建设受地下构造地质条件影响，特别是有水气藏建库需要多个注采运行周期才能达到设计规模，因此 2015 年新建 130 亿的国家商业储备能否达到设计规模存在着较大的风险及不确定性。与调峰需求对比，到 2015 年建成 $130 \times 10^8 \, \text{m}^3$ 的商业储备仍不能满足调峰需求。尤其是环渤海、长三角、中南、东南沿海 4 个重点消费区及中西部地区存在着 $75 \times 10^8 \, \text{m}^3$ 的调峰缺口，需增加储备规模，确保天然气安全平稳供应。考虑到"十二五"期间 $130 \times 10^8 \, \text{m}^3$ 建设存在一定风险，为确保"十二五"期间 $133 \times 10^8 \, \text{m}^3$ 国家商业储备规划目标实现，应加快"十三五" 8 座商储库的前期研究进度，尽早投入建设。

二、东部 LNG 中继站资源与战略储备优化

发展 LNG 是实现进口多元化、安全平稳供气的重要补充。在储

气库难于建设、用气峰谷差大的地区建设具备应急调峰功能的 LNG
接收站群，将其作为战略储备库的重要补充。

(一)三大石油公司 LNG 资源状况

1.　中国石油 LNG

目前 LNG 储罐已建成 6 座，在建的 9 座储罐分布在唐山、深圳
和福建，拟建的 LNG 接收站有 4 处(表 5-8 和表 5-9)。

表 5-8　中国石油 2011~2015 年天然气储备发展规划统计表

项目	已有数量/座	2011~2015 年规划/座
储气库	5	10
LNG 储罐	9	7

表 5-9　2020 年之前中国石油 4 处 LNG 储罐拟建项目统计表

投资方	状态	项目名称	地点	预计完成时间
中国石油	规划	广西 LNG 接收站储罐	钦州	2015 年
	规划	浙江 LNG 接收站储罐	台州	2017 年
	规划	山东 LNG 接收站储罐	威海	2017 年
	规划	广东 LNG 接收站储罐	揭阳	2020 年

2.　中国石化 LNG

1)LNG 储罐发展

中国石化已建成的储罐数量有 2 座，均为澳门 LNG 接收站的配
套设施，总体有效容积为 $32 \times 10^4 \, m^3$。澳门 LNG 接收站项目主要由
LNG 接收站、LNG 码头及输气管道三部分工程内容组成。一期配套
建设 2 座 LNG 储罐，二期建设 1 座，已经完成一期项目。有三座接
收站在建设过程当中，分别是山东青岛 LNG 接收站项目、广西北海
LNG 接收站项目和天津 LNG 接收站项目。这三座接收站的配套储
气罐正在建设当中，数量达到了 10 座，分别是青岛 LNG 接收站项

目 3 座，广西北海 LNG 接收站项目 4 座，天津 LNG 接收站项目 3 座。中国石化在建的 LNG 储罐的有效容积均为 $16×10^4 m^3$，总体有效容积达到了 $48×10^{12} m^3$（表 5-10）。

表 5-10　中国石化 LNG 储罐建成、在建、拟建项目情况表

LNG 储罐地点	所属省、区、市	LNG 储罐（建成和在建）数量/座
黄茅岛(建成)	澳门	2
北海(在建)	广西	4
青岛(在建)	山东	3
天津(在建)	天津	3
连云港(拟建)	江苏	3(预计)
总计		12

2)LNG 储罐储备能力

中国石化只建成有一座 LNG 接收站项目，在建的项目有 3 座，每座 LNG 接收站都有自己的配套 LNG 储罐设备（表 5-11）。

表 5-11　中国石化 LNG 储罐建设情况表

LNG 储罐地点	所属省区、市	LNG 储罐建成或在建数量/座	总体有效容积/$10^4 m^3$
黄茅岛	澳门	2	32
北海	广西	4	64
青岛	山东	3	48
天津	天津	3	48
总计		12	192

3)LNG 接收站发展

目前，中国石化已建成投产的 LNG 接收站只有澳门黄茅岛项目，位于天津和广西以及青岛的三座 LNG 项目都处于积极推进中。而在"十三五"期间，中国石化计划再建 2~3 座 LNG 接收站，从而到 2020 年年底，中国石化的 LNG 接收能力计划将达到 $3000×10^4$ t/年。

中国石化 LNG 的建设速度慢于中国石油和中国海油两家，中国

海油有 4 座在运营的 LNG 接收站，中国石油有 2 座。中国石化第一座接收站位于澳门黄茅岛，位于山东青岛的 LNG 项目接收能力为 300×10^4 t/年，预计 2014 年年中投入商业运营。中国石化天津和广西的 LNG 接收站分别为第三座和第四座，接收能力也为 300×10^4 t/年(表 5-12)。

表 5-12　中国石化 LNG 接收站建设情况表

项目	计划投产时间	建设规模/(10^4t/年)	储罐数量/座	供气能力/(10^8m³/年)	建成或在建
澳门黄茅岛项目	2010 年	300	2	40	建成
青岛 LNG 接收站项目	2016 年	300	3	40	在建
北海 LNG 接收站项目	2017 年	300	4	53	在建
天津 LNG 接收站项目	2013 年	300	3	40	建成

3. 中国海油 LNG

1)LNG 储罐发展

中国海油是我国最大的海上油气公司，其油气业务分部在我国的东南沿海地区，中国海油是我国三大石油企业最先进入 LNG 领域的企业。截至 2013 年年底，中国海油已建成 LNG 接收站 5 座，其相关的 LNG 储罐数量达到了 13 座，每座储罐的有效容积均为 16×10^4 m³，总体有效容积达到了 256×10^{12} m³。这为我国东南沿海地区的天然气供应及调峰提供了有效的支持(表 5-13)。

表 5-13　中国海油 LNG 储罐储备能力统计表

LNG 储罐地点	所属省份、自治区	投产年份	LNG 储罐数量/座
莆田	福建	2008	4
洋山	上海	2009	3
大鹏湾	广东	2011	3
宁波	浙江	2012	3
珠海	广东	2013	3
总计			16

在建 LNG 储罐项目。中国海油在建的 LNG 接收站项目有 4 处，分别是海南 LNG 接收站、天津 LNG 接收站、深圳 LNG 接收站和粤东 LNG 接收站，其配套设施中最核心的 LNG 储罐项目也在积极地进行当中，在海南 LNG 接收站内配套 2 座 LNG 储罐，在天津 LNG 接收站内配套 3 座 LNG 储罐，在深圳 LNG 接收站内配套 4 座 LNG 储罐，在粤东揭阳 LNG 接收站内配套 4 座 LNG 储罐（表 5-14）。

表 5-14   中国海油在建 LNG 储罐统计表

LNG 储罐地点	所属省、市	LNG 储罐在建数量/座	总有效容积/$10^4 m^3$
洋浦经济开发区	海南	2	32
粤东揭阳	广东	4	64
深圳	广东	4	64
天津港	天津	3	48
总计		13	208

2)LNG 储罐储备能力

中国海油有 LNG 储罐 16 座，分别是福建莆田 LNG 接收站的 4 座，有效容积为 $64 \times 10^4 m^3$；上海洋山 LNG 接收站的 3 座，有效容积为 $48 \times 10^4 m^3$；广东大鹏湾 LNG 接收站的 3 座，有效容积为 $48 \times 10^4 m^3$；浙江宁波 LNG 接收站的 3 座，有效容积为 $48 \times 10^4 m^3$；广东珠海 LNG 接收站的 3 座，有效容积为 $48 \times 10^4 m^3$。中国海油已投产储罐有效容积达到了 $256 \times 10^4 m^3$。

中国海油在建的 LNG 储罐有 13 座，分别是海南洋浦 LNG 接收站的 2 座，有效容积为 $32 \times 10^4 m^3$；粤东揭阳 LNG 接收站的 2 座，有效容积为 $64 \times 10^4 m^3$；广东深圳 LNG 接收站的 4 座，有效容积为 $64 \times 10^4 m^3$；天津 LNG 接收站的 3 座，有效容积为 $48 \times 10^4 m^3$。这些 LNG 接收站都将在 2015 年之前建成，届时中国海油总的 LNG 储罐有效容积将会达到 $464 \times 10^4 m^3$，中国海油将会更好地保证沿海各地区天然气供应及调峰（表 5-15）。

表 5-15　中国海油 LNG 储罐储备能力统计表

LNG 储罐地点	所属省、市	建成或在建	投产年份	LNG 储罐数量/座	总有效容积/$10^4 m^3$
莆田	福建		2008	4	64
洋山	上海		2009	3	48
大鹏湾	广东	建成	2011	3	48
宁波	浙江		2012	3	48
珠海	广东		2013	3	48
洋浦经济开发区	海南			2	32
粤东揭阳	广东			4	64
深圳	广东	在建		4	64
天津港	天津			3	48
总计				29	464

3）LNG 接收站发展

中国能源研究会发布的《2013 中国能源发展报告》指出，未来天然气占我国能源消费的比重还会继续上升，中国已经成为天然气消费量最大的四个国家（美国、俄罗斯、伊朗、中国）中唯一一个需要大量进口天然气的国家，有必要尽早关注引进资源的供应安全。由于国内天然气储量有限，且储采比过低，获取足够的海外上游资源是我国天然气发展的一个必然趋势。数据显示，2014 年中国天然气消费量继续上升，达到 $1800 \times 10^8 m^3$，同比增长了 7.4%，增速远远超过石油和煤炭的消费增速，近年来无论是管道天然气价格还是进口 LNG 价格，都呈上涨趋势。

中国海油已签订的国际 LNG 中长期合同量为 $2160 \times 10^4 t/$年，境外上游业务已拓展到澳大利亚、东南亚、俄罗斯、北美、中东等国家和地区。中短期和现货资源供应地已扩展至 14 个国家，共与 25 家公司签署了 LNG 现货贸易合同。中国海油还与 BG、三井、NYK 等签署了 LNG 船租主合同，具备了一定的可控输送能力。此外，中国海油正在通过上游参股、并购来获取海外资源地的上游气田、中游液化厂一定权益，争取一定的 LNG 权益产量，甚至独立运作 LNG 一体化项目，逐步建立境外 LNG 生产基地。

中国海油除了已建成和在建的 LNG 接收站项目，还计划在浙江温州、广东粤西和江苏盐城这三个地区再建三处 LNG 接收站，预计每座 LNG 接收站将会配套 3 座储罐，总体储罐数量将会达到 9 座，有效容积将会达到 $144 \times 10^4 m^3$。

另外，按照中国海油规划，未来计划在中国沿海地区建造 9 个 LNG 接收站，其中包括 3 个已投入运营的接收站。"十二五"期间，其进口液化天然气要达到 $(1500 \sim 2000) \times 10^4 t$，煤制天然气要达到 $(80 \sim 100) \times 10^8 m^3$。中国海油将在吉林、辽宁、天津、山东、江苏、上海、浙江、福建、广东、广西和海南等省区市打造沿海天然气大动脉。

(二)LNG 中继站与战略储备作用

LNG 中继站作为天然气储存装置，将大大提高天然气应急调峰的能力，保障天然气利用的战略安全。LNG 中继站的气源是通过将与其相连的主干管网内的天然气抽取后液化再进入储罐，由于抽气时间可以自由掌握，因此可以在管网用气低谷时期抽气，提高了管网内气量的平衡能力，为上游 24 小时稳定供气创造条件。LNG 自身的理化特性，除了能够更进一步提纯管网内的天然气外，还能够进行冷热能利用，在 LNG 中继站周边建设配套的冷热能利用工程，将有效避免能耗的浪费。LNG 由于压缩比高，能够通过公路输送，因此不需要当地具备管网条件就能够实现长距离的输送，这对管网铺设有难度的地区而言，是推动天然气产业的一条捷径。

LNG 中继站通过自身营运，具备收回投资、营运盈利的能力，这样能够吸引地方政府、企业积极参与到 LNG 中继站建设，最终通过大量存在的 LNG 中继站、利用其 LNG 罐容能力建立起我国天然气战略储备的重要一环。

(三)LNG 中继站战略储备布局

我国现有以及筹建中的储气库都是建在华北、西北等地区，我国相当多的经济发达地区在地质条件上不具备建设这种大型地下储气库。因此，可以参考日本的方式，在南方尤其是东南经济发达地区建设以大型常压 LNG 储罐为主体 LNG 中继站来提高天然气储存能力。根据中国海油、中国石油、中国石化在国内建设 LNG 接收站的规划，结合全国储气库的构造普查情况，应该考虑在长江三角洲地区、东南沿海地区和环渤海地区的主要 LNG 接收站群建设 LNG 储备，与储气库群和西部地区有可供选择的高丰度气田构成战略储备网络。

第六章　中国天然气战略储备建设策略研究

第一节　强化天然气资源供应安全体系建设

一、增强国内天然气供应和储备能力

（一）全方位加强勘探，确保国内天然气产量持续较快增长

国际能源署称，21 世纪是天然气的黄金时代。我国要推动天然气业务快速发展，提高国内自产气，加大引进进口气，努力增加国内天然气供应量。我国要积极有序地发展非常规能源，加强致密气、煤层气、页岩气等资源的勘探开发研究，提高规模化开发水平。未来较长时间，化石能源在一次能源结构中仍然占据不可替代的重要地位。我国常规天然气探明程度仅 18%，仍处于勘探开发早中期阶段，仍有巨大的发展潜力。突出油气主业发展不动摇，加强国内国外、陆上海上、常规和非常规资源勘探开发，确保天然气快速上产，增强天然气保供能力。

加快发展天然气业务对于推进能源结构调整、促进节能减排、治理环境污染、建设生态文明，意义重大。如中国石油把天然气业务作为成长性、战略性和价值性工程，统筹产业链上中下游各个环节，加强常规天然气勘探，保持合理储采比，实现产量持续稳定增长；积极开展致密气、煤层气、页岩气等非常规气关键技术攻关，加快与社会资本、民营资本的合资合作，努力增加非常规气供应量。规划到 2020 年，公司国内天然气产量达到 $1200 \times 10^8 \mathrm{m}^3$，占全国比

例 60％左右。其中，长庆、塔里木、西南、青海等油气田产量分别达到 $400×10^8 m^3$、$340×10^8 m^3$、$270×10^8 m^3$、$60×10^8 m^3$ 以上，页岩气产量达到 $20×10^8 m^3$。

（二）加强中国页岩气示范基地建设，保障清洁能源安全平稳供应

1. 五大盆地页岩气资源比较丰富

中国的页岩气储层分布广泛，主要有海相和陆相两种类型。海相主要分布在南方的三大地区或盆地，陆相主要分布在中西部地区的松辽、吐哈、准格尔、鄂尔多斯、渤海湾五大盆地。2012 年 3 月 1 日，国土资源部发布《全国页岩气资源潜力调查评价及有利区优选》成果，首次系统调查评价页岩气资源"家底"。结果表明，我国页岩气资源潜力大，分布面积广，发育层系多。经初步评价，我国陆域页岩气地质资源潜力为 $134.42×10^{12} m^3$，可采资源潜力为 $25.08×10^{12} m^3$（不含青藏区）。其中，已获工业气流或有页岩气发现的评价单元面积约 $88×10^4 km^2$，地质资源为 $93.01×10^{12} m^3$，可采资源为 $15.95×10^{12} m^3$，是目前页岩气资源落实程度较高，较为现实的勘查开发地区。页岩气储量、产量的增长将主要来自四川、重庆、贵州、湖北、湖南、陕西、新疆等省（区、市）的四川盆地、渝东鄂西地区、黔湘地区、鄂尔多斯盆地、塔里木盆地等。初步证实我国页岩气具有较好的开发前景。

2. 政府高度重视页岩气勘探并出台相关规划

2009 年我国与美国签署了《中美关于在页岩气领域开展合作的谅解备忘录》，国土资源部设立了全国页岩气资源潜力调查评价及有利区优选重大专项；2010 年我国与美国制订并签署了《美国国务院和中国国家能源局关于中美页岩气资源工作行动计划》、成立了国家能源页岩气研发（实验）中心；2011 年科技部在油气重大专项中设立

《页岩气勘探开发关键技术》项目，国家发展和改革委员会等多部委联合编制了我国页岩气"十二五"勘探开发规划。《"十二五"天然气规划》也明确提出了天然气"十二五"页岩气发展目标是，到2015 年，探明页岩气地质储量 $6000\times10^8\,m^3$，可采储量 $2000\times10^8\,m^3$，页岩气产量 $65\times10^8\,m^3$。基本完成全国页岩气资源潜力调查与评价，攻克页岩气勘探开发关键技术。规划到 2030 年非常规天然气产量达到 $200\times10^8\,m^3$。

3. 加快页岩气产业示范基地建设

我国页岩气示范基地建设对于突破和完善我国海相页岩气勘探开发配套技术有重大意义。尽管我国页岩气的开采处于热潮中，但仍有诸多关键难题需要攻克，如相关地质勘查数据的获得、页岩气资源的评价、开采技术的突破、定价与相关的政策扶持等问题，都还需要很长的时间加以解决。因此，需要坚持科技创新、体制机制创新、自营与对外合作并举、开发与生态保护并重的原则，持续推动川渝地区页岩气示范基地的有序、快速、健康发展。

页岩气正处于早期资源评价阶段，四川已建立页岩气产业示范基地，并已在四川长宁—威远和云南昭通建成 2 个国家级页岩气开发集约化发展模式，集约化发展模式内已形成页岩气直井压裂技术、水平井分段压裂技术，并试验成功。其中，长宁—威远国家级页岩气示范区内钻井 27 口，完钻 19 口，直井日产量为 $(0.2\sim3.3)\times10^4\,m^3$，水平井日产量为 $(1\sim16)\times10^4\,m^3$。

我国页岩气示范基地建设应以"落实资源、评价产能、攻克技术、有效开发"为目的，坚持理论与实践相结合，地质与工程相结合，技术与经济相结合，地下与地面相结合，立足于我国海相页岩气勘探开发关键技术现场试验，采用开放联合，优势互补的产、学、研相结合的组织形式和"统一规划、分步实施"的运行模式，以相关国家重大专项研究成果和技术为支撑，通过自主创新和引进消化吸收，形成高效适用的页岩气"甜点区"优选方法，水平井优快钻井、增产改造、气藏工程和工厂化作业技术体系和经济安全环保建设方案，建成具有先进性、前瞻性和经济性的页岩气科技研发、现场应用和人才培养集约化发展模式。

（三）有序发展煤制气产业

我国煤制气产业处于发展初期。2012 年底出台的《天然气发展"十二五"规划》明确提出，煤制天然气约 $(150\sim180)\times10^8 m^3$，占国产天然气的 8.5％～10％。截至 2012 年底，国家发展和改革委员会共核准了 4 个煤制天然气项目，分别是大唐克什克腾旗、大唐阜新、汇能伊金霍洛旗和新疆庆华，总规模 $151\times10^8 m^3/a$，规划建设项目 25 个，总规模 $1179\times10^8 m^3/a$。

二、加强海外天然气资源开发与引进

（一）全方位深化国际油气合作，促进海外油气基地建设

当前，全球能源地缘政治复杂，有的地区和资源国政局动荡，有的资源国收紧财税政策、改变合同模式、加强对本国油气资源的控制，国际能源市场更加不稳定，国际石油公司竞争更加激烈，开展国际油气合作、获取海外资源的风险和难度增大。为此，要积极推进多元化国际合作，巩固深化俄罗斯和中亚，扩大中东，拓展非洲，加强美洲，稳定亚太，提高油气供应可靠性。加快推进西北、东北、西南和海上四大油气战略进口通道建设，完善国内油气管网和 LNG 接收站建设，提高储备应急能力。同时，要推进海外业务规模优质发展，尽可能获取更多的国外资源。例如，中国石油规划到 2020 年进口天然气 $1000\times10^8 m^3$ 左右（管道气 $870\times10^8 m^3$、LNG130 $\times10^8 m^3$）。根据气源落实情况，有序建设中亚 D 线、中俄东线、西线管道及西气东输四线、五线、六线等主干管道，完善区域性管网，加大储气库建设力度，有序推进 LNG 接收站建设。在勘探开发方

面，建设完善油气合作区，到 2020 年海外作业天然气产量 $790\times$ $10^8\,m^3$、权益天然气产量 $469\times10^8\,m^3$。在资源引进方面，到 2020 年进口能力(管道进口能力＋海上进口量)天然气达到 $1460\times10^8\,m^3$。

(二)主动参与全球能源治理，推动建立国际油气市场新秩序

落实中央"走出去"战略方针、加快海外业务发展，对于构建我国多元化油气供给格局、提升保障国家能源安全的能力、增强在国际石油市场的话语权、彰显中国国有企业的综合实力和国际竞争力，意义重大。因此，要进一步深化能源国际合作，积极利用境外资源。贯彻国家走出去战略，扩大合作层次、规模，油气并举、常规和非常规天然气并重；不但要加强与发达国家的合作，也要加强与非发达国家的合作；落实"一带一路"，与中亚、俄罗斯、亚太、东南亚这些周边国家列为重点，更加注重国家化经营能力提升，注重国际油气市场话语权和影响力的提升。

(三)完善海外油气开发协调机制，提升统筹协调和应对风险能力

我国作为最大的能源消费国，实施能源外交和全球战略是国家经济成长的必然选择。紧跟国家经济外交战略，充分利用两种资源、两个市场，善借东风、乘势而上，稳健实施"走出去"战略，深化国际交流与合作，引进并有效利用国际资源，全面提升公司整体国际化经营能力和水平。抓住丝绸之路经济带和 21 世纪海上丝绸之路建设有利机会，深入推进海外油气合作区建设和油气运营中心建设，增强资源输送保障，提高能源安全战略预警能力，保障供应安全。坚持合作共赢理念，积极履行社会责任，真正实现与资源国的互利互惠、共同发展。

(四)加大海外油气资源开发的金融政策支持力度，增强企业竞争力

积极开展国际天然气贸易，必须加大海外油气资源开发的金融

政策支持力度，在全球范围内优化资源配置，推进海外业务规模优质发展，保障国内天然气市场供应。主要从以下方面着手：一是大力推动银企合作，增强海外投资的资金保障能力。二是合理利用外汇储备，研究制定外汇储备转资源储备方案，适当与重大油气项目相挂钩。三是积极推动天然气交易货币多元化进程，逐步推动天然气贸易人民币结算。四是加大财税等支持政策，拓展境外项目资本市场直接融资渠道。五是改革体制机制，建立和完善法律法规，为利用境外资源创造条件，提升企业国际竞争能力。

三、强化深海天然气开发与战略储备

2000 年以来的实践表明，深海油气开发不仅仅是技术问题，这是一个海洋工程的普遍性问题，是深海油气战略问题。海域勘探开发关系主权和政治形势，是我国能源安全必须解决的重要决策，应将南海勘探开发油气作为主要战略接替区，加快准备步伐，加大投入力度，这是历史赋予的重任。

在海洋油气资源勘探方面，三维地震勘探仍是海洋油气勘探的主要手段，海洋油气勘探应综合评价各项技术，海洋油气勘探必须立足大油气田，海洋石油勘探是高科技、高风险、高投入的业务。当今高度发展的可视化技术有助于监视和控制水下钻进与取心操作。

从管理和技术两个方面，制定人才培养计划和引进计划。准备用 2~3 年时间，到国外、到海洋，对口实习，尽快掌握深水勘探开发领域的关键技术和管理。加强科技攻关、发挥制造优势，重点加强深水装备研发。科研单位应依照尊重知识产权、尊重成果、合作共赢的原则，尽快开展海洋深水项目研究。

第二节　加大天然气储备相关基础设施建设与保护

一、抓好区域管线和支线建设，确保调运畅通

（一）加强天然气管网建设，不断扩大管道气覆盖区域

加强天然气管道保护工作，建立天然气管道保护地企联动机制和领导责任制。天然气运营企业要加强自身的安全生产管理，切实落实企业安全生产主体责任。截至 2012 年，我国骨干天然气管道总长度约 22000km，天然气管网构架基本形成(图 6-1)。区域管网中，川渝已比较完善；华北、长三角框架已基本形成；中南、珠三角、山东、东北区域管网正在建设；海南、广东区域管网等已规划。例如，中国石油"十二五"期间，新建天然气管道(含支线)4.4×10⁴km，

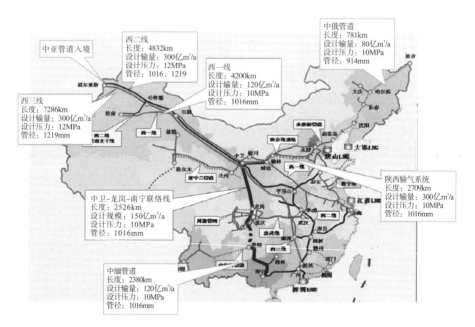

图 6-1　中国天然气骨干管网分布图

新增干线管输能力约 $1500 \times 10^8 \mathrm{m}^3/$ 年；新增储气库工作气量约 $220 \times 10^8 \mathrm{m}^3$，约占 2015 年天然气消费总量的 9%；城市应急和调峰储气能力达到 $15 \times 10^8 \mathrm{m}^3$。到"十二五"末，初步形成以西气东输、川气东送、陕京线和沿海主干道为大动脉，连接四大进口战略通道、主要生产区、消费区和储气库的全国主干管网，形成多气源供应，多方式调峰，平稳安全的供气格局。

(二)抓紧建设储气工程设施

天然气储气设施是保障天然气安全稳定供应的重要手段，是天然气输送体系的重要组成部分。实践业已证明：天然气利用产业与基础设施建设集约化发展是实现以尽可能小的投入和最高的效率来满足市场发展需求的有效途径。但产业链发展不协调逐步显现，需求增加与设施不足的矛盾、市场开发与配套能力落后的矛盾日益突出，特别是区域管网建设和储气库建设严重滞后。

根据全国天然气管网布局，加快建设储气设施，力争到"十三五"末，能保障天然气调峰应急需求(表 6-1)。在长输管道沿线必须按照因地制宜、合理布局、明确重点、分步实施的原则配套建设储气调峰设施。综合考虑天然气利用与储气设施建设，用天然气利用产业带动储气设施建设，通过储气设施建设推动天然气利用产业的集约化，制定与天然气集约化利用配套的储气设施集约化规划。

表 6-1　天然气市场增长与管网设施建设表

	类别	2010 年	2015 年预期目标	2020 年预期目标
市场	消费量/$10^8 \mathrm{m}^3$	$1076 \times 10^8 \mathrm{m}^3$	$2300 \times 10^8 \mathrm{m}^3$	$3200 \times 10^8 \mathrm{m}^3$
	占一次能源比例/%	4.40	7.50	11
	用气城市数	205	322	661
	用气人口/亿	1.88	3.6	6

类别		2010 年	2015 年预期目标	2020 年预期目标
基础设施	管道长度/cm	新增 4.4×10^4		10×10^4
	管输能力/($10^8 m^3/d$)	新增 1500		3500
	地下储气库工作气量($10^8 m^3/d$)	新增 220		300
	LNG 接收能力/(t/a)	新增 2770×10^4		8500
	城市和应急调峰能力/($10^8 m^3/a$)	新增 15		新增 20
	区域性管网	除川渝、华北外，均亟待建立或完善		

二、健全和完善天然气管道保护机制

(一)强化区域和支线、城市和工业用户基础设施保护

根据《城镇燃气发展"十二五"规划》，城市燃气管网设施建设将取得较大进展，新建城镇燃气管道约 25×10^4 km，到"十二五"期末，城市燃气管道总长度将达到 60×10^4 km。因此，为满足天然气新增区域市场和新增气源对天然气基础设施的要求，应完善城市配气管网与工业用户直供管网等基础设施建设，确保城市燃气用户与重点工业用户的供气保障。管道沿线地方政府要与管道输送企业建立天然气管道保护地企联动机制和政府主要领导责任制，定期召开管道安全运行和管道保护联席会议，相互沟通和交流信息，将管道隐患消灭在萌芽之中。天然气运营企业要加强自身的安全生产管理，切实落实企业安全生产主体责任。认真贯彻实施《中华人民共和国石油天然气管道保护法》，制定《各地区油气管道保护实施细则》，加强天然气管道保护工作。在管道规划、建设和运行过程中，要把管道保护放在重要位置，提前排除危害天然气管道的安全隐患，确保天然气管道设施安全。

(二)加强天然气储备基础设施建设投资多元化

天然气基础设施建设呈现多元化趋势，主要表现在国家出台了

相关政策，鼓励民营资本参与天然气基础设施投资，《天然气基础设施建设与运营管理办法（征求意见稿）》和《天然气发展"十二五"规划》进一步鼓励民间资本参股天然气基础设施建设。

从实际出发，推进储备设施建设投资多元化，促进天然气应急储备设施建设，应从以下方面考虑：一是建设输气管道与骨干天然气管网、进口气管道，以及自产气和煤制气的联络线，形成多气源供应格局；二是天然气管网运营企业在主干线和支干线配套建设地下储气库或大型天然气储备设施；三是规划新建或利用规划建设的LNG液化厂或储备设施，满足季节调峰和安全供应的要求；四是要求大型工业用户和城市天然气公司建立自有储备设施，配合调峰。

第三节 培育高效天然气利用产业集群，抑制不合理消费

一、树立节能新理念，营造良好的天然气利用氛围

（一）树立新的节能理念，推进节能减排

1. 节能是"第五种能源"，不仅创新能源利用方式还增加资源

树立勤俭节约的消费观。目前世界上普遍把节能视为比开发更为优先的能源来源，称为煤炭、石油、天然气、非化石能源之外的"第五种能源"。推动能源消费革命，也就是减量革命，意味着敞开口子消费能源的模式将终结，控制能源消费总量、抑制不合理能源消费、有效落实节能优先，必须成为共识。在欧美等发达国家，节能被视为一种重要的能源利用形式。各国积极推动智能电网、电动汽车、智能交通等新技术的开发，都是以先进技术减少能源使用、提高能效的有效尝试。在新的发展时期，我国能源面临的最大课题，就是必须全面贯彻科学发展观，切实推动能源生产和消费方式革命，

真正构建安全、稳定、经济、清洁的现代能源产业体系，实现能源资源的永续利用。

提高认识，增强紧迫感和责任感。天然气开发企业是耗能大户，应进一步提高对节能降耗的认识，节能不仅是经济问题，更是能源安全问题，节能观念是建设资源节约型企业的前提条件；节能降耗是提高产品市场竞争能力，提高企业经济效益的重要措施；节能降耗减少废气和废渣、废水等污染物的排放，也是保护环境的重要手段。可以说节能降耗是关系到走可持续发展道路的大问题，节能是长期的重要任务，也是当前的紧迫任务。

节约就是要把节约能源作为能源发展的首要任务，集约高效开发能源，科学合理使用能源，大力提高能效，以尽可能少的能源消费支撑经济社会发展。推动能源消费革命，不仅要成为政府、产业部门、企业的自觉行动，而且要成为全社会的自觉行动。

2. 充分利用现代媒体广泛宣传，强化节能舆论引导

开发天然气是一项利国利民的事情，要充分认识天然气绿色经济价值。鼓励和倡导天然气消费方式，提高全社会对推广使用天然气的认识，努力营造推广使用天然气的良好社会氛围。天然气作为一种优质清洁能源，主要具有经济性、方便性、清洁性、替代性、安全性等特征。天然气开发和合理利用对于优化能源结构，实现减排目标，保护环境，改善生活质量，提高产品质量和档次，促进产业结构调整，推进我国绿色低碳经济和建设环境友好型社会发展。

(二)营造良好的天然气利用氛围

目前除西藏少量利用天然气外，其余 30 个省区市都有不同程度的应用，西南、环渤海、长三角地区用气量约占 60%。广东、广西、江西、福建除利用进口 LNG 外，长输管道气也已输入。我国已经形成 8 大区域性天然气市场：西南地区市场、环渤海地区市场、华东地区市场、东北地区市场、中南地区市场、南方沿海地区市场、西

部地区市场、中西部地区市场(图 6-2)。因此，实施替代战略，通过天然气替代煤炭和天然气替代石油成为提升天然气市场占有率的优先政策选项。在市场发展初期，重点推进天然气发电对煤炭的替代和天然气分布式能源对电力热力的替代；在市场发展中后期，替代重点转向城镇居民生活用气、公共服务设施用气、天然气汽车等城市燃气项目和工业燃料中煤改气、油改气项目。

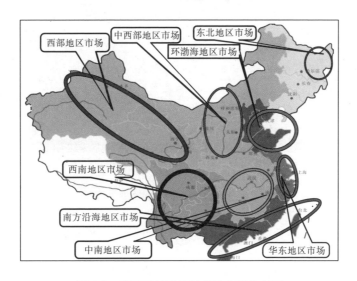

图 6-2　我国区域天然气市场空间分布图

二、促进消费结构合理化，增强天然气利用对经济社会贡献

(一)不断优化大区域管道联网与消费结构，培育高效的天然气产业集群

我国天然气管道已基本实现大区域联网，多气源供应格局形成，促进天然气利用结构的优化。2015~2030 年，将相继建成中卫—贵阳复线、西气东输三至六线和中国石化新疆—上海—广州管道，加上已有的西气东输、川气东送、忠武线、陕京线、涩宁兰管道等，我国天然气战略通道将全面形成。

天然气利用方向将在现有基础上继续优化并趋于稳定，城市燃气和工业燃料将成为主要利用方向，发电利用比例大幅上升，精细化工有序增长，传统化工比例将不断降低，整体上呈现出"三足鼎立"的局面(图6-3)。天然气汽车形成比较完整的产业链，分布式能源产业导向力度加强。

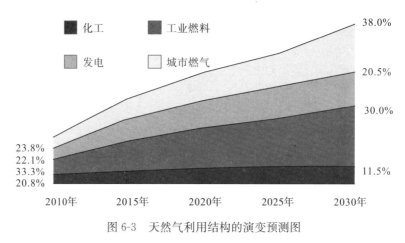

图6-3　天然气利用结构的演变预测图

(二)坚持合理有序，规划布局天然气利用产业集群

随着我国经济快速发展与节能减排政策的推行，对天然气清洁能源的需求大幅度提高。天然气管道网络不断完善，天然气市场发展迅速。应加强需求侧管理，平衡天然气供需，抓好天然气利用产业集群布局。根据各地区"十二五"、"十三五"发展规划和相关产业发展规划，综合考虑天然气利用的社会效益、环保效益和经济效益等各方面因素，并根据不同用户的用气特点，优先发展高新技术产业，逐步实现天然气利用区产业升级；做强做大精细化工产业，提高化工产品附加价值；重点扶持冶金产业，发挥钢铁加工产业优势；限制发展化肥产业，鼓励龙头企业调整产品优化结构。积极鼓励各行业和广大居民使用天然气，大力发展车用天然气利用，鼓励冶金与矿产业、轻工业、高端冶炼、铸造、不锈钢、陶瓷、耐火材料等行业利用天然气，有序发展调峰发电与天然气分布式能源利用，积极引进天然气精细化工，依据治理污染、高效合理、经济可行三

原则进行有序发展传统天然气化工。根据经济发展水平、城市化进程和产业结构调整，结合当地国民经济和社会发展规划及相关专业规划，编制本地区天然气利用规划，抓紧规划和安排好在城市、CNG、发电和工业等领域的天然气利用项目建设。

（三）加快天然气产业成为重要经济增长极

培育天然气利用产业集群，彰显天然气产业的市场核心价值，加快天然气利用产业集群培育。随着天然气产业的快速发展，在地区社会经济发展中的影响力也将越来越大，对财政收入、城乡居民收入、就业的贡献显著增长，彰显天然气利用产业对地区经济社会发展的贡献。

推动天然气产业成为我国重要的经济增长点。集约化发展应充分发挥国有能源企业整体优势，加强科学管理，通过协调地方政府、相关企业和用户，共同开发天然气利用项目和新的利用技术、方法，创造新的经济增长点、新的就业岗位和新的产业发展模式，努力提高天然气在一次能源结构中的占比，使之能够占到50%或以上，引领天然气产业新一轮经济增长与腾飞，使天然气产业成为我国重要的经济增长点。

三、积极制定和争取优惠政策，支持天然气利用产业发展

国外和国内成熟天然气区域市场发展的经验表明，在天然气利用市场开发初期，需要政府的统筹规划和大力推动，通过制定和出台相应的优惠政策和扶持政策，培育天然气市场，支持天然气利用工程建设，加快天然气对成品油、煤炭和煤气等燃料的替代，促进天然气利用产业的发展。合理确定天然气配气和调峰价格，加强对配气费和调峰费的监管，保证用户和投资者的公平。继续加大对国内常规天然气的勘探开发投入，加快推进非常规天然气业务。税费扶持基础工程建设，推动城市天然气工程建设，促进CNG汽车健康

有序发展。积极推进清洁发展机制，积极支持利用天然气、减排效益明显的工业项目申请 CDM 项目支持。推广合同能源管理，促进天然气利用。

（一）加强天然气市场监管，建立良好市场秩序

天然气市场监管的主要内容是：天然气市场的经营秩序、输供气方的责任与义务、管网公司和城市燃气公司的价格、成本、服务质量和服务的公平与公正性等进行监管，并根据市场发展提出各地天然气市场监管的法律法规和政策建设建议。依照相关法规，对处于自然垄断环节的管网公司和城市燃气公司进行服务责任和经济监督。既要保证管网公司和城市燃气公司的权利，也要求其提供公平、公正、公开的市场环境和统一规范的服务质量和服务标准，并严格执行政府制定的天然气价格标准。

（二）实行煤改气、油改气的工业用户，酌情实行税收优惠或减免

在天然气利用初期，为引导工业用户使用天然气作燃料并形成示范效应，可选择部分重点或有代表性工业用户作示范，同政府政策推动相结合，给予燃油或燃煤的设备改造和相关固定资产投资贷款实行贴息优惠，减免进口设备关税、减免所得税、按 8％征收增值税、超出部分享受即征即还及其相关的优惠政策，带动更多的企业改用天然气作燃料。对鼓励发展的大型天然气工业用户，适当减免税收，给用户留出利润空间，激励用户煤改气和油改气积极性，提高天然气利用的竞争力。

（三）建立天然气利用的环境效应激励机制

鉴于天然气利用在减少污染物排放、改善城市环境质量方面的显著效应，政府应在生态环境保护和大气环境治理专项资金、国债资金、煤炭可持续发展资金等资金的使用上，对天然气支线管道建

设项目，城市天然气利用管网建设工程、出租车和公交车的燃气改造项目，以及工业、服务业等领域因利用天然气减排效益明显的项目进行倾斜支持。同时，积极支持利用天然气、减排效益明显的工业项目申请清洁发展机制(CDM)项目支持。

(四)加大对环境污染的处罚和治理力度，促进天然气替代燃油和燃煤

根据《中华人民共和国大气污染防治法》制定"各地区大气污染防治和实施条例"，严格控制省会城市、重点城市、旅游城市的大气排放和燃煤量大、污染严重的工业企业的废气、废渣排放标准。提高排污费收取标准，用以补贴燃煤或燃油设施、设备的燃气改造，以经济手段有序推动天然气替代燃油和煤炭。对城区天然气利用改造和替代进行补贴。出台对天然气汽车产业各个环节的支持政策。

(五)依靠技术创新，有效提升天然气利用价值

根据天然气储备业实际情况，加大科技投入，选择合适的天然气利用项目和技术，进行联合攻关和技术开发，增强自主开发的能力，积极研发天然气利用的新技术、新工艺，以气代油新技术、天然气发动机技术。积极开发和利用节能减排技术，天然气分布式能源利用技术。为天然气推广应用提供技术支撑，鼓励应用先进技术和设备，最大限度地发挥天然气利用效率。

对于分布式能源项目，一是通过制定各地区《促进分布式能源发展的实施意见》，使天然气分布式能源上网合法化，并以示范项目为切入点，明确剩余电量优先上网，并允许电能双向流动。二是修改完善政策法规，推进天然气分布式能源实现联网。三是加大政策扶持力度，引导天然气分布式能源快速发展。四是与供气企业协调，争取天然气分布式能源项目按国家鼓励的天然气分布式能源发展政策要求实行优惠气价，或采取直供方式，以减少中间环节，降低项目成本，增强其竞争力。五是加大财政支持力度。

第四节　加强天然气储备技术与管理创新

一、加大天然气储备相关技术攻关力度

(一)储备技术发展趋势与面临挑战

1. 储气库建库技术发展趋势

加强储气库的上下游协调优化，提高储气库的协调能力。在储气库建库运行期间特别强调储气库的协调运行，包括地面地下一体化管理、气库与管网的一体化管理、气库与市场用户一体化管理等。

加强地下储气库优化管理，提高储气库的利用效率。主要包括加大气库运行压力范围，提高储气库运行效率；优化注采井网与注采量，减少水侵对气库运行的影响；利用焊接注采管柱，提高储气库安全性；提高最大注采速度，加快气库周转；广泛采用新型压缩机、脱水方式；实现储气库的在线监控及远程遥控等。

在油藏和含水层储气库领域进行实验和摸索。包括将储气库建设与提高原油采收率相结合的建库技术、大幅度提高单井产能的钻完井技术、减少垫气量的垫气混相技术、低幅度水平层建库技术、储气库泄漏监测与泡沫堵漏技术和盐穴储气库气囊应用技术等。

盐穴储气库建库技术将得到进一步发展。由于利用盐丘建设储气库技术已经成熟，盐丘建腔将向百万立方米以上大型化溶腔方向发展；盐层储气库技术已经得到快速发展，但还有很大的发展空间。从厚盐层(500m 以上)建库将逐步向 200m 甚至以下的薄盐层方向发展；适应薄盐层建库的系列造腔技术、稳定评价技术、泄漏控制与监测技术将会得到继续发展。

2. 储备技术面临挑战

今后一个时期地下储气库建设任务艰巨，主要表现在建库技术的不完善、建库目标资源的缺乏与市场需求之间的矛盾。这种矛盾给我国地下储气库建设带来诸多挑战。

我国东部地质条件复杂，利用油气田改建地下储气库的难度大，如何针对中国东部复杂断块油气藏改建地下储气库是面临的技术挑战之一。这一挑战主要表现在我国东部南部地区建库地质目标资源的匮乏。我国东部地区是天然气主要消费区，但我国东部断陷盆地形成复杂破碎的断块构造加上储层复杂多变的陆相河流相沉积，使浅层难以寻找到合适的构造。加上我国东部气藏少，没有足够的气田用于建库，而利用复杂储层油藏改建储气库的经验尚不成熟，因此建库存在较大的难度。

我国南方中小型盆地储盖组合的复杂性使含水层储气库建设面临很大的困难，低幅度小构造的含水层建库技术面临挑战。主要体现在南方中小型盆地缺乏完整的含水层构造，非含油气构造储盖组合不完整，储层条件差，不适合建库；油气勘探中对含水层构造研究不深入，给含水层构造的研究带来许多的困难，增加了勘探的难度，延长了建库周期。我国盐层资源丰富但建库条件不理想，盐层总厚度大，但单层厚度小，可供集中开采的厚度一般不到 300m，而在可集中开采的层段却含有大量的夹层，盐层品位 50%～80%。这类盐层建库中腔体在密封性、稳定性方面存在着一定风险。

(二)储备技术需求与攻关方向

1. 地下储气库新需求

保障平稳安全供气，在未来一段时间内仍将是地下储气库的主要作用。但是，随着天然气贸易量的增加和贸易方式的改变、区域市场供求关系的变化、非常规天然气利用等多种因素的改变，地下储气库的未来发展也产生了新的需求：①地下储气库需要适应更加变化多端的天然气市场发展需要，除了更好地发挥调峰作用外，将在调节区域天然气市场价格方面发挥更加灵活的调节和保障作用；②地下储气库应该作为区域天然气市场共同的工具之一，而不是仅仅满足管道运营上调峰的需要；③地下储气库的商业盈利模式将会是地下储气库发展的一个重要方面，利用天然气的季节价格差异寻求地下储气库的商业利润在未来地下储气库发展过程中将会逐步得到体现；④地下储气库服务更加透明和全面，平等对待各种类型的天然气用户，包括可中断用户和不可中断用户；⑤地下储气库技术将会更多地应用于非天然气储存领域，如压气蓄能、氢气储存等各种类型的气体存储领域，还有天然气水合物存储、储气库与 LNG 的协调运行等方面；⑥在节能减排方面，将储气库技术与 CO_2 地下储存结合并共同发展，以实现减少 CO_2 排放的目标。

2. 储备主要技术研究与攻关方向

欧美地区很多地下储气库已经运行多年，现在其地下储气库技术主要向延长地下储气库使用寿命、减少地下储气库对环境的影响和增强地下储气库运行的灵活性方向发展。地下储气库的发展、数量的增加及容量的增大与科技进步有着密切的关系。科技进步能缩短储气库的建造时间，节约储气库的投资费用，改善储气库的技术经济指标。当前，国外地下储气库技术将朝以下几种研究方向发展。

用惰性气体代替天然气作储气库的垫底气。地下储气库的垫底气量少则占储气量的 15%，多则占 75%，如果利用天然气作为垫底气量势必增加运营成本，而采用低价惰性气体（如 CO_2）作新建地下储气库的气作垫底气可节约可观的投资；对现有的储气库，用低价惰性气替换出天然气供给用户，可减少储气操作费用。采用惰性气体作垫底气，避免与天然气发生混合是关键技术问题。法国和美国的解决办法是在储气层外侧注入惰性气，而不是在整个储气库均匀注入，这样惰性气体滞留在外侧，可实现惰性气体作为垫底气维持储库容积和压力的功能。因此，对利用惰性气体作为垫底气以及混气机理进行研究，具有十分重要的意义和广泛的应用前景。

地下储气库工艺设计的统一化和标准化。尽管几种地下储气库的地质情况、工作参数等各有不同，但在储气库建设方面各类地下储气库仍具有一些共同特征和特性。对各类地下储气库而言，天然气集输和处理工艺设计原理是一样的，只是在具体构成和设备方面各有不同。这就为地下储气库的建设从工艺流程设计到设备选择实现技术方案的统一化、标准化提供了可能性。

地下储气库建设采用标准化的工艺设计，可最大限度地减少设计部门之间的协调工作，简化工艺方案选择中一系列的工艺计算和订货清单编制等方面的许多工作，从而减少地下储气库地面站设计和建设的工作量。实现地下储气库工艺设计的统一化和标准化，是加快建库速度、缩短建库周期、提高建库质量的重要措施之一。

采用 SCADA 系统和现代测量技术。近年来，国外特别是美国购进新型 SCADA 系统，对地下储气库的压气、注气装置及整个储库的运行实施连续监控，大大提高了储库的天然气库存和转运能力，提高了经济效益。应用地球物理方法进行地下储气库生产、管理过程的监测，如声波测深、碳同位素跟踪注入总体的运移轨迹，三维地震技术用于地下气库库容的确定等。这些方法是实现地下储气库的自动化管理的必要保证，同时也提高了地下储气库的安全性能和经济效益，是未来发展的必然趋势。

加强数值模拟研究。20 世纪 70 年代，国外开始应用数值模拟来研究地下储存天然气从建造到注采动态运行的整个过程，美国、德国、丹麦、意大利等国家根据不同类型储气库和不同流动过程、地质地层以及气体种类的差异性提出了相应的数学模型，为储气库的实际运行提供了理论依据，达到经济高效地控制地下储气的目的。数值模拟已成为指导各种类型储气库运行的重要手段，而且正逐步与经济分析模型和地质力学模型相结合达到在不增加储气费用的情况下，提高储气库的储存能力及注采应变能力，建立储气库优化运行模式，带来较大的经济效益。

重视对地下储气库开发风险的研究。由于天然气地下储气库的开发受到油气田地质条件、技术水平和政治、经济、法律、市场以及金融等多方面因素的影响，具有技术要求高、投资大和系统复杂等特点，因此对天然气地下储气库的开发利用进行风险评价研究，是天然气地下储气开发利用的前提和决策依据，有必要尽快形成地下储气库开发建设风险评价体系，为地下储气库决策提供可靠依据。

加强地下储气库建设方案优选的研究。地下储气库建设是一项复杂的系统工程，在建库前期必须做全面的系统的分析。对于建库方案，专家往往从储气库工作规模、投资回收年限、储气库库容利用率、垫底气气量、垫底气比例、工作井数、单位采注成本、注气末单井日注气量、注气末总日注气量、压缩机功率等多方面考虑提出多种备选方案，如何从众多的备选方案中优选出最佳方案，是许多学者专家一直关注的问题。对于地下储气库方案优选的方法主要有方案比较法、灰色关联法、模糊综合评价法、模糊变权法和灰局势决策等。

研制开发新的地面工艺和设备。研究采用以可靠工艺设备和自动控制系统为基础的高效气体处理工艺。长期以来，地下储气库地面气体处理方法与气田气体处理方法没有区别。但是储气库的采气工艺指标随昼夜变化，由人工进行调整使其优化不可能。为了降低劳动强度，防止在内部和外部指标发生变化时，气体采集和处理系统出现临界操作条件需研究开发工艺过程的自动控制系统。

国外地下储气库建设方面的科技进步还有采用模块化施工技术、加快施工进度和降低劳动力消耗等。研究各类储气库生产过程集约化的理论基础，通过技术装备改造可实现生产过程集约化，改善技术经济指标。

(三)加强储气科技国际合作

为了国内利益且作为负责任的大国，我国在建设天然气战略储备管理体系过程中也应该加强国际合作。首先，要加强与国际能源署的合作。可建立国家能源主管部门与国际能源署的定期对话机制，互相通报各自的天然气供需和储备情况，共同应对投机操作、恐怖主义等影响国际能源安全的重大问题；其次，应积极参与亚洲能源协作，协调各国天然气储备政策，共同应对区域能源储备危机。

二、建立储备应急预案与信息管理系统

（一）建立储备及调峰的监管与预警机制

天然气储备规模与调峰方式直接关系着天然气供应安全，要协调天然气产业链上中下游的运营商，必须加强天然气储备的监管。由于天然气产业的特殊性及其自然垄断性，应充分发挥政府的管理作用。政府应从"指令性管理"向"禁令性管理"转变，将政策的制定与监管职能完全分开，建立独立的天然气储备与调峰国家级监管机构和行业监管机构。鉴于我国天然气调峰和储备建设刚刚起步，天然气安全平稳供应的压力很大，应在逐步扩大天然气储备建设的基础上，结合天然气生产和消费、储备规模及布局，开展天然气储备的能力和水平的评价研究，并做好应急预案，保障天然气安全供应。

在监管机构的主持和各级天然气供应商的参与下，监测全行业及各企业天然气储备规模及配置，预测调峰需求，根据能源供应形势对储备及调峰的安全程度进行评级，如可按程度不同采取蓝、绿、黄、橙、红的警示，并针对不同级别的天然气供应紧急情况设计系统的应急方案；针对全国、单一地区、单一城市、单一管道等开展天然气储备安全评价，及时发布评级报告，保障天然气供应系统长期处于可接受的风险水平运行，指导天然气储备的建设和运营管理。

（二）天然气战略储备的应急制度

在动用天然气战略储备的应急制度方面可借鉴日本的经验，建

立应急组织体系，针对天然气紧急事态的影响范围和级别，选择性地采取天然气需求限制、储备释放、价格控制、出口限制、确保特定用户的优先配给等措施。

1. 应急预警制度

为了维护天然气正常供给秩序，从源头上保证天然气战略储备遇到突发情况时的安全，避免或缓解天然气供应中断时经济和社会产生的影响，必须建立安全监控与应急管理制度，加强天然气战略储备安全管理，及时发现和消除天然气战略储备中的不安全因素，保证天然气战略储备的安全运行，一旦发生供应中断等状况时，可以为事故应急救援提供决策支持。

首先，应明确领导机构及应履行的职责，负责统一领导天然气供应中断时的应急工作，应专门组建由国家天然气战略储备办公室领导的处置天然气供应中断应急指挥部，负责组织、协调、指挥应急工作。应急指挥部应由国家有关部门领导以及中国石油、中国石化、中国海油等企业主要负责人组成，指挥部的成员可根据需要随时增减。

应急指挥部的职责如下：贯彻落实国家天然气供应中断的重大应急决策和部署，研究全国天然气供需情况；掌握天然气供应形势，根据事件的态势提出具体应对预案或方案，报国家天然气战略储备办公室批准后组织实施；统一指挥、组织、协调全国天然气供应中断应急工作；对相关部门天然气供应中断应急工作进行督查和指导；及时向国家天然气战略储备办公室报告，并向有关部门以及供应企业通报事态发展变化状况。

其次，要建立和完善天然气供应信息收集系统和监测预警机制。加强国内外天然气供应时的运行监测分析和国际天然气生产及贸易动向，重点做好国内天然气战略储备、市场供求、输送、市场价格等方面的监测预警工作，如发现异常情况，及时提出监测预警报告。报告内容应包括：事件发生的具体情况，影响程度或预计可能影响的程度，已采取的主要措施，事态受控制程度，需要解决的突出问题，发展态势预测，预警级别及应对措施建议等。同时要加强资源整合和信息共享，建立与中国石油、中国石化以及下属分公司等相关重点企业应急监测预警和指挥调度网络。

最后，应加强宣传教育工作，正确引导舆论，增强公众对天然气供应中断的理解和支持，保持社会稳定。按照天然气战略储备管理相关规定，结合天然气供应中断程度，合理动用天然气战略储备。

2. 建立天然气储备应急预案

国家天然气主管部门监测、管理天然气储备设施的建设和运营；定期针对全国、进口管道、重点地区(城市)等开展天然气储备情况进行评级，并根据评价结果做好应急预案和组织实施工作。发生天然气重大供应紧急情况、供应中断等突发事件时，由国家天然气主管部门发布命令实施应急预案，组织调配跨省(市)天然气调峰储备设施供气及动用国家天然气储备，保障供气安全；

中国天然气储备应急预案应包括以下内容：①国家天然气主管部门监测、管理天然气储备设施的建设和运营；定期针对全国、进口管道、重点地区(城市)等开展天然气储备情况进行评级，并根据评价结果做好应急预案和组织实施工作。发生天然气重大供应紧急情况、供应中断等突发事件时，由国家天然气主管部门发布命令实施应急预案，组织调配跨省(市)天然气调峰储备设施供气及动用国家天然气储备，保障供气安全。②国家战略储备动用机制，发生天然气重大供应紧急情况、供应中断等突发事件时，由国家天然气主管部门发布命令实施应急预案，在国家天然气主管部门的监管下，由天然气供应企业负责供气区域内的国家天然气战略储备设施的运行管理，组织调配跨省(市)天然气调峰储备设施供应及动用国家天然气战略储备，保障供气稳定安全；③天然气应急调峰储备动用机制，以市场需求为目标，由天然气供应企业调用地下储气库、气田、LNG及管道联络线调配等多种方式，满足用户季节调峰应急需要；

城市燃气企业负责满足用户高峰日、小时调峰应急需要。

（三）加强天然气利用信息管理平台建设

建立信息采集平台，把握市场动态。一是建设天然气利用信息管理平台。根据天然气市场的具体特点，政府与天然气供应企业、燃气企业、主要用户共同建立天然气利用信息管理平台，以提高天然气市场监管、应急管理能力。二是发挥燃气协会的沟通协调作用。积极支持各地区城市燃气协会的工作，利用协会及时研究在城市天然气发展过程中出现的新问题和新情况，总结、交流经验，推广新技术，沟通信息。同时，通过协会加强企业与政府的沟通联系，规范市场竞争秩序，提高经营管理水平，促进天然气行业科学发展。根据天然气市场的具体特点，各级政府与天然气供应企业、燃气企业、主要用户共同建立天然气利用信息管理平台，以提高天然气市场监管、应急管理能力。

第五节　建立天然气战略储备法规与政策

我国现在迫切需要在天然气战略储备和能源安全方面立法，加快天然气战略储备建设和管理的法制化、规范化，使天然气战略储备建设的全过程有法可依，并做到依法实施。

一、建立和完善战略储备法规与政策体系

（一）天然气战略储备相关法规

1.《中国天然气储备法》

我国涉及石油天然气法规建设还相当不完善，天然气储备法规基本还是空白。可参考国外相对应的法律规定制定我国天然气的储

备相关法规，加速天然气储备的相关立法。

《中国天然气储备法》应包括以下内容：明确规定政府，天然气生产、管道输送企业，燃气企业的分级管理职责及储备义务；明确天然气储备的主体、储备的目标；规定天然气储备的实施步骤、储备的组织和管理机构；规定天然气储备的管理办法；规定没有达到储备义务或虚报储备量的惩罚措施；明确国家对天然气储备的鼓励和支持政策，包括储备设施建设的财政支持、优惠贷款政策和税收减免政策；规定天然气供应紧急情况下天然气储备的管理办法，包括天然气储备的监管措施及天然气储备的动用和销售方式。

2.《天然气基础设施建设与运营管理条例》

《天然气基础设施建设与运营管理条例》的内容主要包括：①为鼓励天然气基础设施建设投资，加强对天然气基础设施的统筹规划和管理，规范天然气输送、储存和买卖行为，保障供气安全，明确责任，逐步培育具有公平和有序竞争的天然气市场，促进天然气行业健康持续发展，需要制订专门规范基础设施建设和运营的政府规章；②应明确政府主管部门、环境保护、安全生产、天然气基础设施规划及审批程序、储气库运营商资质、第三方准入条款、核算原则、停产核准程序、弃置管理、商务条款原则（服务与收费）、储气规模、应急管理、各环节的法律责任等；③天然气储备的建设涉及部门广、方面多，政府为了支持天然气储备的发展，应在地下储气库、LNG 储气站、天然气气田储备等具体建设方面尽快制定和出台在征地、技术许可、安全环保标准等方面的法规体系，并加强储气公司与地方各政府部门的协调工作。

3.《中国天然气市场监管条例》

《中国天然气市场监管条例》内容包括：①天然气产业链上游业务勘探开发属于竞争性市场业务，其监管的重点在于所有者权益、资源优化配置、勘探开发的安全与环境保护、勘探开发涉入企业的资质与许可、矿业权费用、权利金、探矿权和采矿权等；②天然气产业链的中游储气业务具有自然垄断性，其监管的重点是管输费率和管输费结构、管输安全与环保等。中游业务虽然具有自然垄断性，但通过制度、政策设计可以部分实现竞争性效果，特别是第三方准入制度，此外还有特许投标制度等。中游监管的重点应包括这些竞争性政策设计，促进中游储气业务提高效率；③天然气产业链下游业务也属于竞争性市场，监管重点应放在环境保护、安全、节约能源、产品质量等标准，以及促进公平竞争等方面。

（二）天然气战略储备投资与财税政策

2011 年 5 月 10 日，国家财政部下发《关于中国石油天然气集团公司"十二五"期间所得税返还政策的通知》（财企〔2011〕93 号），明确中央财政对中国石油集团公司执行所得税定向返还政策，用于建设国家天然气储备（企业商业储备），中国石油除保持现有的生产储备外，应分年度有步骤地建立 $130 \times 10^8 m^3$ 工作气量的国家天然气储备（企业商业储备），其中储备库建设项目所需建设资金由中央财政以资本金注入方式予以支持，储备气所需采购资金由中央财政按 30% 注入资本金。

中央财政建立储气库建设基金。允许天然气供应商建立专项天然气战略储备基金用于天然气战略储备建设。我国天然气现阶段的储备工作主要由天然气供应商等承担，参考法国等国家的天然气储备建设经验，应允许中国石油、中国石化等国内的天然气供应商建立专项天然气战略储备基金用于天然气战略储备的建设。天然气战略储备基金从企业销售商品气中征收，征收数量以各天然气公司年度储备计划所需的资金数量为依据确定，计入企业成本，用于天然气公司天然气储备。

允许天然气储备设施加速折旧。天然气战略储备设施投资大、回收期长，为了鼓励我国天然气管道和天然气战略储备的发展，国家应该也借鉴国外经验，对我国天然气管道和储备统一规划、协调发展，采取允许天然气管道和储气设施加速折旧等方法来鼓励我国天然气管道和储气设施的发展，加大管道之间联络线的建设，完善天然气战略储备设施的发展，加强天然气管道的调峰应急能力，确保我国天然气供应的安全。

对用于战略储备的天然气给予免税的政策。天然气战略储备不完全是企业自主行为，它关系到国家的能源安全和社会的稳定，为了减轻天然气储气公司的压力和负担，对于天然气战略储备用气的购置和使用，国家也应给予相应的免税政策。

国家天然气储备设施由国家投资建设。鉴于天然气储备的特殊性，国家储备与调峰储备设施难以完全分开，因此在国家天然气主管部门的监管下，委托天然气供应商建设国家天然气储备设施。天然气供应企业应当在本公司供气区域范围内，考虑各消费区域用气结构及用气的不均衡性，建设季节调峰储备设施，以满足供气区域内季节调峰应急需求。城市燃气企业建设应急储备设施，鼓励大工业用户建设自备调峰设施，满足城市日、小时调峰应急的要求。

针对进口天然气依存度的增长、防范供应中断的风险、防止对国家经济社会产生重大影响，国家将规划中的 20% 天然气作为国家战略储备，由国家投资建设。采取以政府拨款为主，并通过建立特别预算，未来可设立专门账户筹措资金。企业进行义务储备的制度中应规定其费用司一以按一定比例由用户承担。同时，政府还可以提供一系列政策性优惠来吸引有资质的企业加入。

(三)建立天然气储备统计报告及监管制度

制定天然气管网互联互通的机制。天然气储备的动用需要通过管网调度来实现，天然气管网的调度涉及上游气田、管道、配套储气设施、下游用户资源(包括城市管网、用气结构、用气规律、负荷等)，储备气的调用需要有关的天然气生产、输送、销售商统一协调完成。互联互通的天然气管网可增大储备气调用的灵活性，提高储备使用效率，保障天然气供应安全。

国际能源署(IEA)和欧盟的大多数成员国都要求天然气经营者定

期报告天然气生产、销售、进出口、库存等统计数据。目前，我国的能源统计还不够完善，特别是天然气统计数据仍不完全，还不能满足建立国家能源数据库的需要，不利于决策的科学性和及时性。为此，应建立天然气信息的报告制度，完善天然气统计体系，使政府能及时跟踪和监测天然气供需形势、市场变化；根据储备情况、能源供应形势对储备安全程度进行评级，及时发布评级报告，保障天然气供应系统长期处于可接受的风险水平运行。

二、建立市场化储气费率形成机制与方案

（一）天然气储气费形成机制

1. 天然气储气收费政策现状

随着我国天然气工业和天然气市场的发展以及进口管道气和LNG项目建设和投产，我国现行天然气价格管理体制、价格机制、价格水平等暴露出诸多问题和缺陷。特别是由于以前我国天然气消费主要是在产区附近，同时又因采取的低价政策，没有考虑到天然气储存调峰要求，因而在价格结构或费率构成中没有储气费这个项目。同时，由于天然气储气设施，特别是地下储气库投资巨大，且需要相当数量的天然气作垫底气，成本相当高，天然气生产商和管道公司无法筹集资金建设储气库，致使我国天然气地下储气库建设严重滞后于天然气工业和天然气市场发展速度。

国内长输管道管输价格中包含储气费。我国天然气价格体系中还没有储气库费率这个项目。但在一些天然气长输管道的可行性研究和管输费核准过程中，曾考虑了配套建设地下储气库并将其投资及成本纳入管网系统进行统一评价，费率包含在管输费之中。例如，我国已投产的西气东输一线和二线、忠武线、陕京管线的管输费中都包含有储气调峰费，储气库单位储气费用平均为 0.62 元/m³，折

算到输送量上平均为 0.11 元/m³。部分储气库尚未建设，实际上管道已经长期多收费。2003 年 9 月 28 日国家发展和改革委员会以发改价格 [2003] 1323 号发布《关于西气东输天然气价格有关问题的通知》，其中明确规定"全线管道平均运价（含储气库费用）为 0.79 元/m³（含营业税）"。2005 年 7 月 14 日国家发展和改革委员会以发改价格 [2005] 1281 号发布《关于陕京管道输气系统天然气价格有关问题的通知》，其中规定"陕京一线、二线管输价格实行综合结算价，全线主干线平均管输价格（含储气库费用）为 0.42 元（含营业税）"。

国外的经验和实践表明，建设天然气地下储气库，必然要增加储气库建设方和运营方的成本。无论是在天然气工业和市场受政府管制的时期（国家），还是在放开天然气市场的国家，储气库的成本都要传递到天然气价格中，由用户承担，只是储气库定价机制和费率收取方式有所不同。

2. 储气库收费思路与原则

基本思路：以科学发展观为统领，以现行天然气价格管理体制、天然气价格体系中其他价格的定价机制为基准，符合国际惯例，考虑用户用气特征和价格承受能力，促进节能减排和储气库（储备气田）的开发建设。建立储备气费和峰谷价格体系，建立包括气田、储气库、LNG 等调节方式在内的天然气应急调峰体系。

同时，遵循以下原则：服从《中华人民共和国价格法》等相关法律、法规和制度；优化现行天然气价格结构；谁受益，谁付费；补偿成本，合理赢利；公平、公正，一视同仁；鼓励天然气储备建设多元化投资。

（二）天然气储气收费方案

借鉴国外的经验并结合我国天然气定价体制与天然气市场的具体实际，我国的储气库费有以下方案可供选。

1. 实行天然气季节差价

在天然气需求高峰季节（冬季）实行高于其他季节的供气价格。在我国，每年 11 月到次年的 2 月为高峰用气季节。高峰用气季节的天然气供应价格（井口价格或管输费）包含国家发展和改革委员会核准的储气库运营成本或单位费率。这种方式符合储气库建设目的与用途；与天然气供应特征和经济学原理相吻合；不增加价格层次，便于管理和调控；更易受到社会和用户的认可和接受；有助于节约用气，缓解高峰期供需矛盾，是国际上的惯例和常用方式。不足之处是，我国幅员辽阔，南方与北方冬季用气高峰期的起止时间和时长不一致，增加了城市低收入家庭用户的支出。

根据以上初步研究与分析，结合我国天然气市场实际，提出以下方案：①收取方式。即通过对天然气价格"实行季节差价"收取储气库费；②实行时段。原则上定为每年的 11 月 1 日起至次年的 2 月 28 日，地方政府可根据当年冬季气温情况适当延长或缩短；③费率形式。根据储气库运营成本测算费率，加进高峰期的天然气出厂价或管输费，与出厂价或管输费一并收取和结算，不设单独费率种类。由天然气生产公司（如西南油气田公司）建设运营的储气库，储气费率加进当地天然气出厂价；由天然气管道公司或为管道输气服务建设运营的储气库，费率加进该管道的输气费（如陕京输气系统、西气东输二线等）；④收取对象。享受了储气库服务或供气管道建有储气库的所有天然气用户；⑤费率管理与调控。储气库费率实行核准制，由建设方或运营方按"成本加成法"测算的储气库成本或单位费率，报国家发展和改革委员会核准，并加进当时的出厂价或管输费，作为用气高峰期的天然气出厂价或管输费。储气库费率每三年进行一次核准和调整。

2. 从天然气出厂价或管输费中收取

在出厂价或管输费的成本构成中增加储气库成本或费率，与出厂价或管输费一并收取。这种方式操作简单，但需要提高各类用户常年天然气出厂价或管输费，相当于进行了一次气价调整，应用难度较大，而且该方式与储气库用途和费率对象不符，对年或月用气量均衡的用户不太公平。

3. 气量累进气价（超量气溢价）

根据用户的年合同用气总量分摊日均用气量并给予一定负荷（最大日供气量与日均供气量之比）限额，对超出用气量限额的部分实行累进加价。这种方式不增加用气量均衡用户的支出；与储气库的用途和"谁受益、谁付费"的原则相吻合；有助于节约用气。不足之处是该方式的计量和结算的工作量大，操作有难度。特别地，因需要核定用户的年或月基准用气量，并不适合于中国石油这样的一级天然气供应商，更适合于城市燃气公司在民用和商业用等终端小用户中采用。

4. 收取储气库费

在天然气价格结构中增加储气库费，单独向用户收取。这种方式的费率种类明确，按"谁使用、谁付费"的原则向储气库用户收取，公平合理且有针对性；费率测算有章可循，便于管理和监控。但是，该方式要增加价格层次，不符合当前简化价格结构的气价改革思路，而且我国现在天然气工业是上中游一体化经营，储气库在天然气产业链上并未独立成为一个功能性组成环节，用户暂时还不能独立使用储气库（国外单独收取储气库费是在天然气工业放松管制之后）。

显而易见，相比之下实行天然气季节差价方式的优点多于不足，实行的利大于弊，也基本切合我国天然气工业和天然气市场现状与发展趋势，可操作性相对较强。对于其不足之处，应该说也不难解决。例如，对于用气量较低的低收入家庭用户，就可以给予照顾或优惠，不对其应用于高峰用气价。

（三）天然气储气费执行方案

1. 以辽河储气库为例

秦皇岛－沈阳天然气管道工程项目作为华北天然气管网与东北天然气管网的联络线，肩负华北天然气管网与东北天然气管网的连通，以及向沿线的葫芦岛、锦州、盘锦、沈阳等地供气以及调峰的任务。秦皇岛—沈阳天然气管道工程项目主要包括1条干线和3条支线，即秦皇岛—沈阳输气干线、葫芦岛支线、盘锦支线和沈阳支线；以及与管道配套的辽河油田地下储气库工程。干线长425km，设计输量$90×10^8m^3/a$，干线管径1016mm，设计压力10MPa。

辽河油田地下储气库选址辽河油田双台子油田双6区块。将该气藏改建为地下储气库，作为管道调峰用的储气库。辽河油田储气库库容规模为$41.53×10^8m^3$，有效工作气量为$18.54×10^8m^3$，垫底气量为$16.82×10^8m^3$。储气库与盘锦末站相连，联络线全长30km，设计输量$2500×10^4m^3/d$，设计压力10MPa。储气库工程建设总投资698614万元，其中建设投资271754万元，建设期利息14469万元，垫底气408302万元，铺底流动资金4089万元（表6-2）。建设投资资本金比例40%，贷款60%（有效年利率6.64%）。流动资金中自有资金比例30%，贷款70%（有效年利率6.13%）。

表6-2 储气库总投资估算表

序号	项目或费用名称	辽河储气库投资/万元
	建设项目报批总投资（一＋二＋三＋四）	698614
一	建设投资	271754
1	地下工程建设投资	144584
2	地面工程建设投资	271754
二	建设期借款利息	14469
三	铺底流动资金	4089
四	辽河油田储气库垫底气	408302

2. 储气库运行方案

(1)注采计划

工作气量 $18.54 \times 10^8 \mathrm{m}^3$，根据调峰需求，月采气量为$(1.47 \sim 6.38) \times 10^8 \mathrm{m}^3$，日最大调峰气量 $2057 \times 10^4 \mathrm{m}^3$，设计运行压力 $13.0 \sim 24.6 \mathrm{MPa}$(表 6-3)。

表 6-3　储气库年度注采气量预测表

时间/年	2015	2016	2017	2018	2019	2020
采气天数/天	152	152	152	152	152	152
区块日注气/$\times 10^4 \mathrm{m}^3$	584.77	584.77	584.77	584.77	584.77	584.77
区块日产气/$\times 10^4 \mathrm{m}^3$	1219.7	1230.16	1219.7	1219.7	1219.7	1230.16
年注气/$\times 10^8 \mathrm{m}^3$	18.54	18.54	18.54	18.54	18.54	18.54
年产气/$\times 10^8 \mathrm{m}^3$	18.54	18.70	18.54	18.54	18.54	18.70
区块累计注气/$\times 10^8 \mathrm{m}^3$	91.05	109.75	128.29	146.83	165.37	184.07
区块累计产气/$\times 10^8 \mathrm{m}^3$	125.59	144.29	162.82	181.36	199.9	218.6

(2)运行周期和成本预测

定员：储气库定员 39 人，其中管理人员 2 人，技术人员 37 人。

项目实施时期：从正式确定建设项目(批准可行研究报告)到竣工验收的时间段约 2 年，正式建设期 1 年。

评价计算期：整体评价期 21 年，其中工程建设期为 1 年，生产经营期 20 年。

成本及其他参数估算：天然气综合价格 2 元/方，电价 0.6 元/kW·h，水价 4.6 元/t。工资及福利：4.56 万元/(人·年)。折旧年限：按综合折旧 14 年，残值为 0。修理费：按固定资产原值(扣建设期利息)的 2.5% 计取。其他管理费：3.5 万元/年。营业税税率 3%，城市维护建设税 7%，教育费附加 3%，所得税率 25%。基准收益率 12%。盈余公积金按税后利润的 10% 计取(表 6-4)。

表 6-4　年度耗电、耗气、耗水量统计表

序号	项目名称	单位	数量
1	新鲜水	$10^4\text{m}^3/\text{a}$	11.2
2	燃料气	$10^4\text{m}^3/\text{a}$	90.5
3	耗电	万 kW·h/a	13800

3. 储气费测算

按照基准收益率 12% 利用经济评价反算的储气费为 0.77 元/m^3。与国外相比储气费较高，主要原因是垫底气投资太高，约占总投资的 60%(表 6-5)。

表 6-5　　评价结果汇总表

序号	项目名称	单位	指标	备注
一	基础数据		698614	
1	建设项目总投资	万元	1224780	
2	年平均营运收入	万元/年	143128.8	
3	年平均总成本费用	万元/年	64134.2	
4	年平均营业税金及附加	万元/年	4487.088	
5	年平均利润总额	万元/年	55703.51	
二	评价指标			
1	财务内部收益率	%	12	税后
2	投资回收期	年	8	
3	平均储气费	元/m^3	0.77	

1)实行天然气季节差价

辽河储气库采气期：11 月 1 日~3 月 31 日，5 个月。

辽河储气库注气期：4 月 21 日~10 月 11 日，7 个月。

根据目标市场各地区的用气结构和确定的各地不同用户的不均匀系数，按照不均匀系数和各类用户的用气量计算不均匀用气量和所需季节调峰气量。情景分析表明：2020 年秦沈线逐月用气量情况，11~3 月份为高峰用气阶段，4~10 月为平稳用气阶段。由用气高峰

季节(11月1日~3月31日)承担储气库的储气费用，根据储气库的年服务成本和秦沈线月度不均匀情况，测算的用气高峰季节天然气供应价格(出厂价+管输费)需要提高 0.28 元/m³(表 6-6)。这种方式需要单独测算不含储气费的管输费，以免重复收取。

表 6-6　按最新规划数据测算的秦沈线管输费表(不含辽河储气库储气费)

序号	输气方案	管输费(含储气费)/(元/m³)	备注
1	高方案	0.223	全线管输费统一
2	低方案	0.259	

如果将储气服务成本加进秦沈线的管输费中收取，按冬季用气高峰季节(11月1日~3月31日)将管输费提高 0.28 元/m³，结果如表 6-7 和表 6-8 所示。

表 6-7　秦沈线、辽河储气库季节差价管输费与含储气费管输费比较表

序号	方案	单位	4~10月的管输费水平(不含调峰价格)	11~3月的管输费水平(含调峰价格)	含储气费平均管输费
1	高方案	元/m³	0.223	0.503	0.44
2	低方案	元/m³	0.259	0.539	0.512

表 6-8　秦沈线、辽河储气库实行天然气季节差价的管输费表

序号	项目	单位	数量	备注
1	高方案			
1.1	管输费(含储气费)	元/m³	0.44	全线管输费统一
1.2	管输费	元/m³	0.223	
2	低方案			
2.1	管输费(含储气费)	元/m³	0.512	全线管输费统一
2.2	管输费	元/m³	0.259	
3	原方案			可研报告数据
3.1	综合管输费(含储气费)	元/m³	0.3	
3.1.1	葫芦岛清管站	元/m³	0.141	
3.1.2	锦州分输站	元/m³	0.175	

序号	项目	单位	数量	备注
3.1.3	盘锦清管站	元/m³	0.265	
3.1.4	沈阳分输站	元/m³	0.38	
3.2	综合管输费(不含储气费)	元/m³	0.16	
3.2.1	葫芦岛清管站	元/m³	0.075	
3.2.2	锦州分输站	元/m³	0.093	
3.2.3	盘锦清管站	元/m³	0.141	
3.2.4	沈阳分输站	元/m³	0.2	

　　考虑到辽河储气库不仅仅是为秦沈线调峰，还将承担其他市场如环渤海地区的调峰。假定辽河储气库为秦沈线用户提供的储气量只占用户销售气量的 10%，将该部分储气服务成本加进秦沈线的管输费中收取，经测算，按冬季用气高峰季节为 11 月 1 日~3 月 31 日，管输费需要提高 0.13 元/m³，结果如表 6-9 所示。比储气服务成本完全由秦沈线用户承担高峰季节管输费降低 30%。

表 6-9　天然气季节差价表

序号	方案	单位	4~10月的管输费水平 (不含调峰价格)	11~3月的管输费水平 (含调峰价格)
1	高方案	元/m³	0.223	0.353
2	低方案	元/m³	0.259	0.389

备注：辽河储气库为秦沈线用户提供储气量占销售气量的 10%

2)从天然气出厂价或管输费中收取

　　在秦沈管道的管输费中收取储气费。这也是我国普遍采用的储气费收取方式。根据考虑未来秦沈线两头输气工况的最新规划销售量数据测算的线管输费(含辽河储气库储气费)参见表 6-10。高方案下，含储气费的管输费为 0.44 元/m³；低方案下，含储气费的管输费为 0.512 元/m³。

表 6-10　按最新规划数据测算的秦沈线管输费表(含辽河储气库储气费)

序号	输气方案	管输费(含储气费)(元/m³)	备注
1	高方案	0.44	全线管输费统一
2	低方案	0.512	

3)气量累进气价(超量气溢价)

由于秦沈线各类用户的年或月基准用气量无法准确估算,假设允许用户用气的最大日量倍数是 1.1 倍,则超过该日量倍数的气量自动计作调峰气量,可加收 0.77 元/m³ 的储气调峰费用。

4)收取储气库费

在天然气价格结构中增加储气库费,单独向用户收取。根据前面的测算,辽河油田地下储气库储气费为 0.77 元/m³,本方案对盘锦及沈阳等地使用了辽河油田地下储气库调峰的用户及气量(调峰气量)单独收取储气费 0.77 元/m³。由于该储气库是秦沈管道的配套储气工程,用户并不能独立的使用该储气库,单独测算某用户的调峰气量十分困难,本方案的实际执行存在很大的难度。

5)天然气季节差价和超量气溢价混合方案

先按方案 1 实行管输费季节差别定价,对于冬季用气高峰季节(11 月 1 日~3 月 31 日)的管输费提高 0.13~0.28 元/m³。在收取季节差价的前提下,对于超出调峰气量或超出最大日量倍数 1.3 倍的天然气再按方案 3 进行收费。如果管输费提高了 0.13 元/m³,则超量气溢价 0.77−0.13=0.64 元/m³。如果管输费提高了 0.28 元/m³,则超量气溢价 0.77−0.28=0.49 元/m³。

2. 以相国寺储气库为例

1)总成本构成

2013~2014 年 5 月底,相国寺储气库累计经营费用 5783.9 万元,其中最高是人工成本 1919.96 万元,占 33.19%,其次是外购动力费 1620.94 万元,占 28.03%、维护修理费 908.68 万元,占

15.71%，最低是外购燃料 28.44 万元，占 0.49%，如图 6-4 所示。

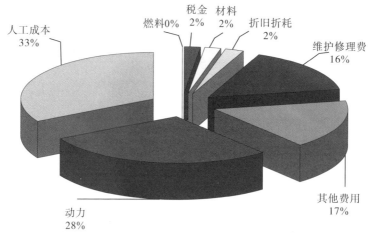

图 6-4　相国寺储气库成本构成图

截至 2014 年 5 月底，相国寺储气库累计下载气量 45944×10⁴ m³，注气量 45101×10⁴ m³，平均输差率 1.84%，其中铜相线输差率 1.78%，相旱线输差率 2.28%。按累计注气量 45101×10⁴ m³ 计算，相国寺储气库的平均单位注气成本为 128.24 元/10³ m³。

2)固定成本与可变成本分析

根据储气库的运行情况，固定成本是指不受注、采气量增减变动影响的各项成本费用，主要有材料(不含润滑油)、外购燃料、人工成本、维护及修理费、其他费用及折旧折耗费；可变成本是指随注、采气量增减而成正比例变化的各项费用，主要有材料费中的润滑油、外购动力费(电)和所得税以外的税金。截至 2014 年 5 月底，相国寺储气库经营费用合计 5783.9 万元，累计注气量 45101×10⁴ m³，平均单位注气成本 128.24 元/10³ m³。其中单位固定成本占 69.4%；单位可变成本 39.25 元/10³ m³，占 30.6%。

3)与其他储气库成本的对比分析，节约成本的措施

据调研，中国石油北京天然气管道有限公司所辖的大港储气库平均单位注、采气成本为 400 元/10³ m³，其中最高是折旧及折耗费占 56%，其次为输气损耗占 17%，最低为辅助材料占 2%。

　　按照成本对比口径一致原则，折旧折耗及输气损耗成本暂不纳入成本对比分析范围。一是相国寺储气库的建设投资还未转资，因此建设投资还没有计提折旧折耗费；二是天然气价格不同，输气损耗计算不一样。因此纳入本次成本对比分析的主要有材料、燃料、动力、修理费、人员费用和其他费用共6项。

　　通过与大港储气库的6项成本对比分析，相国寺储气库平均单位成本较大港储气库增加比例14.21%。除人员费和其他费用2项成本增加外，其余4项成本均呈不同程度的减少。其中增加最大的是人员费用增加比例254.75%；其次是其他费用增加比例78.17%。单位人员费和其他费用增加的主要原因是相国寺储气库在运行初期，注、采气量还未达到设计规模，但随着注气量的不断增加，这2项费用的单位成本将大幅降低。

　　4) 影响注气期成本的主要因素分析

　　根据相国寺储气库的生产经营数据分析，平均单位注气成本为128.24 元/$10^3 m^3$，有69.4%的是固定成本，随着注、采气量的增加，该成本会逐渐降低；但是30.6%的可变成本中主要是外购动力费(电)，随着注气量的增加，注气压力增大，增压机消耗的电量也随之上升，动力费也越来越高，是影响可变成本的关键因素。

　　5) 检修期的成本分析。检修期的成本构成

　　2014年1~3月，储气库处于检修期，该期间的主要成本费用有材料、燃料、动力费用、维护修理费、员工薪酬、折旧折耗费、管理费用。检修期的成本费用主要由维护修理费和员工薪酬构成，两项费用共占总成本费用的84.15%。

　　从检修期成本构成可以看出，检修期间的主要成本是维护修理费和员工薪酬。其中：维护修理费占成本费用的45.30%；员工薪酬占成本费用的40.18%；管理费用占成本费用的9.44%；折旧折耗费用占成本费用的3.33%；材料、燃料、动力三项成本仅占成本费用的比例1.75%。

3. 储气库盈亏平衡点计算

1) 2014 年注气期用电量的测算

根据储气库 2014 年注采气工作计划，1~3 月不注气，4~10 月为注气期，11~12 月为采气期。注气期计划注气量为 $146380 \times 10^4 m^3$，注气天数 214 天。其中，4~5 月共注气 $26676.47 \times 10^4 m^3$，耗电量为 795.15 万 kW·h，平均每千方用电量 29.81kW·h；按照储气库注气计划，6~10 月注气量为 $119703.53 \times 10^4 m^3$，预计注气天数 153 天，预测耗电量 5884.26 万 kW·h，由于注气后期，随着压力上涨，注气量增加，压缩机组总功率增加，耗电量较 4、5 月份增加，平均每千方用电量 49.16kW·h。

2) 相国寺储气库的临界注气量测算

根据固定费用、单位可变成本、输差率、临界注气量、年补贴收入测算数据，根据盈亏平衡原理，当年补贴收入与年支出费用相等时，得出年注气量 X 就是临界注气量，即

$$132.56 + (51.46 \times X \times 10) \div (1 - 1.84\%) = 3507.53 + 36.58 \times X \times 10$$

求得

$$X = 21.29 \times 10^8 m^3$$

按照国家补贴 51.46 元$/10^3 m^3$，管理费用补贴 132.56 万元/年测算，2014 年注气量的临界值为 $21.29 \times 10^8 m^3$，远超过相国寺储气库 2014 年的计划注气量 $14.638 \times 10^8 m^3$，因此国家补贴 51.46 元$/10^3 m^3$ 注气费用不能弥补相国寺的成本费用支出。若相国寺储气库在年支出费用和管理费用补贴不变的情况下，用 2014 年的计划注气量 $14.638 \times 10^8 m^3$ 来反算国家注气补贴费用，则要达到 58.53 元$/10^3 m^3$ 才能维持盈亏平衡，较现有国家补贴 51.46 元$/10^3 m^3$ 增加 13.74%。

三、构建市场化峰谷价格机制与主要策略

天然气储备建设增大天然气供应成本，必然造成天然气终端价

格的上涨。对于高耗能用户和用气不均衡用户，采用累进制的费率机制，以价格杠杆约束这部分用户节约用气和均衡用气；在天然气需求的高峰季节(冬季)，建议实行高于其他季节的供气价格，降低市场的用气峰谷差，减小生产企业的供气压力；对于参与天然气调峰的发电等可中断用户，制定相应的价格优惠政策。

制定灵活的价格政策，引导天然气利用方向，约束天然气不均衡使用，促进天然气大用户和可中断用户参与天然气储备建设或储备可替代能源。天然气消费利用的季节性特征造成了天然气需求的峰谷差矛盾，调峰储气设施和手段应运而生。

(一)实施调峰价格基本思路与原则

天然气调峰是一个长期的、无可回避的问题。天然气峰谷价格能在多大程度上弥补天然气供应企业的调峰成本，事关天然气行业调峰能力建设和所有天然气用户在用气高峰季节、高峰时段是否能实现稳定用气，尽快建立战略储备气田和峰谷价格体系，建立包括气田、长输管网等调节方式在内的天然气调峰体系，有利于天然气工业持续稳定快速发展。

1. 基本思路

以科学发展观为统领，采取经济手段调峰，坚持谁受益、谁付费，补偿成本、合理赢利，公平、公正的原则，针对不同用户的用气特点，灵活利用天然气季节差价、峰谷差价、不同性质用户之间的分类差价等价格手段，积极研究、论证适合我国的储气库定价方案，影响政策有关决策部门，将储气服务收费与管输费进行分离；考虑用户用气特征和价格承受能力，储气库价格机制采取"成本加成法"制定，投资回报率参照天然气管道建设的8%～10%标准执行；建立储气库价格调整机制，储气库费率在一定时期(如3～5年)进行评估和调整。制定峰谷气价政策，鼓励配气企业及用户建设储气设施，并减小峰谷差，促进节能减排和储气库的开发建设。

2. 政策目标

一是平抑峰谷差。通过制定有足够影响力的峰、谷差价，调动天然气可间断用户在用气高峰季节移峰填谷，或促使部分用户改用其他替代能源，以在一定程度上平抑峰谷差，减小供求矛盾。二是弥补调峰成本。无论是建地下储气库还是开发不含硫的气田用于调峰，供气方都要投入巨资。按照现行价格构成，这部分成本得不到弥补。因而有必要通过调峰气价，使供气方的调峰成本得到补偿。三是提高输、供气设施的利用效率。峰谷差价并非只在供不应求的情况下采用，在供大于求的情况下也十分必要。通过峰谷差价可以合理配置现有资源，从而提高管网、净化装置等的利用率，建设节约型社会。

3. 定价原则

实施天然气调峰价格政策的原则包括以下原则。

1)反映价值，补偿成本原则

天然气成本特性有其特殊性。供气成本在时间上的变化不仅体现在生产成本上，更多的还体现在储气状况影响供气成本。天然气储存设施和技术要求较高，储气费用昂贵，加上储气的运营费用，天然气储存费用比一般商品的储存费用高出许多。因此，调峰气价政策要能反映天然气成本的变化规律，补偿生产商、供气商为天然气调峰而增加的成本。

2)不改变现行价格体系原则

我国天然气现行价格体系分出厂价、门站价、终端销售价。天然气调峰价格不是独立于此价格体系之外的价格，而是为满足调峰需要对现行价格体系中不同时间的价格水平做出的适当动态调整与优化。

3)调节需求，促进节约用气原则

天然气调峰价格的目标是使天然气供给曲线与需求曲线尽量一

致，鼓励用户在用气高峰时段少用气，用气低谷时段多用气，用价格杠杆来促使天然气资源的集约和节约使用。

4)积极推进，分步实施原则

实施天然气调峰价格政策直接关系到天然气生产企业、供气商和用户的切身利益，涉及各方面利益的重大调整。天然气用户有个承受能力问题，在认识上也有个逐步接受的过程，实施调峰价格的相关技术条件和管理措施也有个逐步完善的过程。因此，应采取渐进的方式稳妥进行，分步实施。以减缓震动。

5)有利于调节和平衡供求关系原则

调节和平衡天然气供求关系，是制定天然气峰谷价格的出发点。如果所制定的峰谷价格力度不足，或者所适用的对象不当，或者所确定的时间段不妥，就可能达不到调节和平衡天然气供求的目的，或者在效果上大打折扣，这就偏离了制定天然气峰谷价格的初衷。

(二)调峰价格水平及其调整机制

1. 调峰价格水平的确定

天然气调峰价格水平应以调峰成本为基础，但实际调峰成本很难确定、计算和监管。根据国外经验与作法，提出不同用户的天然气调峰价格水平及其调整机制。

1)城市燃气调峰

城市燃气实施超用气量加价的调峰价格，因此其价格水平的确定主要是确定标准用气量与加价水平。对一般居民用户，其月度标准气量不难确定，可根据一般家庭月度用气量进行统计分析确定。而天然气企业面对的是城市燃气企业，而不是一般居民用户。因此，其标准气量的确定很难把握。为简便起见，城市燃气的标准用气量可取本年度非高峰用气期(3～10月)的月均用气量。

城市燃气用户的超用气量调峰价格，出厂价执行城市燃气常用替代燃料——液化石油气(LPG)的出厂批发价，按等热值标准换算为天然气调峰价格。调峰价格在高峰期按月调整，出厂价取前三月本地区液化石油气平均出厂价格。

2)不可停供气工业用户

不可停供气工业用户实施旺季调峰价格，天然气出厂价格水平在国家规定的基准价上浮 20%。

3)可停供气工业用户

为鼓励可停供气工业用户淡季多用气，高峰期暂停用气或少用气，可停供气工业用户在用气淡季实行天然气优惠价格，价格水平在国家规定的出厂基准价下浮 10%，用气高峰期实行调峰价格，价格水平与不可停供气工业的调峰价格相同。平季(非用气高峰和用气淡季)执行国家规定的基准价。如遇国家调整工业用气价格，调峰价格和淡季价格即在调整后的工业用气价格基础上浮动。

4)调峰价格执行期

根据天然气用气规律，天然气消费可划分为 3 个用气期：高峰期为每年的 11 月起至次年的 2 月；用气淡季期为当年的 5 月至 8 月；用气平季期为每年的 3~4 月和 9~10 月，共 4 个月。调峰价格执行期每年的 11 月起至次年的 2 月底止，共 4 个月。

5)实施步骤

考虑到用户，特别是城市居民对价格调整特别敏感，对实行天然气调峰价格有一个适应和接受过程，因此在实行天然气调峰价格时可采取分步实施的办法。

第一步，执行国家规定的基准价上浮幅度，即城市燃气用户工业用户均在出厂基准价上上浮 10%。国家规定，天然气出厂价可在国家规定基准价基础上上下浮动 10%，而实际执行过程一般都未执行上浮 10%的政策。以实行上浮 10%的价格作为调峰价格，既执行了调峰价格，也未突破国家允许的价格范围，有利于社会稳定。

第二步，工业用户在国家规定的天然气出厂基准价基础上，上浮 20%，城市燃气用户对超标准用气量部分实行市场价格，价格水平参照区域内的液化石油气出厂价。随着城市燃气用户对天然气调峰价格的认识水平提高，可考虑提高调峰价格水平，一方面切实实现价格杠杆的调峰效果，另一方面使天然气企业的调峰成本得到进一步补偿，同时有助于用户节约用气。

2. 天然气调峰价格的管理

天然气调峰价格的管理可由中央政府委托省级地方政府管理，由物价局根据当地天然气供需状况、天然气峰谷差矛盾，以及天然气生产企业的调峰成本，在国家规定的天然气出厂价基础上制定天然气季节差价和分时峰谷差价。城市天然气调峰价格，由城市所在地政府根据城市门站价格的季节差价和分时峰谷差价情况、城市燃气公司的调峰成本状况制定调峰价格。

1) 定价机制

制定峰谷价格的目的，是在天然气总量增长难以满足快速增加的高峰需求的情况下，通过价格引导，优化天然气在时间和空间上的利用。根据地区天然气峰谷形成特点，制定以月度天然气用气变化特点为基础的季节性峰谷气价。由于在用气低谷期，天然气正好用于储存，因而无需制定鼓励在低谷期多用气的低谷价格，仅需制定需求高峰期的价格。在天然气市场化程度较低时，应以政府定价或指导为主制定调峰价格。

2) 调峰气价对有关各方的影响分析

天然气用户对天然气调峰价格的承受能力，与可替代竞争能源的价格有关，也与选择替代能源所发生的费用和环保要求有关。鉴于资料的可获得性，本研究主要分析居民、化肥企业和燃气电厂对天然气调峰价格的承受能力。

居民的承受能力。居民对天然气价格的承受能力可以按照等热值等价的原则，根据竞争性替代能源的价格进行测算。有研究表明，可能替代民用天然气最为现实的能源是液化石油气。

化肥企业的承受能力。化肥企业对天然气调峰价格的承受能力，取决于不同化肥生产装置下形成的成本与化肥价格水平。

燃气电厂的承受能力。天然气调峰价格的管理体制要与天然气价格管理体制相适应。

3. 调整机制

储气库需要大量不可采出的垫底气，天然气价格变化对储气库的运营成本影响极大，同时通货膨胀和物价变化也会影响储气库的运营成本。因此，储气库费率应在一定时期(如 3～5 年)进行评估和调整。

4. 管理体制

储气库费率是一种新价格，还未进入国家价格管理目录，但因其与长输管道密切相关，应纳入国家价格管理部门即国家发展和改革委员会价格司管理。完善地下储气库建设管理体系，形成调峰气价定价机制。建立国家主管部门、天然气供应企业、城市燃气企业(主管部门)三级管理体制；制定峰谷气价政策，鼓励配气企业及用户建设储气设施，并减小峰谷差。

第六节　主要结论

一、我国建立天然气战略储备十分必要和迫切

(一)对外依存度逐年提高，更加突显了我国天然气供应安全问题

自 2006 年我国成为天然气进口国以来，天然气对外依存度越来越大。据预测，到"十三五"末将达到 45%，到 2030 年将达到 50%，2020 年国内天然气消费 $3600\times10^8 m^3$，按照 3 个月消费储备量计算应该达到 $900\times10^8 m^3$ 才能满足战略储备与调峰的需要。

根据 BP2013 统计资料：对外依存度高的国家，储气库工作气量占天然气年消费量的比例为 18%~27%。天然气生产国因各自情况不同，为 5%~18%。复杂的地缘政治形势使能源出口国和进口国之间关系错综复杂、充满变数。因此，国家应尽早建立战略储备气田和气田调峰储气库。

（二）资源地与消费地距离遥远，峰谷差不断拉大，管网调峰已达极限

我国年产天然气大于 $100×10^8 \text{m}^3$ 的气田大都集中在西北和西南地区。煤制气项目已建成、在建和规划的有 30 多个，分布在西北部的内蒙古、陕西、山西、新疆、青海、甘肃、宁夏，预计 2030 年，年产能将达到 $1000×10^8 \text{m}^3$。随着市场规模的不断扩大，季节和日峰谷差越来越大，当前已建成的管网和储气库无法满足调峰需求。国家天然气基干管网框架的雏形基本形成后，天然气消费开始从生产基地大规模地向中、东南部地区拓展，覆盖区域日益广阔。

LNG 进口规模越来越大，受政治、经济和突发性灾害的影响巨大。LNG 项目建设提速，接收初显规模效应。自 2006 年中海油在深圳大鹏投产国内第一座 LNG 接收站，截至 2014 年 12 月，国内投产 LNG 接收站 11 座，总接收能力已达 $3500×10^4 \text{t/}$年，8 年间，平均增长率达 30% 左右。预计 2030 年 LNG 接收能力将达到 $6000×10^4 \text{t}$（$840×10^8 \text{m}^3$）以上。

（三）储气库建设滞后，气田超强度开采，本土安全保障能力较差

经过 10 多年的建设，我国地下储气库有效工作气量已近 $160×10^8 \text{m}^3$。考虑地下储气库的库容形成需要一定的周期，已建 22 座地下储气库的实际有效工作气量仅约 $50×10^8 \text{m}^3$，而运行成本较高。

川渝地区相国寺储气库工作气量 $22.8×10^8 \text{m}^3$，工作采气量为 $1390×10^4 \text{m}^3$/天，战略应急最大采气能力为 $2855×10^4 \text{m}^3$/天。按目

前世界天然气储气库工作气量约占总消费量 15% 计算，并根据消费量增长预测，我国储气库工作量在 2020 年应该达到 $540 \times 10^8 \, m^3$，2030 年应达 $900 \times 10^8 \, m^3$。但是，截至 2013 年有效工作气量只有 $160 \times 10^8 \, m^3$。即便加快天然气储备建设力度，短期内难以大幅增加天然气储备规模。如果按此规模，建设投资和建设工作量巨大。

（四）国际国内安全形势严峻，天然气进口面临较大的地缘政治风险

我国将形成西北、西南、东北管道和沿海 LNG 进口四大战略通道格局，全国性天然气管网构架正在形成，供应安全战略问题十分严峻。截至 2013 年，我国天然气管道总长度约 60000km，天然气管网构架基本形成西气东输、南送；海气登陆的供气格局。但是，国内供气结构复杂与供气区域分布不均衡并存，由于自然灾害或人为因素导致任何一条或多条跨国管道供气中断，LNG 进口受阻，必将造成特大供应安全事件。

我国地震、洪灾等自然灾害频发，严重威胁天然气管道的运行安全。随着国家经济建设的高速发展，城市的急剧扩张，施工第三方破坏造成管道泄漏和爆炸事件频发。恐怖阴影笼罩，防范困难，在一些区域出现突发事件后应急储备用量巨大，后果将十分严重。

二、用经济手段解决战略储备与调峰问题，
实施储备政策和调峰气价

综合评价表明：按照天然气应急调峰需求，采用气田产能储备，并尽量降低气田储量储备。当气田符合储气库建设条件的情况下，应规划气田产能储备，减少气田开采枯竭后再建储气库。

我国西部地区有可供选择的高丰度气田，储气库群和大型气田群可与东部 LNG 储备调峰构成战略储备网络。我国高丰度气田十分稀缺，可供选择的高丰度气田有新疆克拉 2 气田、四川普光气田、

罗家寨气田等，其合理布局可解决中亚管道气、中缅管道气战略储备与调峰需要。LNG 也具有较大的战略储备和调峰能力，但绝大部分分布在我国沿海区域。

按国家规定逐步建立天然气储备设施，着眼于未来需求及调峰需求，对新发现的离消费地近、高丰度的气田，应认识到这是上天赐予我们的天然储气库，国家应出台法规，强制采掘企业用做战略储备气田或战略调峰储气库。

同时，建立天然气产业链各环节合理的价格机制，利用价格杠杆，构建天然气供应安全保障体系。尽快建立战略储备气田群和峰谷价格体系。

第七节　政　策　建　议

一、加强我国天然气战略储备规划与布局，
提前进行资源战略储备

我国石油储备要求满足 90 天的消费量，鉴于我国市场需求规模和资源情况，储备规模应保持在 3 个月以上的城市燃气和重要工业消费量。在国际环境较好的情况下，优先利用国外的天然气资源，在利用国外资源有困难的情况下，利用自己的天然气资源储备。我国天然气资源主要在西部地区，也是储量产量增长的主要区域，应重新做好资源的战略定位，提前做好资源战略保护，在局部地区适当保护或控制气田的开发速度，保护高丰度气田储量和产能。

在有条件的情况下，可以将部分气田转化为规模较大的地下储气库，形成我国自己的天然气战略储备，并与储气调峰枢纽和各级调峰储备中心相结合，形成天然气战略储备系统。实际上，最现实的是我国西北、西南地区有可供选择的高丰度气田，规划布局建设区域性战略储备中心，可与东部 LNG 储备调峰构成战略储备网络。

我国高丰度气田十分稀缺，可选择现有塔里木盆地、鄂尔多斯盆地相当部分资源、四川龙王庙气田和普光气田等高丰度气田作为战略储备。在国内枯竭的可利用油气藏和盐层矿及其他地质矿藏建设储气库，在西北、西南、东北地区作为战略储备和调峰储气库，在华东、华中、华南地区作为调峰储气库，把国内可利用的储气库库容合理储存国外天然气资源。对周边国家的一些天然气资源利用政治和经济手段签订协议、合同作为我国海外战略储备资源。

二、用经济手段激励我国大中型优质气田转化为战略储备气田

建立适合我国"混合所有制"的天然气战略储备管理模式。天然气战略储备和储气库都应多元化投资、市场化运作。按照《国务院关于鼓励和引导民间投资健康发展的若干意见》(国发〔2010〕13号)精神，设计天然气储备商业化运营管理方案，开展市场化运作。

利用现代金融工具，提升战略储备管理体系商业化运营管理水平。建立天然气储气服务市场，用价格杠杆实现天然气战略储备的市场化运作。为发挥储气库的商业和金融功能，建立天然气现货与期货市场、储气库容量一级和二级交易市场。

三、建立和完善配套法规、政策，从技术经济安全等方面保障天然气战略储备实现

建立中国天然气储备、基础建设与监管法规体系。制定"中国天然气储备法"、"中国天然气市场监管条例"、建立天然气储备应急预案，为天然气储备建设奠定法规基础。

建立和完善财税支持体系，促进大型气田战略储备与储气库群建设：①中央财政建立战略储备和储气库建设保障基金，制订并发布储备金管理条例；②允许天然气储备设施调整折旧；③制定储气

费率方案，完善天然气战略储备成本补偿制度；④国家应长期独立设置战略储备专项财政补贴基金；⑤采取有监管的市场定价机制，及时放开价格管制；⑥尽快制订天然气调峰气价，支撑储气库正常运行。

强化天然气储备监管体系建设。天然气储备监管体系包括：一是储气设施无歧视性第三方准入；二是满足法定公共义务。具体内容有：确立监管规则、监管范围；明确监管体制，建立监管机构，明确职责权限和监管方式。

附录一 国外天然气储备概况

国外天然气储备建设主要经验与启示，值得我国重视和借鉴。

一、国外天然气储备现状与趋势

(一)国外天然气储备现状

1. 国外天然气储备方式

天然气作为一种向低碳、无碳能源过渡的清洁能源，与经济、环境和社会紧密相关。随着天然气贸易的扩大，世界天然气市场一体化进程的加快，天然气供需平衡和安全越来越受到关注，政治和地缘因素也深深地介入其中。为应对天然气消费波动、增强天然气供应安全，天然气战略储备已成为天然气资源国和消费国高度关注的战略问题。

世界上天然气储备方式主要有地下储气库、LNG(LPG)、产能和储量储备等。各国根据国情选择不同的储备方式，但多以地下储气库为主(附表1-1)。不具备建设地下储气库条件的国家一般采用LNG(LPG)储备方式；气田储备只在拥有大气田的英国、荷兰等国采用。

附表 1-1　主要国家储备调峰方式表

国家	资源情况	储备调峰方式	备注
美国	部分进口	以储气库为主	储气库储备占 80% 以上
英国	大量进口	以储气库和气田为主	
法国	依赖进口	以储气库和 LNG 为主	

国家	资源情况	储备调峰方式	备注
俄罗斯	出口	储气库是唯一手段	
日本	依赖进口	以 LPG 为主	无建库地质条件

天然气储备方式主要有地下储气库储备、LNG 储备、产能储备、储量储备等。地下储气库储备应用最广、最经济，产能储备单位投资及总成本费用最高。

地下储气库储备——利用油气藏、含水层和盐穴等地下构造进行储备。其中油气藏最经济，其次是盐穴、含水层。

LNG 储备——利用 LNG 设施储备。

气田储备——利用气田备用产能储备。

储量储备——将探明或基本探明的储量暂不开发，留到需要时再开发。由于其动用需要较长时间的建设产能过程，不能起应急作用。

2. 地下储气库

天然气地下储气库业务是天然气上下游产业链中一个重要的不可或缺的组成部分，欧美国家几十年来的天然气利用经验充分证明，地下储气库储备应用最广、最经济。

据国际天然气联盟(IGU)统计，目前全球共 36 个国家和地区建设有 630 座地下储气库，地下储气库总工作气量为 $3530 \times 10^8 \, m^3$，约占全球天然气消费量的 11.7%，工作气能力主要分布在独联体 (39%)、北美(36%)和欧洲(24%)(附图 1-1)。全球共有储气库井 23000 口，具有每小时 $2.17 \times 10^8 \, m^3$ 的采气速度，平均每座地下储气库拥有 $5.10 \times 10^8 \, m^3$ 的工作气量。

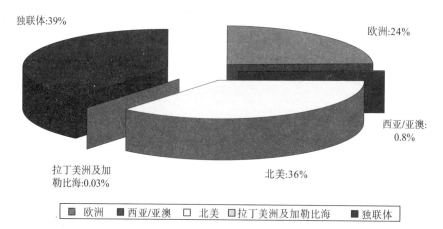

附图 1-1　世界不同地区地下储气库工作气量在全球范围内的比例

　　根据地下储气库所在地层的地质特点，目大多数的工作气量主要在枯竭气藏储气库中(78％)(附图 1-2)。

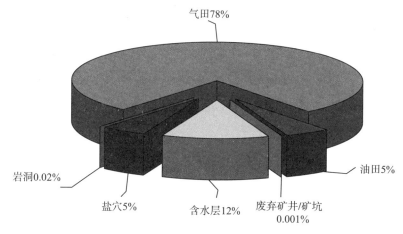

附图 1-2　不同类型地下储气库工作气量分布图

　　美国、俄罗斯、乌克兰、德国、意大利、加拿大、法国仍然是传统的储气库大国，其地下储气库工作气量约占全球地下储气库总工作气量的 85％(附表 1-2)。

附表 1-2 世界储气库工作气量排前十位的国家表

国家	储气库数量/个	已建工作气量/$10^8 m^3$
美国	389	1106.74
俄罗斯*	22	955.61
乌克兰	13	318.80
德国	46	203.15
意大利	11	167.55
加拿大	52	164.13
法国	15	119.13
荷兰	3	50
乌兹别克斯坦	3	46
哈萨克斯坦	3	42.03

* 包含 $300×10^8 m^3$ 的长期战略储备

20 世纪 70 年代以来，全球储气库进入了较快的增长阶段，各地区在地下储气库的增长速度是不一致的，但总体保持增长态势，独联体和东欧国家天然气利用和需求的加速，促使该地区储气库工作气量在 20 世纪 80 年代后有了快速的增长。目前来看，全球地下储气库需求仍处于快速增长阶段(附图 1-3)。

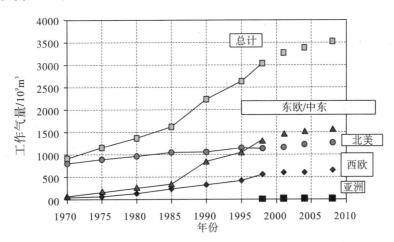

附图 1-3 世界地下储气库工作气量的发展图

不同国家储气库工作气量与本国的天然气资源分布、管网完善程度、用户消费结构类型、天然气进口依存度等密切相关。根据国际天然气联盟的研究，对外依存度高的国家，必须建更多的储气库；一般对外依存度达到或超过 30%，地下储气库工作气量就需要达到消费量的 12%以上；如果依存度超过 50%，储气库工作气量就需要达到消费量的 20%以上。在储气库管理模式上，各国采取的模式不同，但都以促进安全供气，最大限度地发挥储气库的调节作用为前提。

总结国外地下储气库管理机制和模式可以分为两类：一是以美国为代表的，储气库属于多个不同的公司经营，但在政府的宏观控制下，保障储气库发挥应有的效应。二是以西欧和俄罗斯为代表由天然气主要垄断企业负责地下储气库的建设和经营。

3. LNG

目前，世界 LNG 进口终端 LNG 储存能力总计约 $3371 \times 10^4 \mathrm{m}^3$，折合天然气储存能力约 $202 \times 10^8 \mathrm{m}^3$，约占 2008 年世界天然气消费量的 0.7%。其中，日本的 LNG 储存能力占世界 LNG 储存能力的 44%，LNG 储存天然气能力 $88 \times 10^8 \mathrm{m}^3$，占日本 2008 年天然气消费量的 9.4%（附图 1-4）。

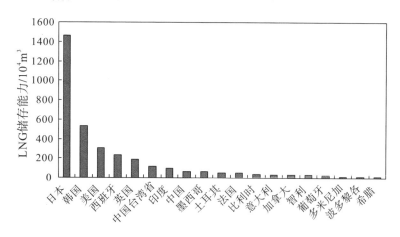

附图 1-4　世界主要国家和地区 LNG 进口终端 LNG 储存能力图

预计到 2015 年，世界在建或拟建 LNG 接收终端为 119 座。世界计划投产 LNG 接收终端，2010 年为 26 座，2011 年为 16 座，

2012 年为 9 座，2013 年为 2 座，2014 年为 1 座，2015 年为 3 座。截至 2009 年，世界 LNG 出口国共有 17 个，拥有液化装置生产线 93 条，名义液化能力 2.75×10^8 t/a，拥有储存罐数量 91 个，储存能力 $884 \times 10^4 m^3$。

目前，日本共有 27 个 LNG 接收站，储罐数量达 171 个，总计 LNG 储存能力 $1460 \times 10^4 m^3$，平均单罐 LNG 储存能力 $8.5 \times 10^4 m^3$。1969 年建立了第一个 LNG 接收站，由东京燃气公司所有，共有储罐 14 个。LNG 储存能力最大的接收站也由东京燃气公司所有，1973 年投产，储存能力 $266 \times 10^4 m^3$，共有储罐 35 个。

4. 气田储备

气田储备调峰目前只在拥有大气田的荷兰、英国等国采用。

格罗宁根气田是世界最大的 20 个气田之一。该气田 1959 年发现，1963 年开始生产，天然气可采储量 $(2.7 \sim 2.8) \times 10^{12} m^3$，50 年来，已开采近 $1.7 \times 10^{12} m^3$，占总储量的 60%，仍有可采储量 $(1 \sim 1.1) \times 10^{12} m^3$。

荷兰政府通过综合利用小气田和格罗宁根气田的方式保障天然气供应。鼓励优先开发小气田，而格罗宁根气田作为机动气田。目前，小气田和格罗宁根气田分别约占荷兰国内天然气产量的 30% 和 70%。

格罗宁根大气田的首要作用是满足部分冬季调峰需求，同时提供日常部分天然气供应。第二大作用是充当小气田的储气库。如果夏季小气田产量超过需求量，多余的天然气将回注到格罗宁根大气田，备调峰使用(附图 1-5)。

英国以前主要利用北海气田保安供气，英国政府认为，英国大陆架气田就是本国的战略储备。北海气田产量下降后，天然气进口量逐年增加，正在加快储气库建设。

目前美国和俄罗斯已经建立了天然气储量资源储备。据美国国家石油委员会数据，截至 2008 年 9 月，美国境内被限制开采的天然

气储量为 $7.8×10^{12}\,\mathrm{m^3}$。整个阿拉斯加区域被禁止或限制开采的天然气储量为 $2.3×10^{12}\,\mathrm{m^3}$（附表 1-3）。

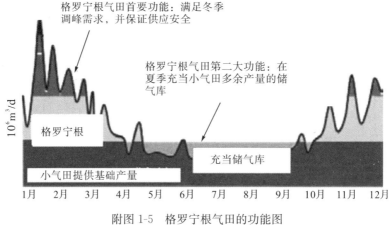

附图 1-5　格罗宁根气田的功能图

附表 1-3　美国油气资源限制开采区域及资源量

区域	石油/亿桶	天然气 $/10^{12}\,\mathrm{ft^3}$
阿拉斯加	180	80
太平洋	110	19
西部盆地	50	107
大湖区	4	5
东部盆地	1	3
大西洋	40	37
东墨西哥湾	40	23
总计	425	274

注：$1\mathrm{ft^3}=2.83×10^{-2}\,\mathrm{m^3}$

俄罗斯于 2007 年规划了 32 个"战略性"气田。其战略性气田是指探明可采储量在 $500×10^{8}\,\mathrm{m^3}$ 以上的气田。

（二）国外天然气储备发展趋势

1. 供气安全与贸易增长促使储气库需求不断增长

随着天然气需求与跨境贸易的增长，成熟市场对外依存度加大，对安全稳定供气需求仍将是地下储气库需求增长的主要动力。

到 2020 年，全球天然气需求量将从 2005 年的 $30000 \times 10^8 \mathrm{m}^3$ 增加到 $37000 \times 10^8 \mathrm{m}^3$，2030 年将增加到 $45000 \times 10^8 \mathrm{m}^3$。与此同时，全球地下储气库工作气量将会从 2005 年的 $3330 \times 10^8 \mathrm{m}^3$ 增长到 2030 年的 $5430 \times 10^8 \mathrm{m}^3$（附表 1-4）。

附表 1-4　地下储气库需求的预期发展趋势

地区	2005 年	2010 年	2015 年	2020 年	2025 年	2030 年
欧洲	790	930	1090	1210	1290	1350
独联体国家	1360	1480	1560	1650	1730	1770
亚太地区	20	20	40	80	100	120
亚洲	10	20	50	120	200	210
北美	1160	1340	1530	1620	1720	1870
拉美及加勒比海	0	10	10	20	30	40
中东	0	0	0	20	30	40
非洲	0	0	0	10	20	30
全球合计	3340	3790	4280	4730	5130	5430

根据 IGU 统计分析，目前全球尚有 90 座地下储气库纳入新建计划，并有 45 座地下储气库将进一步扩容，预计总的储气库工作气量将达到 $4459 \times 10^8 \mathrm{m}^3$（附表 1-5）。

附表 1-5　世界地下储气库发展规划表

项目	储气库数量/个	工作气量/$10^8 \mathrm{m}^3$
运行中的储气库	630	3525
现有储气库的规划发展	45	167
规划的新储气库	90	768
规划发展	135	935
总计－运行和计划的储气库	720	4459

2. 储气库新的功能在未来天然气供给中将日益凸显

在未来一段时间内，地下储气库仍是保证平稳安全供气的主要手段。但是，随着天然气贸易方式增加和改变、区域市场供求关系的变化、非常规天然气利用等多种因素的改变，地下储气库为适应新的天然气市场需要，除保证安全稳定供气外，新的功能和作用将日益凸显，如储气库群作为战略储备。

3. 国外天然气储备十分重视政策法规建设

日本、英国、意大利等国有专门法规，美国含在多种综合法规中，涉及储备义务、燃料转换、第三方准入、费率等。

美国供需双方共同承担储备责任。供应商有义务储备相当于 30 天消费量的天然气，还要储备足够气量以应对 50 年一遇的冷冬。签订可中断供气协议的用户要在用气高峰季节来临前储备相当于 15 天消费量的其他可替代能源。允许第三方建设和经营储气库。90％以上的天然气发电可多种燃料转换，40％以上天然气工业用户有能力迅速从天然气转向其他燃料。

法国供应商必须为不可中断用户和有优先权的用户提供连续足额的供应，必须能应对 6 个月的主气源中断，能应对 50 年一遇的连续 3 天的极度低温。

荷兰在 20 世纪 70 年代提出鼓励开发小气田的政策，使格罗宁根大气田长期低负荷生产，通过调节产量并起储气库作用进行调峰。如给大气田增加税收，同时给小气田生产的天然气赋予销售优先权。

二、国外储气库运营管理概况

国外天然气地下储气库的用途及运营管理与各国当时的天然气管理政策密不可分。随着天然气市场的发展和天然气工业管理体制的改革，特别 20 世纪 80 年代北美和英国放松天然气管制，放开天然气市场，允许第三方进入输气管道（TPA）以来，国外（主要是欧美等工业化国家）的地下储气库管理和运营方式也在发生变化。

(一)国外储气库运营管理方式

1. 早期的运营管理方式

历史上，国外天然气储气设施一直作为天然气管道网络(包括输气管网和配气管网)的功能性组成部分之一，与管道输气系统或配气系统形成一个密切相关的整体，由天然气供应商(管道公司和配气公司)拥有和运营，用以优化管网系统运行，提高供气的可靠性与安全性和满足用气高峰需求。

在美国，拥有并运营地下储气库的公司包括：州际天然气管道公司、地方配气公司(LDC)、州天然气管道公司、储气服务公司。此外，少数天然气生产商和大型工业用户有极少量的地下储气库。

美国天然气工业放松管制之前，州际管道输气公司实行捆绑式输气服务，集天然气采购、输送、供应于一体，从天然气生产商手中购进商品天然气后，输送到地方配气公司或终端大用户(如发电厂等)。这些长输管道公司既是天然气输送商，也是天然气供应商，承担着天然气保障供应和满足市场需求的责任，储气库对管道公司平衡管道负荷和调配管道系统的输气量至关重要。因此，美国天然气地下储气库大部分由州际天然气管道公司拥有和运营，接受美国能源管理委员会(FERC)的管理。

作为城市或州内天然气供应商，美国地方配气公司(LDC)和州管道公司也拥有一定数量的地下储气库。地方配气公司通过储气库直接向终端用户提供供气保障服务，州际管道公司则利用储气库来平衡管道输气负荷、提供供气保障和满足终端用户的能源需求等。地方配气公司和州管道公司的储气库运营由州管制部门负责管理，但其中一些也提供跨州储气服务的公司受联邦能源管理委员会管理。

同时，美国也有少量的独立储气库公司，但它们很多或者与大型州际天然气管道公司和地方配气公司合资运营，或者是州际管道公司的子公司，独立经营。如果独立储气公司主要向州际市场提供储气服务，则其运营归由 FERC 管理，否则由州管制当局管理。美国大部分盐穴储气库和高采出能力的储气库最初就是由独立储气公司研究开发的。

目前，美国州际天然气管道公司的储气库工作气量约占美国储气库工作气总容量的 64%；地方配气公司和州管道公司的储气库工作气容量约占总容量的 34%；独立储气公司的工作气容量约占 3%。在欧洲，天然气地下储气库也主要由天然气管道公司和城市燃气公司开发、拥有和运营。

2. 放松管制后的运营管理方式

北美和欧洲相继放松天然气工业管制，逐步放开天然气市场后，区域内储气库的功能、目的和用途开始发生变革。现在，储气库已被视为天然气供应链中的一部分，储气库在整个天然气链的作用也在改变。在美国、加拿大和英国，随着引入天然气生产供应商之间的竞争，加之管道公司分离天然气采购、输送和销售业务，为第三方使用储气库创造了条件，也为储气库创造了新的商业机会。

美国地下储气库运营管理现状。过去 30 年间，美国天然气工业管理发生了深刻的变革。1978 年，美国开始部分放开天然气井价格管制，1989 年井口价格完全由市场决定，1985 年开始实行有选择性的输气管道和地下储气库第三方进入。1993 年 11 月，美国完全放开天然气市场，天然气管道公司的经营业务仅限于提供输气（包括储气）服务，但须无条件允许第三方进入储气库。

关于储气库的经营，FERC 的 636 号令规定：储气库业务必须与其他业务分离，单独提供储气服务，独立收费；储气库必须向用户提供容量，或用户有权使用储气库容量；储气库必须给予用户转让其购买的储气容量的机会。

现在，美国州际管道公司经营的和与其管道系统相连的储气库仍由 FERC 管理，同时 FERC 也管理提供州际天然气储存服务的独立储气库。

根据 FERC 的规定，储气服务是一种输气服务。作为公平、公开进入管道公司输气服务的一部分，管道公司必须以非捆绑形式向用户提供储气服务。储气服务合同与管道输气合同一样，可以是连续性的，也可以是可中断的。

美国储气库的所有权和经营者有三类：一是州际管道公司；二是地方配气公司和州内管道公司；三是独立的储气库服务商。2006年初，美国本土 48 个州内约 390 座地下储气库由 123 个天然气公司运营，其中 25 个是州际管道公司，同时另外还有 18 个是由联邦监管委员会(FERC)监管的独立公司或者地区配气公司。

加拿大地下储气库运营管理现状。1985 年 10 月 31 日，加拿大政府和天然气生产大省(阿尔伯达、不列颠哥伦比亚和 Saskatchwan 省)签署了《天然气市场与价格协议》后，加拿大取消了天然气井口价格管制，标志着其政府开始放松天然气工业。

此后，加拿大天然气价格完全由市场竞争确定。与此同时，政府要求，天然气管道公司要向所有用户提供公开、公平的进入服务；放开天然气出口；国内天然气销售分开结算。

天然气市场放松管制致使加拿大天然气工业结构发生重大变革。在储气库运营管理方面，配气公司通过收购储气库与之构成纵向整合。20 世纪 90 年代前，加拿大地下储气库主要集中在消费区域周围，但最近天然气生产商也开始在天然气产区附近建设储气库，以满足用户需求而无需再与托运商签订储气协议。其中，天然气生产商 EnCana 公司就在阿尔伯达省的 AECOHub(天然气交易中心)开发建设了 3 个地下储气库。

欧盟成员国储气库的运营管理。欧洲的天然气市场开放进程起始于英国。到 1998 年，英国天然气市场完成了放松管制的改革。从 2000 年 8 月起，欧盟相继颁布指令，要求成员国的天然气工业逐步实行结构性重组，分离管道公司的非输气服务业务，允许第三方进入输气管道，开放市场，建立竞争机制。奥地利、丹麦、德国、荷兰、意大利、西班牙和英国等 7 个欧盟成员国的天然气市场已完全放开竞争。

天然气放松管制要求欧洲天然气地下储气库的运营公开、公正和透明。以促进欧洲各国的之间的天然气流通，发展一体化的欧洲天然气市场。根据欧盟指令的要求，如果存在技术和经济上的必要性和可行性，应允许第三方进入天然气储存设施。但是，即使欧盟天然气指令将储气库视为天然气链的一部分，并要求财务独立，分别结算，但它没有强制要求储气服务在法律上或功能上独立。

现在，欧洲储气库除了提供传统的基于固定注采速率捆绑式服务，也提供非捆绑的注气和采气速率服务，以及其他提高储气库运营灵活性和流动性服务。此外，欧洲天然气市场放松管制也促进形成了储气库容量二级交易市场，用户可以在二级市场转让闲置的储气库容量。

其中，英国大部分天然气储存设施由 BG 储气公司控制。前期是 Ofgas(英国天然气办公室)，目前是 Ofgem(英国天然气与电力市场办公室)来负责储存设施的监管工作。Ofgem 积极推动储存设施的市场化改革，需要天然气储存能力的公司都可通过拍卖方式获取库存能力。法国地下储气库的管理主要归法国天然气公司，15 个地下储气库中的 13 个由法国天然气公司管理与经营，其他 2 个归道达尔公司管理。意大利天然气储备体系与英国和法国类似。储备体系由 10 个储气库组成，其中 8 个由 ENIS. p. A. 公司经营，2 个由 EdisonGasS. p. A. 公司经营。意大利政府工业部负责全国天然气系统的安全、经济和长期规划，保证供应安全，协调天然气系统的正常运行。

俄罗斯储气库的运营管理。俄罗斯的统一供气系统及配套的地下储气库全部划归 Gazprom，成了 Gazprom 的资产。现在，Gazprom 按地区原则设立了 13 个天然气输送子公司如高加索输气公司等。相关的地下储气库原则附属于相应的天然气输送子公司，资金完全由 Gazprom 筹措，公司设立储气库管理局统一领导储气库的建设和运行。

（二）国外地下储气库价格机制与费率水平

1. 价格机制

北美和欧洲放松天然气管制之前，作为天然气长输管道、区域管网或配气管网的功能性用途之一，储气库多是由州（省）际管道公司、州（省）管道公司或地方配气公司建设、运营和管理，用以平衡管道输气负荷、保障供应、满足季节需求和调峰。政府监管部门将储气库纳入输气管道进行管理，没有单独的储气库价格形成机制或费率计算方法，很难识别和定量分析储气库的经济价值，评价投资价值。通常是由管道公司内部单独核算储气库的投资和运营成本，形成费用，与天然气井口价、管输费及其他费用等，一并构成天然气销售价，向用户收取。但是，州际管道公司的天然气销售价和配气公司的销售价分别要受联邦（中央）政府或州（省）政府监管当局的管制。

天然气放松管制和市场放开以后，储气库要向第三方开放，提供有偿储气服务，便出现了储气库的费率形成机制问题。虽然储气库不一定是自然垄断，但与管输费一样，北美和欧洲许多国家仍要对储气库费率进行管制，费率通常按服务成本法或成本加成法制定。但是，在实践中，美国和欧洲国家的储气库费率管理与形成机制略有差别。

在美国，储气费的价值取决于储气库提供的服务功能，如稳定供气、气量平衡管理、季节需求差套利及气量交易等。对于提供输气服务的州际管道公司的储气库，其费率受 FERC 管制，按服务成本制定，费率包含成本和合理的投资回报。按服务成本确定的储气费，不同储气服务类别，如连续储气服务、临时储采服务、可中断储气服务、暂存和借贷服务等，其费率水平是不一样的。对于独立储气库，其费率或者按服务成本制定，或者由市场需求确定，但采用市场化费率需要经过 FERC 批准，确认该储气库不能垄断和控制储气市场。目前，服务成本费率仍占主导地位，市场化费率因有严格的认定程序，应用案例相当少。

在欧洲，天然气地下储气库定价机制有两种：一种是谈判定价；一种是政府管制定价。其中，谈判定价只能用在储气业务放开竞争的国家或地区，如果储气服务处于垄断状态，则只能采用政府规定的储气库费率。欧盟要求，在技术和经济上有必要展开竞争的地方，均应采用谈判定价。欧洲大部分国家都选择了以谈判确定储气库费率的方法。欧盟规定，管制定价必须遵循以下原则：有效反映储气库发生的成本和合理的投资回报，以及储气库的地质特征；避免储气库用户之间的交叉补贴；提高储气库效率和利用率，促进储气库的投资，满足用户需求；公开、透明，根据市场发展定期调整。至于谈判定价，其费率的确定原则是公平、公正，提高效率，促进储气库之间的竞争，同时也激励储气库建设的投资。

2. 费率

尽管美国有市场化费率机制，欧洲有谈判定价机制，但储气库的费率主要还是取决于储气库的成本，成本的高低直接影响到储气库的费率水平。由于成本的差别和采用的定价机制的不同，不但各国天然气地下储气库的费率不同，即使同一个国家，费率也有差别，有的甚至还相当大。

显然，在欧洲，管制定价的费率低于谈判定价的费率。其中，费率水平最低的 5 个国家（西班牙、比利时、意大利、罗马尼亚和保加利亚）都是采用管制定价。东欧的保加利亚和罗马尼亚的基准费率在 1.8~2.5 欧分/(m³·a)，西欧的意大利、比利时和西班牙分别为 5.5 欧分/(m³·a)、5.8 欧分/(m³·a)和 5.9 欧分/(m³·a)。相比之下，采用谈判定价机制的欧盟成员国，储气库基准费率在 6.1（奥地利）~17.9 欧分/(m³·a)（法国盐丘储气库）。

在波兰，虽然也采用管制定价，但枯竭油气田储气库和盐丘储气库的基准费率相差了 2.5 欧分/(m³·a)，分别为 6.3 欧分/(m³·a)和

7.8欧分/(m^3·a)。这种情况在谈判定价机制的国家同样存在，例如，德国盐穴储气库的基准费率比含水层储气库约高1欧分/(m^3·a)，约比枯竭油气田储气库高4欧分/(m^3·a)，而法国盐穴储气库的基准费率高出含水层储气库一倍多。

美国的储气费率取决于储气库的成本，也与储气库提供的服务相关，如稳定供气、气量平衡管理、季节需求差套利及气量交易等。据美国联邦能源管理委员会(FERC)对美国20余个储气库经营商的费率调查，目前，按服务成本定价，提供连续储气服务的中间费率约为0.64美元/(10^3ft^3·a)(约0.023美元/(m^3·a))，采气能力较高的盐穴储气库，其储气费率明显高于其他类型储气库。见附表1-6和附表1-7。

附表 1-6　美国不同用途储气费率表

名称	工作气费率/(美元/(10^3ft^3·a))
普通储气库的服务成本费率(中间值)	0.64
季节套利储气费率	0.47～0.62
地方配气公司的储气费率	0.70～1.10
盐穴储气库的服务成本费率	2.93
盐穴储气库的市场费率	1.60～1.90

附表 1-7　欧洲储气库费率表

	一般储气库			高效储气库*		所有储气库	
储气费率/(欧元/m^3)	0.05	0.07	0.12	0.13	0.17～0.21	0.03	0.04
国家	比利时 丹麦	英国 法国 荷兰	德国	英国 丹麦	德国、法国 荷兰、比利时	意大利	西班牙

* 指注入能力和采出能力较高的储气库，如盐穴储气库等。

三、典型国家天然气储备建设概况

(一)美国

美国是世界第二大天然气生产国和第一大消费国。美国国内天然气消费量的约 16% 来自管道进口,其中 99% 进口气来自加拿大;LNG 进口量约相当于消费量的 2%,绝大部分来自于特立尼达和多巴哥。根据 EIA 的预测,到 2030 年美国天然气进口依存度将达到 21%。其中 LNG 的进口量增加迅速,将达到 $4.5 \times 10^{12} \, ft^3$,管道天然气相应下降到 $0.6 \times 10^{12} \, ft^3$。

美国巨大的天然气供应和需求能力对天然气调峰设施提出了很高的要求。截至 2012 年,正在运营的地下储气库 402 座,分布在 30 多个州内。工作气量 $1255 \times 10^8 \, m^3$。共有大约 15000 口注采井,其中约 120 口是水平井。此外还设有约 3000 口压力控制或观测井。美国地下储气库主要分布在靠近天然气最终用户的东北部和南部产气区。其中有近 50% 的储气库集中在美国的东北部地区,天然气产量丰富得克萨斯州和路易斯安那州也是地下储气库集中的地区。特别是盐穴储气库,主要集中分布在盐层和盐丘发育的得克萨斯州。其中南加州地下储气库是美国地下储气库的权威,代表了美国地下储气的能力与技术水平,其规模大、储量多。

美国储气库的所有者和经营者有三类:一是州际管道公司;二是地方配气公司和州内管道公司;三是独立的储气库服务商。储气库的所有者和经营者不一定拥有所储存的天然气。实际上,储气库中储存的工作气大多都是托运人、地方配气公司或者是终端用户的天然气。

美国储气服务的种类通常包括两种,即固定储气服务和可中断储气服务。固定储气服务是指向用户提供在夏季期间固定接收和注入用户的气体到储气库,并在随后的冬季期间从储气库中固定采出和向用户交付气体的一种储气服务。固定储气服务是一种约定储气服务，要求管道方已经确定它有足够可获得的、未指定用途的储气容量来完成用户所要求的服务，要求用户安排和指定注入储气库和从储气库中提取的气量，包括最大每日注入量和采出量和最大储气量。可中断储气服务（interruptible storage service，ISS）是以可中断为基础，向用户提供在夏季期间的接收和注入用户的气体到储气库，并在随后的冬季期间从储气库中固定采出和向用户交付气体的一种储气服务。可中断储气服务也是一种约定储气服务，要求管道方已经确定它有足够可获得的、未指定用途的储气容量来完成用户所要求的服务，要求用户安排和指定注入储气库和从储气库中的气量，但每日注入和采出的将受到可获得的容量及可获得的容量能分配给一个 ISS 用户多少的限制。

储气服务收费价格的设计方法包括以下五个步骤：第一步，确定管道公司的服务总成本，包括提供储气服务的成本；第二步，将管道公司的服务成本功能化，把储气服务成本同输送服务成本分离开来；第三步，将储气服务成本划分为固定的成本和变动的成本两个部分，这一步被称为成本分类；第四步，成本分配的作法是将50％的固定成本分配给容量部分，50％分配给采出容量部分；第五步，形成适用于不同服务的收费价格。

美国政府部门在储气库建设管理中主要关注经济评价、环境保护、市场需求等方面问题。虽然没有颁布专门的法规，但许多环保法规都涉及了这一问题，如《天然气法》《能源政策法》《清洁空气法案》《清洁水法案》《濒危特种法案》《联邦水污染控制修正法案》《职业健康安全法案》《污染控制法案》等。对储气库建设健康、安全、环保问题的监管由"联邦环境监管局"负责执行。

从20世纪80年代开始天然气市场改革以后，北美天然气供应安全主要依靠市场机制来保障。天然气供应的多元性（生产商数量众多）和发达的天然气基础设施，紧急突发事件对市场的影响相当有限，时间也很短，天然气应急需求可通过市场和价格及时调节。因此，北美基本不存在天然气供应大面积中断问题，尽管认识到天然气战略储备的重要性，但还没有考虑建设战略地下储气库。美国天然气地下储气库的发展趋势：储气库数量、规模基本保持稳定，工作重点是努力开发新技术，提高现有储气库的注入和采出能力。

（二）俄罗斯

俄罗斯是全球仅次于美国的天然气消费国，天然气在能源消费结构中的比例高达54%。俄罗斯天然气供应基础设施，如天然气长输管道和地下储气设施完善和健全，俄罗斯天然气供应不存在政治风险，安全供应考虑的重点是技术问题。虽然没有明确的天然气战略储备，但俄罗斯储备了相当数量的气田产能，20世纪90年代，俄罗斯的关井产能达到了$400 \times 10^8 m^3$，相当于国内消费量的10%。

俄罗斯是世界生产量第一、消费量第二的天然气大国。20世纪50年代，俄罗斯开始建设地下气库。截至2012年底，俄罗斯共拥有地下气库25座，其中17座是枯竭油气田储气库，8座是含水层储气库，主要分布在天然气消费区，并且是俄罗斯统一供气系统不可分割的组成部分。在用气高峰阶段，储气库在天然气供应中的比例为27%。预测到2030年俄罗斯地下气库有效气量为$1100 \times 10^8 m^3$，最大采气量为$10 \times 10^8 m^3/d$。

俄罗斯维持高的天然气储备的目的不仅是为了国内调峰需求，还有两个重要的作用，一是为了保障对欧洲的稳定出口，二是在一定程度上起到了长期储备的作用。其地下储气库中所储备的天然气，53.60%用于季节性调峰，13.15%用于寒冷冬季和出口，27%～32%用于长期储备。

俄罗斯天然气工业公司（Gazprom）是国家储气库设施的管理运营主体。其发展储气库的主体目标是确保国内用户的安全用气，同时确保对欧洲的正常出口。俄罗斯天然气储量丰富，气田调峰能力很强，大规模发展地下储气库更多的是从经济角度考虑，因为建设地下气库的成本也远远低于同等规模的新气田开发和天然气输送的成本。经验表明，一个地下气库的投资仅为同等规模的气田开发和天然气输送成本的五分之一至七分之一。因此 Gazprom 十分重视地下气库的发展并使上述 24 个地下气库的能力（有效工作气量）年年都有所增加。

北斯塔夫罗波尔地下气库是俄罗斯枯竭油气田地下气库的典型案例。北斯塔夫罗波尔地下气库位于斯塔夫罗波尔边区，约在斯塔夫罗波尔市西北 30km 处。该储气库属于高加索输气公司。这家公司负责承担俄罗斯 14 个地区和向 4 个邻国（阿塞拜疆、格鲁吉亚、亚美尼亚和土耳其）供气的任务，年输气量在 $600 \times 10^8 \mathrm{m}^3$ 以上。该公司的天然气管网分布在俄罗斯南部地区，干线和支线总长度超过 6700km，其中支线长度约 3000km。除地下气库外，还拥有压气站、配气站、通信、电化学处理等设施和机构。本区有 13 个气田，天然气年产量为 $3.5 \times 10^8 \mathrm{m}^3$，仅能满足斯塔夫罗波尔边区天然气年需求量的 3%，其余的天然气全部依靠秋明州北部的气田以及土库曼斯坦的气，通过北高加索—中央等输气干线运送到此。季节调峰完全靠北斯塔夫罗波尔地下气库。

俄罗斯提出"战略气田"的概念，俄罗斯能源部和 Gazprom 公司共同遴选了 32 个"战略性"气田的清单，这份清单已经获得政府批准。

（三）英国

英国既是欧洲重要的天然气生产国，也是一个消费国和进口国。天然气是英国主要的能源资源，满足了国家 40% 的初级能源需求，更占据家庭能源需求的 70%。

英国天然气主要来自 100 多个海底气田，天然气首先要通过连接气田与陆上的海底管线，到达称之为海滩终端的岸上接收站。从这些接收站出发，有一个与之相联的天然气高压输送管道———国家输送系统（NTS），分别把天然气输往 40 个电站、一小部分大型工业消费者和 12 个地方输送区（LDZ）。20 世纪六七十年代，由于北海

气田的开发，英国天然气工业得到了迅速的发展，并开始建设天然
气储存设施。1979 年，英国开始在东约克郡的 Hornsea 利用盐穴来
储存天然气。目前，英国的天然气储备有不同类型的三种储气库，
分别是耗竭油气田储气库、盐穴储气库和 LNG 储库（附表 1-8）。

附表 1-8　英国运行的天然气储存设施表

储存类型	储存设施
枯竭油气田	Rough，HatfieldMoor，HumblyGrove
盐穴	Hornsea，HoleHouse，Holford，Aldbrough
LNG	Glenmavis，Partington，Avonmouth，DynevorArms
LNG 终端	IsleofGrain（原来是一个 LNG 储存设施，目前正在转成一个重要的进口终端）

需要指出的是，上述储存设施是被设计用来"调峰"，应对短期
供应中断的缓冲器。至于战略储备，英国政府认为英国大陆架气田
就是英国的战略储备。这种储备能力意味着它不必建设大量的地下
储气库来保障安全供应。这一特点与许多欧洲大陆国家不同。

英国的储气库完全由公司来管理运营。Edinburgh 天然气公司和
Scottish Power 公司联合运营着位于 Yorkshire 的 HatfieldMoor 的衰
竭气田储气库。SSE 公司拥有 9 个位于东 Yorkshire Hornsea 盐穴储
气库。Transco 拥有两个小型的盐穴设施，可以供应 40GW•h 的本
地日储备。Transco 还运营着五座 LNG 存储区，分别位于 Glenma-
vis、Partington、Avonmouth、DynevorArms 和 Grain 岛——作为一
个独立的业务单元，被称作 Transco LNG。

英国储气库建设运营有关法规主要集中于 HSE 方面。英国根据
建设盐穴储气库的需求，专门出台了针对此方面的一整套法规：
①《土地利用计划和危险物质许可》，主要涉及对储存地点的安全性
进行评价；②《主要事故危害规章（1999）（COMAH）》，目标是预防
天然气储存事故，限制此类事故对人和环境的危害；③《井场和操
作规范（1995）》和《管线安全规范（1996）》。

（四）意大利

意大利天然气消费对外依存度高达 85% 以上，因此重视建立天然气储备较早，并成为欧盟天然气市场重要的储备基地。1964 年，意大利在 Cortemaggiore 建立了第一座储备库，随后的 1965 年、1966 年和 1967 年分别在 Sergnano，Brugherio 和 Ripalta 又建立了另外三座住址储气库。这些储气库的特许权都由埃尼（ENIS. p. A.）公司持有。1971 年，意大利开始从利比亚进口 LNG，有关战略储备的问题提上了议事日程。

为了建立战略储备，意大利 ENIS. p. A. 公司除对现有储气库设施更新改造外，还着手开发 Minerbio、S. Salvo、Sabbioncello 和 Settala 储气库，爱迪生（EdisonGasS. p. A.）公司也开始建设 Collalto 和 Cellino 储气库。到 20 世纪末，上述储气库的工作气达到了 $151 \times 10^8 \mathrm{m}^3$，每日高峰供气能力可达 $28.2 \times 10^4 \mathrm{m}^3$。

根据最新资料，意大利用于满足峰荷需求的调节库存已达 $84 \times 10^8 \mathrm{m}^3$，战略储备库存已达 $51 \times 10^8 \mathrm{m}^3$。近期，国家进一步决定将 5 个废弃天然气气田改造成储气设施，目标是应对严寒天然气，减少对俄罗斯的进口依赖，保证供应安全。

意大利天然气储备管理体制包括两个层面。政府、工业部和能源监管机构管理天然气储备。石油天然气公司负责天然气储备设施的具体运营。目前，意大利天然气储备体系由 10 个储气气田组成，其中 8 个由 ENIS. p. A. 公司经营，2 个由 EdisonGasS. p. A. 公司经营。这些气田岩层的渗透性好，只需很少量的井就可获得很大的流量。

政府主要发布有关指令。意大利工业部负责全国天然气系统的安全、经济和长期规划，保证供应安全，协调天然气系统的正常运行。就建设新的天然气储备设施来看，工业部综合国家天然气需求前景颁发开发储气的许可文件，有意开发储气设施的投资者可以参与有关招标，工业部根据 164/00 法令对符合条件的投资商颁发许

可。能源监管部门的职责更为特殊，主要包括三个方面：一是对储
气系统进入和使用的监管；二是监管储气新费率的制定；三是监管
费率设计和批准储气条例。

意大利十分重视储气库的有关法律法规建设。根据其将枯竭气
田或开发中的气田改造为储气库的要求，早在 20 个世纪 70 年代就颁
布了有关法令。如 1974 年，政府颁布了《关于天然气气田的储存》
的 170 号法律；1975 年，工业部颁布了《关于天然气气田储存许可
的基本立法》法令。这些法令有效地保护了国内资源的开发，为建
立充足的储备应对供应危机起到了积极作用。同时，根据欧盟内部
天然气市场的共同规划，进入 21 世纪还颁布了《关于实施欧盟 98/
30/EC 指令》的 164 号法令。制定标准以保证所有用户在同一条件
下都能使用储气设施，确定储气费率的标准，为"第三方"使用天
然气储存设施，提高天然气储存设施的效率，从而保障国内天然气
供应安全奠定了基础。

（五）法国

法国是西欧第四大天然气消费国，其天然气消费对外依存度很
高，因此用做战略储备、调峰的地下储气库对法国而言非常重要。
法国目前有 16 个在使用中的地下储气库，其中有 12 个建在含水层，
3 个建在盐穴，1 个建在枯竭油气藏。地下储气库的有效容量为
$127 \times 10^8 \, \mathrm{m}^3$，相当于过去 10 年库容量的两倍。地下储气库和 LNG
接受终端能够使法国天然气公司调整天然气供应量并且使天然气供
应多元化。

由于投入使用的天然气存储设施都已经接近 10 年，而且天然气
消费量急剧增加了 60%，因此一些新的天然气存储设备建设正在研
究当中。另外，还在一些地区的岩层区域进行勘探，主要是在 Al-
sace 地区，以便寻找可能的新存储点。盐穴洞被认为在天然气存储
方面可发挥更大的重要作用，因为这种存储方式的高输送性更能够
应对不断提高的每日天然气需求波动。含水层存储，特别是在西南

部地区，也正在研究当中，以提高长期天然气存储能力。

　　法国天然气储备由公司独立运营，储备资金也由相关公司筹措。16 个储气库中的 13 个由法国天然气公司管理与经营，其他 3 个归道达尔等公司管理。法国天然气公司作为国家主要的天然气企业十分重视天然气储备业务，其储备业务主要由公司的勘探生产、国内长输及储存环节负责管理和经营，国外天然气开发业务的天然气储备主要由国际长输管道与输送部门负责（附图 1-6）。公司天然气储备资金从一开始就由自己解决，没有政府的资金支持。即使按照欧盟要求把进口量的 10% 作为战略储备的资金也由公司自己筹措。

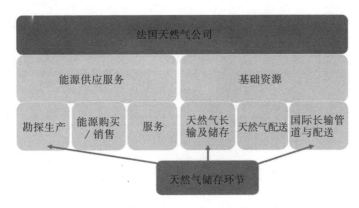

附图 1-6　法国天然气公司天然气储备管理体制图

　　由于法国天然气需求的高度对外依存度，政府较早提出了战略储备的概念。这种战略储备的目的主要是防止大规模、长时期的供应中断。总体来看，法国没有将战略储备与调峰储备作明确区分，目前这两种储备量相当于 110 天的平均消费量。法国的天然气储备主要由国家控股的法国燃气公司（GDF）负责实施。其天然气储备相当于全法国 110 天的消费量，是世界上储备比例最高的国家。在法国 110 天的天然气储备中，大约 50 天的量对应于 80 天左右的高峰期调峰需求，20 天的储备量应对 60 天左右国内供气中断的突发情况，40 天的量作为战略储备对应 60 天以上的进口供气中断的突发情况，战略储备量在总储量中占有 54.5%。

附录二 中国石油和中国石化 储气库现状与趋势

一、中 国 石 油

(一)地下储气库群发展现状

中国石油已建成的储气库主要有大港储气库群、华北储气库群、苏南金坛盐穴储气库、苏北刘庄油田气库以及最新建成的新疆呼图壁储气库等共计五座储气库群;此外还有大庆喇嘛甸储气库、重庆相国寺储气库、辽河油田双 6 储气库等。

1. 大港储气库群

大港储气库群是我国第一个储气库群。它是陕京输储配气系统的重要组成部分,已扩展到由大张坨、板 876、板中北、板中南、板 808、板 828 以及最新建成的板南储气库共 7 座储气库构成,设计总库容达到 $77.59 \times 10^8 \text{m}^3$,有效工作气量达到 $34.30 \times 10^8 \text{m}^3$,成功实现了京津地区十年安全平稳调峰供气,完成了亚运会、奥运会等国际型盛会的供气,确保了陕京线、陕京二线的安全运行。

大港储气库群已建成的 7 座储气库的基本情况下附表 2-1 所示。

附表 2-1 大港储气库群已建成储气库情况表

储气库名称	设计库容 /10^8m^3	工作气量 /10^8m^3	日注气能力 /(10^4m^3/d)	日采气能力 /(10^4m^3/d)
大张坨	17.81	6.00	320	1000
板 876	4.66	1.89	100	300

续表

储气库名称	设计库容 /$10^8 m^3$	工作气量 /$10^8 m^3$	日注气能力 /($10^4 m^3$/d)	日采气能力 /($10^4 m^3$/d)
板中北	24.48	10.97	300	900
板中南	9.71	4.70	225	600
板808	8.24	4.17	360	600
板828	4.69	2.57	210	600
板南	8.00	4.00	1550	2800
合计	77.59	34.30	3065	6800

大港油田储气库的设计理念非常先进。由于储气库群大多在工业区、养殖区、湿地保护区和泄洪区内，为了确保安全环保、满足应急或事故状态下的瞬间关断和自我保护，大港油田储气库在设计时充分考虑了自动化管理等需求，设计的 6 口井一排、两排井一个库群的大斜度丛式井不仅可以集中管理，紧急情况下自动关闭迅速，而且减少了污染；泄洪区采油树井口升高以及井下安全阀和防喷器三者配合使用，给井口上了三重保险。这些措施大大提高了储气库的运营安全。

大港储气库群由北京天然气管道公司大港储气库分公司管理。2013 年 1 月初，储气库单井产量调整 20 井次，库群峰值达每天 2170×$10^4 m^3$，日采气量达到 2090×$10^4 m^3$，已发挥最大采气能力，最大限度地满足调峰供气的需求。从 2012 年 11 月 8 日至 2013 年 3 月中旬，大港储气库群累计采气量达 17.47×$10^8 m^3$，比以往同期最高气量多 0.7×$10^8 m^3$，其中连续 20 天日采气超 2000×$10^4 m^3$，而以往最多为 15 天。

2013 年 10 月下旬，大港储气库群圆满完成 2013 年注气任务，累计注气 19.68×$10^8 m^3$，比计划多注气 0.18×$10^8 m^3$。

2. 华北储气库群

华北储气库群由北京天然气管道公司华北储气库分公司管理。2013 年，华北储气库群的注气时间比 2012 年推迟了近 3 周，永 22

脱硫站搬迁改造施工、A 井场采气树倾斜调整和华北储气库 1−10 井补射孔等作业在一定程度上影响了注气工作。为此，北京天然气管道有限公司华北储气库分公司通过合理安排注气，调整机组运行参数、优化机组运行方式，对压力接近或达到上限值的地层使用停注、平压、再注气的方式进行缓注，并利用永 22 机组向京 58 储气库注气，不断优化注气生产，为完成全年注气任务创造条件。

目前，华北储气库群已建成的储气库主要包括苏桥储气库群和京 58 储气库群。

1）苏桥储气库群

苏桥储气库群由苏 1、苏 20、苏 4、苏 49、顾辛庄共 5 个储气库构成。2011 年 3 月 31 日 22 时 05 分，已经开采运行了 26 年的苏 4 气藏、苏 49 气藏及顾辛庄气藏的 15 口高压气井全部停产。这标志着华北油田苏桥地下储气库群工程建设全面启动。

苏桥储气库群是华北油区投入建设的第二个储气库群。该储气库群是陕京二线、三线系统的配套储气库，定位为季节调峰及应急供气型储气库。建成后即可充分利用华北油田良好的地质条件、地域优势和完善的地面已有设施等建库资源，又可满足陕京二线、三线系统的储气调峰需求，适应京津冀晋地区快速增长和季节用气峰谷差的天然气市场要求。在此之前，由中国石油北京管道公司投资建设的京 58 库群已经投入运营。

苏桥储气库群工程新部署钻井 27 口井，包括 15 口水平井和 12 口直井，建集注站 1 座，井场 13 个，集输管线 134km，建成工作气量 $23.32 \times 10^8 m^3$。由于库群埋藏比较深（3300～4900m），地层温度高（156℃），且部分原气藏天然气含有微量硫化氢，华北油田苏桥储气库群项目工程建设所用管材的耐压、耐高温、耐腐蚀的级别都要求很高。

2013 年 6 月 14 日，苏桥储气库群一期工程实现注气投运。2013 年 11 月，公司正在加快推进苏桥储气库群的采气系统建设和苏 4 断块两个井场的投运，确保今冬具备试采气条件。截至 2013 年 11 月初，苏桥储气库群已钻完井 13 口，完成总设计进尺的 86.8％；完成集注站总体工作量的 97％，注气系统及配套系统建设基本完成；采气系统开始吹扫试压，站外管线焊接已完成 110km，完成计划的 79.5％。

2)京 58 储气库群

京 58 储气库群由京 58、京 51 和永 22 共 3 个储气库组成，分别是由废弃的气顶油气藏和干气藏，以及处于试采阶段的含硫气藏改建而成。三个储气库的集注站合并建设，其中永 22 储气库是全国第一座由碳酸盐岩储层和高含硫化氢的气藏改建的储气库，京 58 与京 51 两个储气库因压力系统相近共用一套注气和采气系统。

京 58 储气库群已建成的 3 座储气库的基本情况如附表 2-2 所示。

附表 2-2　京 58 储气库群已建成储气库情况表

储气库名称	设计库容 $/10^8 m^3$	工作气量 $/10^8 m^3$	日注气能力 $/(10^4 m^3/d)$	日采气能力 $/(10^4 m^3/d)$
京 58	8.10	3.90	210	350
京 51	1.27	0.64	210	350
永 22	7.40	3.00	190	250
合计	16.77	7.54	610	950

京 58 储气库群是保障向北京安全平稳供气的重点工程。它与陕京二线永清分输站相连接，通过永清分输站及其配套设施可与陕京线、陕京二线、大港储气库群相连通，实现多个储气库的统一管理、统一调度，互相补充，使地下储气库调峰更安全、更可靠、更灵活，充分发挥长输管道配套地下储气库群的调峰功能。

3. 苏南金坛盐穴储气库

苏南金坛盐穴储气库位于江苏省常州市金坛市境内，是我国乃至亚洲第一个盐穴型地下储气库，于 2005 年开工建设。金坛储气库可以解决季节用气调峰和意外事故应急等问题，同时也是安全平稳供气和天然气管道输配系统高效运行的重要保证。该储气库能够提

供应急储备用气 $1500 \times 10^4 m^3$，提供调峰储气 $5730 \times 10^4 m^3$，可以极大地缓解长江中下游季节的用气困难，保障下游市场的天然气用气平稳。

经过设计人员历时近半年的精心设计与现场技术支持，克服了江苏地区水网密布造成管线选线困难、阀门管件采购周期长等相关问题，金坛储气库先导性试验工程已于 2013 年 5 月顺利完工。2013 年 6 月，西气东输金坛储气库已完成 6 口新井的造腔工作。从 2013 年开始，中国石油金坛储气库每年将会有 3 至 4 个盐穴投入注采气运行，每年可为西气东输主干线提供 $(7000 \sim 8000) \times 10^4 m^3$ 的调峰和应急保安工作气量。

4. 苏北刘庄油田气库

苏北刘庄储气库是西气东输管道暨金坛储气库后的第二座储气库，也是首座利用废弃油气藏改建的储气库。刘庄储气库位于苏北淮安市金湖县陈桥镇北，设计库容 $4.55 \times 10^8 m^3$，设计压力 $7.0 \sim 12.0 MPa$，设计注采井 9 口，观察井 1 口。刘庄储气库工程建设主要包括北井场及集注站、南 1 井场、南 2 井场、值班宿舍、1 号阀室、2 号阀室及淮安分输站扩建工程。管道起自淮安分输站，途经淮安市清浦区、洪泽县、金湖县至陈桥镇刘庄储气库，全长 48km。其中线路工程于 2010 年 10 月 31 日正式开工，刘庄储气库地面工程于 2010 年 12 月初正式开工。2011 年 11 月 9 日，西气东输刘庄储气库成功投产。

刘庄地下储气库是与西气东输冀宁线配套建设的地下储气库，主要为冀宁线用户的季节调峰服务。在用气低谷期，冀宁线将富裕天然气通过苏北淮安分输站至刘庄气库双向输气管线输送至刘庄储气库集注站，经注气压缩机增压后注入刘庄地下储气库储存。到了用气高峰期，刘庄地下储气库储存的天然气由刘庄气库井场采出，在集注站脱水、脱烃处理后通过淮安分输站至刘庄气库双向输气管线输至淮安分输站汇入冀宁线，参与冀宁线用户的调峰供气。

刘庄储气库的成功投产将对苏、浙、沪地区特别是苏北地区的季节调峰用气需求起到一定的缓解作用，并在一定程度上缓解西气东输管道安全平稳供气的压力，为提高西气东输管道的输气效率和供气安全提供有力的保证。

5. 新疆呼图壁储气库

新疆呼图壁储气库位于新疆准噶尔盆地南缘，依托已接近枯竭的呼图壁气田的藏气地层建设而成，是西气东输工程管网的第一个大型配套系统。2013 年 7 月上旬，呼图壁储气库成功注气，这标志着我国容量最大的储气库在新疆建成投产。这个储气库的设计总库容量为 $107 \times 10^8 m^3$，相当于新疆油田天然气产量的 3 倍。2013 年 10 月 30 日，呼图壁储气库按计划全线关井停止注气，累计注气 $12.09 \times 10^8 m^3$；11 月 16 日起，呼图壁储气库正式进入采气期，采气时间为 135 天，今冬明春预计可供应天然气 $5 \times 10^8 m^3$。

6. 重庆相国寺储气库

相国寺储气库位于重庆渝北区境内，为西南油气田的一个枯竭的干气气藏。具有构造落实，断层封闭，盖层密封条件好，储渗性能较好，储气规模大等特点。

重庆相国寺储气库——西南油气田建设的第一座地下储气库，设计总库容量 $42.60 \times 10^8 m^3$，最大日注气量 $1393 \times 10^4 m^3$，最大日采气量 $2855 \times 10^4 m^3$，担负着中卫至贵阳管道的季节调峰、事故应急供气、战略应急供气以及区域季节调峰等重任。

7. 其他已建成储气库

除了上述六座储气库（群）以外，中国石油已建成的其他储气库还有：①大庆喇嘛甸储气库——建成于 1975 年，设计库容 $35.7 \times 10^8 m^3$；②辽河油田双 6 储气库——2012 年 8 月地下主体工程顺利完工，历时四年，2013 年 1 月满足注气条件，预计 2014 年发挥调峰作用，有效工作气量为 $16.00 \times 10^8 \mathrm{m}^3$。

中国石油已建成储气库的基本情况如附表 2-3 所示。

附表 2-3　中国石油已建成储气库的基本情况表

项目		设计库容/$10^8\mathrm{m}^3$	工作气量/$10^8\mathrm{m}^3$	日采气能力/($10^4\mathrm{m}^3$/d)
大港储气库		77.59	34.30	6800
华北油田储气库	苏桥储气库	67.38	23.32	2100
	京 58 储气库	16.77	7.54	950
	总计	预计 2015 年达到 $240 \times 10^8\mathrm{m}^3$	预计 2015 年达到 $73 \times 10^8\mathrm{m}^3$	预计 2015 年达到 $4000 \times 10^4\mathrm{m}^3$
苏南金坛盐穴储气库		23.99	17.14	—
苏北刘庄油田气库		4.55	2.45	204
新疆呼图壁储气库		107.00	45.10	2855
大庆喇嘛甸储气库		35.77	17.89	—
辽河油田双 6 储气库		36.00	16.00	1500

(二)在建储气库项目

目前中国石油在建的储气库项目主要有河南平顶山储气库、大港油田水藏改建地下储气库、孙虎潜山储气库群、江苏如东储气库、湖北应城地下储气库、陕西长庆油田储气库、南昌麻丘水层储气库等。

1. 河南平顶山储气库

河南平顶山盐矿位于西气东输一线和西气东输二线之间，将其建成盐穴储气库对我国中原地区的天然气供应及西气东输一线、二线的调峰和应急供气具有非常重要的意义。

平顶山盐穴储气库位于河南中部地区，可以借助西气东输一线或二线管网进行调峰和应急服务。根据建库规模和采气能力分析，按平均单井采气能力 $200 \times 10^4 \mathrm{m}^3$/d计算，该储气库平均日采气能力可达 $8000 \times 10^4 \mathrm{m}^3$/d，而西气东输一、二线平均输气总量在 $1.3 \times$

$10^8\,\mathrm{m^3/d}$ 左右，平顶山储气库可以为西气东输一线和二线提供 60% 的应急气量。如果单独满足其中一条长输管道的应急，则基本可以保障管道稳定供气 $15\sim20$ 天，具有很强的应急能力。

在日常调峰中，由于调峰气量远远小于应急供气量，而通常情况下储气库到所需调峰主要城市的距离最远为 $200\sim500\mathrm{km}$，该储气库可作为河南、湖北等地区季节调峰的主要储气库。

2. 大港油田水藏改建地下储气库

2011 年 11 月底，依托首创的气藏改建地下储气库先进技术，大港油田成功启动国内首次水藏改建地下储气库研究，并在油田南部区域初选三个建库目标。

近年来，由于我国天然气工业发展迅速，具有调峰补气功能的地下储气库建设需求增加。在大规模发展气藏改建地下储气库的同时，作为最早启动储气库建设的大港油田，把目光转向水藏改建地下储气库。水藏改建地下储气库是国际上建设储气库的重点类型之一，在我国尚无先例。

3. 孙虎潜山储气库群

孙虎潜山储气库群位于河北饶阳，它紧邻"冀宁联络线"，距"陕京二线"48km，初步规划库容规模为 $60\times10^8\,\mathrm{m^3}$。

4. 江苏如东储气库

该储气库位于江苏如东，靠近中国石油的 LNG 接收站，总储气规划为 $600\times10^4\,\mathrm{t}$（约合 $80\times10^8\,\mathrm{m^3}$）。如果按照平均数来算，该库能有 $1100\times10^4\,\mathrm{m^3}$ 的数量采出，应急情况下还能加到 $2200\times10^4\,\mathrm{m^3}$。

5. 湖北应城地下储气库

西气东输二线云应盐穴应城地下储气库项目属于国家西气东输二线工程的配套项目，投资 80 亿元，自 2007 年开始进行可行性研究，2009 年获得国家发展和改革委员会核准。

2012 年下半年，该项目主要是开展造腔先导性试验，计划建造两口试验溶腔，2013 年试验成功后将全面开工建设。

6. 陕西长庆油田储气库

经过两年多的准备，2012 年长庆油田已开始建设储气库，设计库容 $120 \times 10^8 \mathrm{m}^3$。该储气库利用废弃的气田建设，采用一边开发一边建储气库的模式。

长庆油田储气库预计总投资 200 多亿元，建在陕西靖边县北部地区。长庆油田储气库建成后，将成为我国最大的储气库。该储气库的注气时间将达 220 天，调峰季节日平均可采气 $1 \times 10^8 \mathrm{m}^3$，可供陕京线等天然气管道调峰使用 120 天。

7. 南昌麻丘水层储气库

南昌麻丘水层储气库、河南平顶山储气库、湖北云应盐穴储气库是我国西气东输二线配套建设的三座地下储气库。其中南昌麻丘水层储气库设计库容 $18.43 \times 10^8 \mathrm{m}^3$，工作气量为 $4.98 \times 10^8 \mathrm{m}^3$，该储气库的落成将为南昌市日后的发展奠定更加强大的能源基础。

河南平顶山储气库、湖北应城储气库和南昌麻丘水层储气库的主要工程量如附表 2-4 所示。

附表 2-4　西气东输二线配套储气库的主要工程量表

建设项目	平顶山	应城	麻丘	合计
造腔数/个	35	35	—	70
注气排卤腔数/个	35	35	—	70
注采气工艺井数/口	35	35	26	96
注采气站/座	1	1	1	3
注采气井场/个	35	35	21	91
集气站/个	7	7	4	18
集输管道/km	26.5	23.0	20.0	69.5

续表

建设项目	平顶山	应城	麻丘	合计
输气干线/km	168	110	47	325
穿跨越大中型河流/处	6	3	2	11
造腔区/座	1	1	—	2
占地面积/m²	136708	143308	78328	358344

中国石油在建储气库的基本情况如附表 2-5 所示。

附表 2-5 中国石油在建储气库的基本情况表

储气库名称	建设地点	设计库容/$10^8 m^3$	工作气量/$10^8 m^3$
平顶山储气库	河南	18.18	12.08
大港唐家河储气库	天津	—	5.00
孙虎潜山储气库群	河北	60.00	—
如东储气库	江苏	80.00	—
中国石油应城储气库	湖北	8.58	4.90
长庆油田储气库	陕西	120.00	—
南昌麻丘水层储气库	江西	18.43	4.98

（三）储气库储备发展趋势

目前中国石油国内储气库工作气量只占其总销售气量的 3% 左右，而且随着近两年销售气量的增加，该比例还呈下降趋势。天然气进入储气库后要经过一个过程才能用，工作气量是指完成储备后，能够抽出来用的气量。中国石油天然气产量占全国近八成。上述规划中的 10 座储气库将分布在气源所在地和消费中心，以及中国石油大型骨干管网周边。

中国天然气地下储气库建设起步较晚。自 20 世纪 90 年代起，中国才开始大规模进行地下储气库的研究工作。中国将扩大利用境外天然气资源，加快布局和建设储气库。国家能源局正在积极为中国石油相关项目争取补贴。中国石油目前已建成的储气库总设计库容达到 $411.65×10^8 m^3$，总工作气量为 $176.9×10^8 m^3$；在建储气库的总设计库容约为 $315.19×10^8 m^3$，总工作气量约为 $156.96×10^8 m^3$。如附图 2-1 所示。

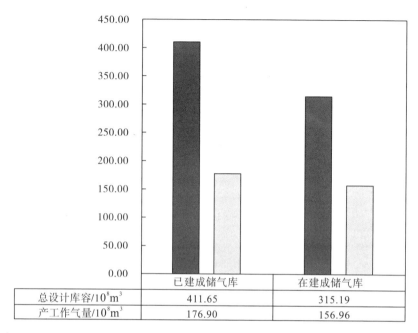

	已建成储气库	在建成储气库
总设计库容/$10^8 m^3$	411.65	315.19
产工作气量/$10^8 m^3$	176.90	156.96

附图 2-1   中国石油已建和在建储气库的储备能力

在上述所有已建和在建储气库完全达到设计库容以后，中国石油所有储气库的储备能力将达到大约 $726.84 \times 10^8 m^3$，工作气量将达到大约 $333.86 \times 10^8 m^3$，如附表 2-6 所示。

附表 2-6   中国石油储气库储气能力表

建设情况	总设计库容/$10^8 m^3$	总工作气量/$10^8 m^3$
已建成	411.65	176.9
在建(估算)	315.19	156.96
合计	726.84	333.86

随着我国天然气市场需求的不断提高和天然气管网系统的不断完善，应将储气库作为上中下游一体化密切协调的重要组成部分，进行整体规划和战略部署。储气库建设应实现各区域间相互调配，确保重点地区、重点城市调峰，最大限度地发挥地下储气库在调峰和区域供气平衡中的作用。

在目前没有建设大型储气库的地质条件下，考虑将多个距离较近的小型气库组成储气库群，统一规划，统一建设，统一调配，这样既可以扩大调峰规模，又能更加灵活有效地发挥储气库的应急调节作用。在西北、中西部、西南主要气源区，做好优质气田资源性保护及保护性开发，有条件改建储气库的气田，开发后期要调整开发政策，做好向储气库转化的准备，实时改建储气库，可以降低后期气田开采成本及储气库的投资成本。

由于战略储备气量需要在管道中断时短时间内大量采出，因此战略储备气量必须储存在规模大，注采气能力强的优质气库中。而我国建库地质条件较差，优质气库资源短缺，建成后如长期闲置会造成资产的搁置、积压，导致资源极大地浪费。目前国外储气库发达国家亦没有专门的战略储备库，因此我国的调峰储备应与战略储备应统筹考虑，二者兼顾。

逐步完善地下储气库建设管理体系，争取政策支持，形成调峰气价定价机制。使天然气供应企业利用峰谷气价差获取稳定的投资回报，既可以解决各类调峰的需要，又使天然气安全供气得到进一步的保障，这也是我国今后应该考虑和发展的方向。

（四）天然气储备发展动态

1. 中国石油动用储气库应对气荒确保各地生活用气

面对不断加大的天然气供应压力和时刻笼罩的"气荒"阴霾，中国石油多条长输天然气管线已满负荷运转。不仅如此，近期还开始动用储气库进行气量调剂。

进入 2013 年 11 月初，全国天然气用量呈阶梯式增长。为确保各地人民生活用气，陕京输气系统、西气东输系统、涩宁兰管道系统等均已满负荷运转，管网日输气量达到 $1.2 \times 10^8 \, m^3$。进口中亚天然气也已增至合同最高量。

2. 两大储气库群累计注气 $22.78 \times 10^8 m^3$

2013 年 11 月，北京市开始试供暖。在此之前，中国石油北京天然气管道有限公司所辖大港、华北两个储气库群累计注气 $22.78 \times 10^8 m^3$，圆满完成计划任务，提前为 2013 年的冬田可能出现的大气量输气做好准备。大港储气库群是冬季调峰供气的主力，3 月 20 日开始注气生产，采取前期大气量强注、后期缓注和部分井强注的方式，实现抢注及多注的预期目标，于 10 月 21 日停止注气，累计注气 $19.7 \times 10^8 m^3$。目前，大港储气库群正进行设备维护保养、装置充压检漏等准备工作，时刻处于采气生产待命状态。

华北储气库群注气时间比 2012 年推迟了近 3 周，永 22 脱硫站搬迁改造施工、A 井场采气树倾斜调整和华北储气库 1—10 井补射孔等作业在一定程度上影响了注气工作。为此，北京天然气管道有限公司华北储气库分公司通过合理安排注气，调整机组运行参数、优化机组运行方式，对压力接近或达到上限值的地层使用停注、平压、再注气的方式进行缓注，并利用永 22 机组向京 58 储气库注气，不断优化注气生产，为完成全年注气任务创造条件。

3. 呼图壁储气库投产

2013 年 07 月 10 日，我国最大的储气库——呼图壁储气库注气系统一次投产成功。该储气库日注气总量达 $1123 \times 10^4 m^3$，达到设计要求。呼图壁储气库作为国家重点建设项目，是西气东输管网首个大型配套系统，也是西气东输二线首座大型储气库，总库容为 $107 \times 10^8 m^3$，生产库容为 $45.1 \times 10^8 m^3$，是中国石油目前规模最大、建设难度最大的储气库建设项目。作为一个地下储气库，与地面储罐相比，呼图壁储气库具有储藏量大、调节工作气量大、安全性高和成本低等优势。

近年来，随着我国天然气能源建设的快速发展，特别是国外天然气大规模引进，新疆天然气产量连续 10 多年保持两位数增长。同时，因受气候环境的影响，北疆地区冬季天然气使用量大，供需矛盾较突出。呼图壁储气库具备季节调峰和应急储备双重功能，将有效缓解北疆冬季用气趋紧的局面，对保障西气东输稳定供气、北疆天然气平稳供应发挥重要作用，对带动天山北坡经济带的发展和促进新疆繁荣稳定具有重要意义。呼图壁储气库的投产运行，不仅增强了新疆油田的保供能力，而且对又好又快建设现代化大油气田、打造"世界石油城"油气储备基地、维护北疆稳定和谐起到促进作用。

（五）天然气储备发展规划

目前国内储气库能力远远不足。我国目前投用的储气库仅有 6 座，中国石油投资建设其中的 5 座，目的为保证天然气市场供应。设计储备气量 $30 \times 10^8 \, m^3$，调峰能力只有 $14 \times 10^8 \, m^3$，仅为全年总气量的 2.2% 左右。

而美国有 400 多座地下储气库，库存量占美国全年天然气消费量的 1/3；欧洲各种类型的储气库也超过 60 个，且多数国家天然气储备率都达到 15%～25%，这些储气库与各类天然气管线相衔接，保证了区域天然气供应安全。按照天然气消费量的 8%～12% 考虑调峰需求，2010 年调峰能力最低应为 $80 \times 10^8 \, m^3$。随着天然气应用的发展，对地下储气库等调峰设施需求更为迫切。

中国石油计划在 2011 年到 2015 年修建 10 座储气库，总库容达到 $224 \times 10^8 \, m^3$，分布在气源所在地和消费中心，以及大型骨干管网周边，包括长庆、辽河、重庆等地。上述项目建成后，国内储气规模将占天然气总销量的 8%～10%。目前中国石油已建成的储气库 5 座，到 2015 年计划新建 10 座储气库。

二、中国石化

(一)公司储气库已建成情况分析

首座地下储气库——文 96 储气库建设情况。2013 年 11 月 15 日，文 96 储气库正式开始采气。按照调配计划，首日从地下采气 $60 \times 10^4 \mathrm{m}^3$，经由榆济管道输往济南。这是文 96 储气库首次发挥冬季调峰供气和应急调度作用。文 96 储气库是中国石化首座地下储气库。

作为储存天然气最佳"银行"，储气库是天然气季节性调峰最有效的手段之一，同时在国家应急储备方面极具战略意义。随着近年我国天然气需求猛涨，为了应对已经出现并在未来仍然有可能出现的"气荒"，中国石化从保障全国能源供应安全的高度出发，加快布局和建设一批储气库。作为中国石化第一座投入运行的储气库，文 96 储气库利用中原油田原有的文 96 气田而建，是榆林－济南天然气管道的配套工程，设计库容量 $5.88 \times 10^8 \mathrm{m}^3$，有效工作气量 $2.95 \times 10^8 \mathrm{m}^3$，覆盖山东省济南、淄博、青岛、菏泽以及河南省安阳、开封、郑州等市，具备季节性调峰、管道干线突发事件下应急供气、保持干线气量平衡三大功能。

文 96 储气库工程于 2010 年 8 月开工建设，先后成功进行了 14 口新钻注采井井位优化及注采方案设计以及 63 口老井的处置方案设计与实施工作，最终形成了 6 项储气库注采工程关键配套技术和 6 项技术创新，整体技术达到国际先进水平，填补了中国石化储气库建设领域的空白。

2012 年 9 月 6 日，文 96 储气库顺利投运，开始注气。截至 2013 年 11 月 15 日，已累计注气 $2.32 \times 10^8 \mathrm{m}^3$，库存气量 $3.44 \times 10^8 \mathrm{m}^3$，气库地层压力达到 19.6MPa，具备了生产调峰能力(附表 2-7)。

随着冬季供暖的临近，为应对今冬明春用气高峰，保障采气调峰的顺利运行，中原油田天然气产销厂与中国石化天然气分公司合作，结合气库动态特点，认真设计项目运行表，制订冬季开井生产方案，精心维护保养系统设备，以确保储气库顺利采气。

附表 2-7 中国石化文 96 天然气储库项目统计表

项目	介绍
开建时间	2010 年 8 月
投运时间	2012 年 9 月
设计库容/$10^8\,m^3$	5.88
有效工作气量/$10^8\,m^3$	2.95
最高采气能力/$10^8\,m^3$	200

注气期间，中国石化对文 96 储气库进行了两次试采，累计采气 $387\times10^4\,m^3$，最高采气能力达到每天 $200\times10^4\,m^3$。据了解，文 96 储气库的建设运营，为下一步中原储气库群的建设积累了宝贵经验。目前，设计库容量 $104.2\times10^8\,m^3$、有效工作气量 $45.1\times10^8\,m^3$ 的文 23 储气库项目已经通过国家发展和改革委员会可行性论证，将作为新粤浙管道工程的配套工程同步开工建设。卫 11 储气库项目亦在规划论证中。

2. 在建储气库项目

1)中原油田文 23 储气库

2013 年 11 月，我国重大战略储气库项目——中原油田文 23 战略储气库项目获国家批准，正式开展前期工作。中国石化天然气分公司对于文 23 储气库项目的安全、环境、节能、职业病危害、地震、水土保持、地质灾害、压覆矿、土地预审等项目进行了详细的评价工作，最终获得国家批准。

文 23 战略储气库项目选址在濮阳县文留镇 23 号气田，是新疆煤制天然气外输管道项目的重要配套工程，项目总投资约 120 亿元。该库最大库容 $101.26\times10^8\,m^3$，有效工作气量 $46.23\times10^8\,m^3$，日调峰能力 $3800\times10^4\,m^3$，是我国中部地区规模最大的一座储气库。文 23 战略储气库肩负着华北地区、长三角等区域用气调峰、应急供气的重要任务，建成后有助于提高濮阳市天然气应急调峰能力，进一步增强濮阳天然气储配调度中心地位(附表 2-8)。

附表 2-8   中国石化文 23 天然气储库项目统计表

项目	介绍
获批时间	2013 年 11 月
项目总投资/亿元	120
最大库容/$10^8 m^3$	101.26
有效工作气量/$10^8 m^3$	46.23
日调峰能力/$10^4 m^3$	3800

2)湖北应城储气库

2011 年 4 月 6 日，中国科学院武汉岩土力学研究所荣获湖北省科技进步一等奖的天然气储气新技术即将由中国石油化工集团公司在湖北应城市储气库投入应用。

据了解，应城地下储气库建在地下 800m，设计最大储气量高达 $7×10^8 m^3$，相当于目前武汉 1 年用气量。这座储气库将服务于湖北、湖南。当武汉天然气供应紧张时，这座储气库就会释放出储存的天然气，加大武汉天然气供应量。中国石化也决定在潜江市建设一个由旧盐矿改建的地下储气库，今后武汉的天然气供应将更有保障。用盐矿开采后留下的地下空间储存天然气这一做法，得益于中国科学院武汉岩土力学研究所的一项研究成果。杨春研究员和在美国留学期间，发现美国天然气主要储存在盐矿地下腔体内，非常安全，成本也低。于是他和助手们一起攻克技术难题，最终取得成功。

3. 中原油田储气库选址研究

中原油区地处渤海湾盆地的东濮拗陷，具有丰富的天然气资源，具备利用枯竭性气藏建设地下储气库的技术条件。

对中原油区 20 个气藏的地质特征和开采现状进行了分析，优选出建库条件较好的文 96、卫 11、文 23 和文 13 西等 4 个气藏作为可供改建储气库的库址(附表 2-9)。

附表 2-9　中原油气区地下储气库址筛选表

项目	适合气藏	合计
储量超过 $5 \times 10^8 m^3$	文 23、文 96、文 24、卫 11、户都寨、马 62、文 186、濮 67、桥 58、桥 69、白庙、濮城、文 13 西、文南、卫 2	15 个
构造较简单	文 23、文 96、卫 11、濮 67、桥 69、濮城、文 13 西、卫 2	8 个
砂体连通率大于 70%	文 23、文 96、卫 11、户都寨、文 186、濮 67、桥 58、濮城、文 13 西、卫 2	10 个
单井产能超过超过 5 $\times 10^4 m^3/d$	文 23、文 96、卫 11、户都寨、濮 67、濮城、文 13 西、卫 2	8 个
采出程度超过 50%	文 96、文 24、卫 11、文 13 西	4 个
优选气藏	文 96、卫 11、文 23、文 13 西	4 个

　　根据上述对中原油区气藏地质特征和开采现状的分析，结合目前的调峰气量，认为文 96、卫 11 气藏是目前中原油区建设地下储气库的较好选择。其中文 96 气藏构造简单，断层、盖层封闭性强，砂体连通性好，储层物性好，单井注采气能力大。因此，文 96 作为了首选的储气库库址，卫 11 气藏则为文 96 气藏储气库的后续工程，文 23 气田、文 13 西气藏可作为建设储气库工程的远期规划。

3. 储气库储备能力分析

　　中国石化是我国仅有的三个具有建造储气库资质的企业，目前其已建成一座储气库，就是位于中原油田内的文 96 储气库，该储气库设计库容为 $5.88 \times 10^8 m^3$，有效工作气量为 $2.95 \times 10^8 m^3$，目前最高的采气能力达到了 $200 \times 10^4 m^3$。中国石化所建设的文 96 储气库位于中原油田，在中原油田共有四处地区适合健建造储气库，其他三区块是文 23、文 13、文 13 西。目前中国石化正在努力建设中原油田储气群，这几个区块都将成为其重点建设储气库的领域，并且中国石化还计划在湖北潜江以及江苏金坛开建储气库，另外卫 11 储气库的论证也在进行中。

　　中国石化目前在建的储气库有两处：一处是中原油田文 23 储气库；另一处事湖北应城储气库；这两座储气库正在紧张的建设当中，建成之后，中国石化将会增加 $108.26 \times 10^8 m^3$ 的天然气储备。拟建的金坛储气库和湖北潜江储气库这两座储气库都是利用盐穴来建造，湖北潜江储气库在规划当中。金坛储气库目前先导性试验工程已经顺利投产。

对于拟建的金坛储气库，目前该项目先导性试验工程顺利投产。截至 2012 年 9 月 3 日，由中国石化石油工程设计有限公司注水专业主办的位于江苏金坛的盐穴储气库先导性试验工程一次顺利投产成功，同时也标志着储气规模为 $7230×10^4 m^3$ 的金坛储气库项目正式拉开了序幕。金坛储气库作为川气东送天然气系统工程之一，是极其重要的组成部分。金坛储气库可以解决季节用气调峰和意外事故应急等问题，同时也是安全平稳供气和天然气管道输配系统高效运行的重要保证。储气库建成后，能够提供应急储备用气 $1500×10^4 m^3$，提供调峰储气 $5730×10^4 m^3$，可以极大地缓解长江中下游季节用气困难，保障下游市场的天然气用气平稳。金坛储气库项目地面工程主要包括注采天然气规模为 1500 万 m^3/d 的注采站，采卤规模为 $32400 m^3/d$ 的采卤站、变电站及 36 口采卤井采卤、注气管网等其他配套地面工程，地面工程总投资为 8.7 亿元(附表 2-10)。

附表 2-10   中国石化建成、在建以及拟建的储气库统计表

项目(建成、在建以及拟建)	时间	设计库容/$10^8 m^3$	有效工作气量/$10^8 m^3$
文 96(建成)	2012 年 9 月建成	5.88	2.95
文 23(在建)	2013 年 10 月获批	101.26	46.23
应城(在建)	2011 年获批	7.00	—
金坛(拟建)	—	—	—
潜江(拟建)	—	—	—
卫 11(拟建)	—	12.53	6.26
文 13 西(拟建)	—	7.90	3.95

(二)天然气储备发展动态

1. 中国石化首座天然气储库顺利投产

中国石化天然气分公司文 96 储气库顺利通过公司投产条件确认

检查，3 号压缩机成功加载，单机日注气量 $70 \times 10^4 \, m^3$，标志着中国石化首座储气库投运，将为山东、河南等地区安全平稳供气发挥重要作用。

文 96 储气库是与榆济天然气管道配套建设的地下储气库位于河南省濮阳县，利用中原油田废弃的文 96 气田而建，设计库容量 $5.88 \times 10^8 \, m^3$，有效工作气量 $2.95 \times 10^8 \, m^3$，最大应急输气能力 $500 \times 10^4 \, m^3/d$。工程于 2010 年 8 月开始施工。由于该储气库工艺和控制系统复杂，中原油田工程建设者在钻井中应用井壁稳定等新工艺技术，解决了储气井面临的盐膏层、泥页岩、取芯等钻井液技术问题，有效保护了气库储层。在管道建设中，他们克服地下管网和电缆纵横密布等困难，成功穿越省道两次、铁路 1 次，河流两次。榆济管道分公司严格按照建设统筹计划和投产试运方案，严密组织施工，精细把关，保证 3 台压缩机一次就位。各级承包商先后 3 次对进气条件进行确认，对注气井采用液氮近井段解堵，为压缩机正常开机、项目顺利投运奠定了基础。

2. 金坛盐穴储气库先导性试验工程顺利投产

正在建设中的天然气分公司金坛盐穴储气库位于江苏省常州市金坛市境内，金坛储气库作为川气东送天然气系统工程之一，是极其重要的组成部分，该储气库工程设计储气井 36 口，每口井有 $3000 \times 10^4 \, m^3$ 的储备能力，总建设期为 12 年。

金坛储气库可以解决季节用气调峰和意外事故应急等问题，同时也是安全平稳供气和天然气管道输配系统高效运行的重要保证。储气库建成后，能够提供应急储备用气 $1500 \times 10^4 \, m^3$，提供调峰储气 $5730 \times 10^4 \, m^3$，可以极大地缓解长江中下游季节用气困难，保障下游市场的天然气用气平稳。经过设计人员历时近半年的精心设计与现场技术支持，克服了江苏地区水网密布造成管线选线困难、阀门管件采购周期长等相关问题，金坛储气库先导性试验工程已顺利完工。

3. 山东 LNG 储罐项目内罐壁板安装完成

2013 年 8 月 30 号，中国石化山东青岛 LNG 接收站储罐项目的一号罐、二号罐壁板的焊接工作完成。

每个罐的壁板有 11 圈，每圈高 32.8m。在 4 个月的壁板安装中，为保证焊接质量，四建公司焊接专业工程师在现场进行技术指导，焊工经现场考试合格才能持证上岗。焊接完的焊缝在质检员检查完毕后进行真空试漏以及无损检测，确保每条焊缝质量符合规范要求，整体焊接合格率达 99%。

4. 中国石化十建公司承建的广西液化天然气工程 LNG 储罐穹顶片吊装拉开序幕

2012 年 9 月 10 日，首次由 SEG 联合体管理、十建公司承建的集团公司重点工程，广西液化天然气工程 LNG 储罐穹顶片吊装拉开序幕。

广西液化天然气工程是集团公司的重点工程，SEG 联合体管理模式、100% 采用国产钢板、4 台 LNG 储罐在同一项目上同时施工、4 台罐穹顶片连续吊装，均是十建公司、集团公司的第一次尝试。为确保第一吊的圆满成功，十建公司调派了具有丰富经验的吊装专家到现场监督指导，在起重工、铆工和 400t 履带吊的密切配合下，经过近一个小时的精心操作，3 号罐首片穹顶片稳稳落下，一次吊装就位。9 月 13 日，3 号罐 24 片穹顶片吊装合龙，比计划提前了一天。4 台罐穹顶片吊装将连续进行。

5. 天津 LNG 项目储罐区罐基础短柱施工全部完成

由中国石化四建公司员工参与管理的天津 LNG 项目一期工程 1 号、3 号、4 号罐桩短柱基础施工已全部完成。2013 年 10 月 14 日，天津 LNG 项目一期工程 1 号、3 号、4 号罐总计 1170 根短柱的施工任务于 10 月 17 日正式结束。此次 1 号、3 号、4 号罐区短柱施工共计投入使用短柱定型钢模板 180 套，预埋件定位板 1170 块，预埋螺栓 11700 根，钢筋 1062 吨；短柱施工是天津 LNG 项目土建工程的第一场硬仗，短柱施工的完成标志着土建工程正式从地下转入地上，且如期顺利完成将为后续的底板施工作业提供有力的保证。

(三)公司天然气储备发展规划

中国石化是我国天然气储备的主要公司之一，但是中国石化目前的储备能力还处于较低阶段，现有储气库 1 座，已建成 LNG 储罐 2 座，这些较国外的先进企业都有着很大的差距，因此为保证国家天然气供应及调峰用气，中国石化计划加大储气库、LNG 接收站及储罐的建设。

目前中国石化的 LNG 贸易均以长期合约方式进行。在长期合约方面，2009 年，中国石化与埃克森美孚签订了合同气量为 $200 \times 10^4 t/a$ 的 LNG20 年长期合同，还和澳大利亚太平洋 APLNG 项目签署了总量为 $760 \times 10^4 t/a$ 的 LNG 长期合同。$960 \times 10^4 t/a$ 的长期合同，可以满足中国石化"十二五"期间三座 LNG 接收站的气源需求。

从全球 LNG 贸易的趋势看，未来澳大利亚将是全球 LNG 主要的出口国，很可能将超过卡塔尔成为世界第一，俄罗斯和拉美地区的 LNG 出口量将增长，北美也将由进口地变为出口地；同时，亚洲和欧洲将成为世界 LNG 最大的进口地区。目前中国 LNG 进口量为 $1280 \times 10^4 t/a$，占世界 LNG 贸易量的 5%，预计到 2025 年，中国将取代韩国，成为仅次于日本的世界第二大 LNG 进口国。

中国石化将会有五座储气库用来供气和调峰使用，有效工作气量将达到 $100 \times 10^8 m^3$ 左右，能够大大缓解中国天然气供需矛盾。

主要参考文献

白兰君，姜子昂．2008．天然气输配经济学［M］．北京：石油工业出版社.

卞超．2012．论中国石油战略储备［J］．中国商界，12：81.

陈静．2010．中国石油战略储备法律制度建立之构想［J］．经营管理者，7：270.

陈守海．2011．对中国建立天然气储备的几点思考［R］．北京：中国石油大学

陈业华，王莹．2010．基于生命周期的产业集群风险控制策略研究［J］．现代管理科学，1：
　　13－15.

邓文祯．2011．石油战略储备与海洋环保的实施探究［J］．能源与节能，1：41－42.

丁斌，雷秀，孙连禄．2011．应急物资储备方式选择与成本分摊问题［J］．北京理工大学学
　　报（社会科学版），12：73－78.

方明．2012．石油战略储备企业项目招投标存在问题及解决措施［J］．化工自动化及仪表，
　　12：1680－1682.

高昊．2012．浅析我国煤炭战略储备体系［J］．价格理论与实践，2：81－82.

胡奥林，余楠．2014．国外天然气战略储备及其启示与建议［J］．天然气技术与经济，8
　　（1）：1－5.

颉茂华，果婕欣，杜凤莲．2014.2014～2020 年中国稀土战略储备量研究——基于动态规划
　　法视角［J］．资源与产业，8：10－16.

康永尚，徐宝华，徐显生，等．2006．中国天然气战略储备的需求和对策［J］．天然气工
　　业，10：133－136.

孔锐．2012．中国油气市场与战略储备研究［D］．成都：成都理工大学

雷秀．2011．应急物资储备方式选择与储存成本控制问题研究［D］．北京：中国科学技术
　　大学

李杰训．2012．关于国家石油战略储备设施建设的思考［J］．油气储运，5：561－563.

李红．2009．美日石油战略储备模式的特点及借鉴意义［J］．全国商情（经济理论研究），4：
　　91－93.

李红强，王礼茂．2008．石油战略储备基地选址指标体系研究［J］．资源科学，4：565－571.

梁法院．2014．国有企业改革发展混合所有制经济研究［J］．上海企业，3：66－68.

林应，宋益全．2009．中国石油战略储备策略研究［J］．重庆大学学报（社会科学版），15
　　（6）：19－26.

林涛. 2008. 完善石油战略储备体系，争夺国际市场石油定价权 [N]. 中国信息报，3.

刘靖. 2014. 新形势下完善我国石油战略储备体系的再思考 [J]. 东方企业文化，3：183-187.

刘凌娟. 2012. 中国石油战略储备率和储备量的多阶段决策 [J]. 价值工程，1(11)：49-50.

刘毅军. 2007. 天然气产业链下游市场风险研究 [M]. 北京：石油工业出版社

牟雪江. 2012. 石油战略储备警钟当当响 [J]. 中国石油企业，Z1：44.

牛永界，郭继坤，邵海永. 2010. 国家成品油战略储备库选址评估研究 [J]. 物流技术，16：149-159.

秦云松，张吉军，郭帅. 2014. 天然气的战略储备及技术经济性分析 [J]. 油气田地面工程，9：13-14.

尚明钰. 2011. 中国石油战略储备探析 [J]. 物流科技，4：139-141.

沈宗华，董艳. 2013. 军事物流基地布局评估指标体系研究 [J]. 军事运筹与系统工程，27 (1)：47-50.

孙国强. 2006. 石油战略储备管理模式的建立 [J]. 北京石油管理干部学院学报，3：13-16.

孙梅，赵映梅，潘袁园，等. 2014. 中外石油战略储备模式比较研究 [J]. 亚太经济，4：80-144.

孙仁金，董思学，邓雯婷. 2012. 从中俄油气合作看我国石油战略储备的实施 [J]. 改革与战略，6：14-17.

孙祖亮. 1997. 北京天然气地下储气库建设研究 [J]. 公用科技，4：6-11.

涂露芳. 2009-7-16. 国家石油储备基地将委托企业管理 [N]. 北京日报.

王冰. 2012. 我国天然气产业发展战略储备体系构建与LNG中继站建设 [D]. 北京：中国地质大学

王军，齐银山，王梦潇. 2010a. 我国石油战略储备体系的建立与完善刍议 [J]. 能源研究与信息，26(3)：125-132.

王军，齐银山，王梦康. 2010b. 我国石油战略储备体系建设的若干思考 [J]. 海南金融，4：17-21.

王利娟. 2004. 我国石油战略储备体系的构建 [J]. 中国金融，23：10-13.

王晓东. 2009. 石油战略储备制度比较研究 [C] //生态文明与环境资源法——2009年全国环境资源法学研讨会论文集.

张复明. 2008. 从制度和能力建设入手构建国家资源战略储备体系 [N]. 中国经济时报，4：005.

王秀强. 2010-5-19. 国家能源局筹建天然气战略储备 [N]. 21世纪经济报道，(006).

薛小峰，覃正. 2010. "十二五"时期中国经济发展趋势与宏观经济政策导向研究 [J]. 经济体制改革，2：10-14.

薛秀泓. 2008-3-14. 用五大"抓手"完善石油战略储备体系 [N]. 中国改革报，(007).

严蓓娜. 2008. 中国石油战略储备的最优规模 [D]. 上海：复旦大学.

杨阳. 2011. 我国石油战略储备规模与吞吐模式研究 [D]. 南京：南京航空航天大学.

余良晖，薛亚洲，贾文龙，等. 2012. 矿产地战略储备规模研究 [J]. 资源与产业，10：18—23.

苑立杰. 2010. 论石油战略储备法律制度的构建 [J]. 法制与社会，12：32—36.

张栋杰. 2011. 石油战略储备方式的成本分析及选择 [J]. 长安大学学报(社会科学版)，
    12：57—61.

张琼. 2012. 中国天然气战略储备研究 [R]. 北京：中国石油大学，中国油气产业发展研
    究中心.

张琼，董秀成，张彦明. 2012. 构建我国天然气战略储备制度的研究 [J]. 价格理论与实
    践，11：74—75.

张琼，张彦，吴明涛，等. 2014. 基于 VNM 理论的我国天然气战略储备必要性研究 [J].
    管理观察，10：12—16.

张文魁. 2010. 中国混合所有制企业的兴起及其公司治理研究 [M]. 北京：经济科学出
    版社.

赵航. 2007. 美日石油战略储备比较研究 [D]. 吉林：吉林大学.

周江华，肖刚，苗育红. 2002. 战略储备系统备件最优储备量计算的解析方法 [J]. 航空学
    报，7：334—337.

周志斌. 2005. 西南油气田天然气对国民经济的贡献评价研究 [M]. 北京：中国统计出版社.

周志斌. 2008. 中国天然气经济发展问题研究 [M]. 北京：石油工业出版社.

周志斌. 2009. 天然气战略营销与社会责任践行 [M]. 北京：科学出版社.

周志斌. 2010a. 天然气价格承受能力模型研究及应用 [M]. 北京：中国统计出版社.

周志斌. 2010b. 川渝地区天然气供应安全保障系统研究与应用 [M]. 北京：科学出版社.

周志斌，汤亚利. 2008. 天然气定价体制及相关政策研究 [M]. 北京：石油工业出版社.

周志斌，周怡沛. 2010. 联网条件下中国天然气供应安全重大问题思考——以川渝地区供
    应安全体系建设为例 [J]. 天然气工业，4：10—15.

周志斌，姜子昂，熊伟，等. 2013a. 天然气利用与基础设施建设集约化发展研究——以川
    渝地区为例 [R]. 北京：国务院发展研究中心.

周志斌，周国栋，张建国，等. 2013b. 中国天然气储气库运营机制研究 [R]. 北京：中国
    石油西南油气田公司天然气经济研究所.

周志斌，姜子昂，何春蕾，等. 2014. 关于建立我国大型气田战略储备的研究 [R]. 北京：
    国务院发展研究中心

朱根民. 2009. 国内外石油战略储备比较分析 [J]. 消费导刊，12：62.